姜正成 编著

『国学今用』系列

列子与我聊修身

穿越两千多年的历史隧道
聆听圣贤列子的谆谆教诲

语言通俗易懂，内容可读性强，史上最值得捧读的经典智慧！

郑州大学出版社
郑州

图书在版编目(CIP)数据

列子与我聊修身/姜正成编著. —郑州:郑州大学出版社,
2017.3
(国学今用)
ISBN 978 - 7 - 5645 - 3081 - 5

Ⅰ.①列… Ⅱ.①姜… Ⅲ.①列子 -
哲学思想 - 通俗读物 Ⅳ.①B223.2 - 49

中国版本图书馆 CIP 数据核字(2016)第 125567 号

郑州大学出版社出版发行
郑州市大学路 40 号　　　　　　邮政编码:450052
出版人:张功员　　　　　　　　发行部电话:0371 - 66966070
全国新华书店经销
河南文华印务有限公司　印制
开本:710mm × 1 000mm　1/16
印张:15.5
字数:241 千字
版次:2017 年 3 月第 1 版　　　印次:2017 年 3 月第 1 次印刷

书号:ISBN 978 - 7 - 5645 - 3081 - 5　　定价:38.00 元
本书如有印装质量问题,由本社负责调换

前　言

　　自古以来，在中国传统思想里，人们非常注重自身的修为。正如有人说的那样，有才无德是小人，有德无才是贤人。这句话强调了修身的重要性。中华五千年的文明，孕育了众多的人才，而列子便是其中一位。列子御风，他追求的是无拘无束的自在人生，同样，他的思想和自身修为更是如此。现在，就让我们穿越时空隧道，与相隔千年的智者列子交谈，认真聆听他教给我们的修身之道。

　　列子，名御寇，东周威烈王时期郑国圃田人，思想家和寓言文学家，思想上崇尚虚无，生前被称作"有道之士"。古书中有他御风而行的记载，风神飘逸。现实中的列子一生安于贫寒，不求名利，隐居郑地40年，不为人知。列子的思想，经过后人的研究，将其归于道家。我们知道，道家修身的最高境界就是顺其自然，同样，在列子的思想里，顺其自然也是最终的归结点。在与列子聊到顺应自然的时候，列子讲述了"孔子观吕梁""剑不杀人""盗天致富"等寓言故事；在聊到顺随人性的时候，列子讲述了"文子止盗""列子适齐""杨朱学乖"等寓言故事；在聊到保持虚静的时候，列子讲述了"杞人忧天""呆若木鸡""襄子遇怪"等寓言故事；在聊到顺命安时的时候，列子讲述了"力命之辩""管鲍之交"等寓言故事；在聊到重生贵己的时候，列子讲述了"景公忧死""黄帝谈鬼""林类百岁"等寓言故事；在聊到说话艺术的时候，列子讲述了"列子适卫""至言去言""得聘之道"等寓言故事；在聊到智愚之道的时候，列子讲述了"伯丰不应""公孙龙辩""愚公移山"等寓言故事；在聊到真伪之辨的时候，列子讲述了"梦中得鹿""奴仆君王"等寓言故事。在与列子聊天的过程中，我们也将会感受到列子的大智慧以及修身之道。列子采用寓言故事的形式，将复杂的道理深入浅出地讲述出来。当然，其中也不乏晦涩难懂的内容，这就需要我们进一步去探索和思考。

　　本书主要从顺应自然、顺随人性、保持虚静、顺命安时、重生贵己、说话艺术、智愚之道、真伪之辨八个方面，以聊天的形式，用简洁易懂的语言，将列子的思想主张以及修身之道，深入浅出地讲述出来。在这里，你可以全面地了解列子的御风修身之道，并沐浴智者的智慧之光。相信本书的出版定会给还在为修身而烦恼的广大读者带来丰富的精神食粮，也衷心希望本书能成为大家的良师益友！

目 录

第一章 列子与我聊顺应自然

自然，在思想领域里，最简单地解释就是本来如此。在道家思想里，这种自然的思想更是被发扬光大。生活中，当我们面对一些不能改变的事情的时候，常常会说顺其自然。当然顺其自然，不是消极等待，而是一种勇于接受的积极心态。人生中，我们懂得了道家这种精神境界，就会活得轻松自然，内心坦然。

第二章 列子与我聊顺随人性

芸芸众生，人性百态。在与人交往或者是在管理的过程中，我们应当根据不同的人的性格来进行交流和管理。不仅仅如此，当人类和动物在交流的时候，也要先了解动物的习性，这样才能使得人与外界和谐起来。《列子》中的文子止盗、南国北国、梁鸯驯兽等寓言故事都体现了这一思想。人生在世，学会顺随人性而为，往往能收到事半功倍的效果。

第三章 列子与我聊保持虚静

"虚静"是自然的本质，是生命的本质，亦是艺术的本质，从而"虚静"成为中国传统艺术创作所需要的一种必要的态度。"虚静"是使人的精神进入一种无欲无得失无功利的极端平静的状态，这样事物的一切美和丰富性就会展现在眼前，所以"虚静"可以理解为审美活动时的心理状态。在中医中，虚静指的就是心无旁念。《素问·脉要精微论》中说："持脉有道，虚静为保。"

第四章 列子与我聊顺命安时

生活是一本难念的经，面对命运，对于那些敢于抗争的人，我们总是很钦佩，并且会从中受到鼓舞，然而，列子并不这样看。列子认为，人应该学会顺命安时，不做无谓的抗争。同时，他还认为应该重命轻力、顺随天命、因势而定等，这所有的看法，殊途同归，最终还是归于顺其自然之道。我们在看待这种思想的时候，要有自己的判断，全面考虑，这样才能得其精髓。

第五章 列子与我聊重生贵己

    "重生"是杨朱的一个基本主张，他以"轻杨重生"作为一种处世原则。"贵己"则是杨朱的又一个思想主旨，"阳生贵己"，"杨子取为我"，"杨氏为我，是无君也"。"杨之道，不肯拔我一毛而利天下"，都是这样思想主旨的体现。要想更深刻地了解列子修身思想，就走进本章吧，相信你一定会从中有所收获。

第六章 列子与我聊说话艺术

    说话是一种艺术，更是一门学问。在当今社会，说话艺术的重要性不言而喻。早在列子时期，就已经有了对说话技巧的认识，对于道家的语言，比如说，至言去言、文玄结合等。当我们穿越时空和列子对话的时候，对于想在说话方面有所提升的人来说，在这里，你一定会受益匪浅。

第七章 列子与我聊智愚之道

生活是一种修行，在这个修行的过程中，我们也要懂得这种智慧。对于聪明和愚蠢，仁者见仁，智者见智。列子对智愚之道，也有自己的认识。理无常是，一毫利物，大力不用，公孙龙辩、愚公移山等，这则寓言故事都体现了列子对智愚的认识。我们要想让自己的思想更加丰富，不妨来细细阅读这些寓言故事。

第八章 列子与我聊真伪之辨

人们常说，假到真时真亦假。很多时候，世间之事本就是真假难辨，真实与梦境更是如此。在列子看来，真伪之间的分辨往往是混淆的，这是因为当人处在不同的角度和出境的时候，会产生一些假象，而身处其中的人则会觉得这是真实的。列子认为，没有必要事事辨清，这样才能活得轻松自然。

第一章
列子与我聊顺应自然

　　自然，在思想领域里，最简单的解释就是本来如此。在道家思想里，自然的思想被进一步发扬光大。生活中，当我们面对一些不能改变的事情时，常常会说顺其自然。当然，顺其自然，不是消极等待，而是一种勇于接受的积极心态。人生中，我们懂得了道家这种精神境界，就会活得轻松自然，内心坦然。

观于吕梁，水到渠成

我：夫子，我在《黄帝》篇中曾经读到孔子关于吕梁的故事，您能再给我们讲讲吗？

列子：孔子观于吕梁，悬水三十仞，流沫三十里，鼋鼍鱼鳖之所不能游也，见一丈夫游之，以为有苦而欲死者也，使弟子并流而承之。数百步而出，被发行歌，而游于棠行。孔子从而问之，曰，"吕梁悬水三十仞，流沫三十里，鼋鼍鱼鳖所不能游，向吾见子道之，以为有苦而欲死者，使弟子并流将承子。子出而被发行歌，吾以子为鬼也。察子，则人也。请问蹈水有道乎"？曰，"亡，吾无道。吾始乎故，长乎性，成乎命。与齐俱入，与汩偕出，从水之道而不为私焉，此吾所以道之也"。孔子曰，"何谓始乎故，长乎性，成乎命也"？曰，"吾生于陵而安于陵，故也；长于水而安于水，性也；不知吾所以然而然，命也"。

我：夫子，您现在能用通俗的语言将这个故事讲得更清楚明白些吗？

列子：春秋时期，孔子和他的弟子游历天下，来到了吕梁山。只见一道瀑布从天而降，高悬三十丈，溅起的水沫犹如白龙翻腾，顺流三十里。那个水拍云崖的气势、滚滚推进的强劲使鱼虾不得出入、龟鳖不得遨游。突然，一个汉子站在山崖上纵身一跃，头向下脚朝上栽入湍流之中。孔子大吃一惊，以为此人必有苦衷，不然何必要寻短见。情况紧急，不容细想，急忙让弟子沿河而下，设法搭救。没想到，才行百步，那落水之人却从从容容地从水里钻了出来，行于岸上，披散着头发，一边行走一边还唱着歌，那个自在劲儿好像从来没有遇到过危险一样。孔子感到很惊奇，赶上前去仔细端详，见他与常人没有什么两样，于是赞道："你真有本事！如此湍急的流水，不要说是人，就连鱼虾龟鳖都难以遨游。你跃入其中，我还以为是要寻短见，所以让弟子们前来搭救。看到你从从容容地出来了，又以为你是鬼。仔细看来，你明明是一个人呀，怎么会有这么大的本事！你这到底学的是什么道术，能不能讲给我听听？"

那汉子听后哈哈大笑，说："没有，没有，我哪里有什么道术！不过是生在山陵之上就安于山陵的生活，活在有水之乡就安于水乡的生活，水向下流我就顺其下流，水向上涌我就顺其上涌，从来不知道自己在做什么，只是顺其自然罢了。"孔子听后，沉默了半晌，向弟子们感叹道："我们游说天下，无暇休息，缺乏的恰恰就是这点啊！"

我：夫子，您的意思是说，人生在世，做人做事应该顺其自然，而不去强求，对吗？

列子：你说得很对，要想让自己的身心得到修炼，或者领悟真谛，就需要做到顺应自然，这样才能水到渠成。

【顺应自然解读】　　　🙜 **守一学道，顺应自然** 🙠

大自然中，任何事物都有它自己的运动规律，这些规律在事物身上是自然而然地表现出来的，无所谓顺与不顺、随与不随。然而一旦人与事物发生了关系，情况就不一样了，因为人有自己的意志，他是在按照自己的意志行动的。人的行动与事物的规律是否相吻合，是产生不同结果的直接原因。相吻合，便会产生有益于人的结果；不相吻合，则会产生有害于人的结果。所谓相吻合，不可能是让事物和事物的规律去迁就人的意志，因为事物的规律是无法改变的，所以只能是人去顺随事物、顺随事物的规律。事物的存在及其规律是自然而然的，顺随事物、顺随事物的规律，就是顺随事物的自然，不用人的意志去干扰和变动客观事物自然存在、自然流变的原本状态。

在《孔子观于吕梁》这个故事中，那个汉子并不是鬼，而是一位能顺随水流规律的人。水流虽急，但并非没有自身的流动规律，鱼鳖难游于其中，是因为其难于掌握其中的规律，并不是根本不可能掌握其中的规律。所以汉子说："我只是从这里的水的流势起步，时间长了就摸顺了这水流的起伏，成功了我也当这是命中注定。我与漩涡一起进入水流的中心，与涌出的流水一起离开那个漩涡，只是顺从水的流动而不用自己的见解来控制游动，这就是我的水道。"孔子也许是没听懂，又或者是为了再次确认自己的见解，追问："何谓始乎故，长乎性，成乎命也？"

孔子画像

那人说："我生在山区就安心住在山上，把这里当成自己的家并从这里开始自己的一切；长在水边就安心在这水流里，不去考虑这水是好还坏，是有利还不利，只是顺着水性，把水的顺性当成自己的性格；不知道我为什么是这样，但是去完全地接受自己，这就叫作命。"

在道家思想中，"故、性、命"就是学道的三要素，如果再加三个字就是"安故、顺性、归命"。安心以为故，修道首先要安心，放下心来。故也可称固稳固，安心地做好一件事情。放下粗心再来顺服、调服自己的心性，观察自己的心态，顺势引导，充分了解自己的个性。顺也可说理顺，随顺而知本性，细心理顺自己的心性以后，安心顺性以归命。归是静，是皈依其自命。命是命运，是大道之规，是行为的律法。归命不是空无，是与道体相应，是鲜活的生命，时时刻刻都能感觉这命理之性，从性而安故所谓安身立命。

那么，究竟如何才是顺其自然呢？不同的人有不同的理解。人要在天地万物的千变万化中生存，只有顺着它们的变化而自然变化，随着它们的起伏而自然起伏。自然而然是宇宙的根本属性，宇宙的大道遵循这个属性，就能应付大自然中各种事物的变化。在对待天地万物的变化时，所谓守一，即是守自然之道。

修身智慧

◇吾始乎故，长乎性，成乎命也？

◇安故、顺性、归命。

◇吾生于陵而安于陵，故也；长于水而安于水，性也；不知吾所以然而然，命也。

剑不杀人，自然有道

【聊天实录】

我：夫子，在您的著作《汤问》篇中，我读到这样一个故事，原文是魏黑卯以暱嫌杀丘邴章，丘邴章之子来丹谋报父之仇。丹气甚猛，形甚露，计粒而食，顺风而趋。虽怒，不能称兵以报之。耻假力于人，誓手剑以屠黑卯。黑卯悍志绝众，力抗百夫，节骨皮肉，非人类也。延颈承刀，披胸受矢，铔锷摧屈，而体无痕挞。负其材力，视来丹犹雏也。来丹之友申他曰："子怨黑卯至矣，黑卯之易子过矣，将奚谋焉？"来丹垂涕曰："愿子为我谋。"申他曰："吾闻卫孔周其祖得殷帝之宝剑，一童子服之，却三军之众，奚不请焉？"来丹遂适卫，见孔周，执仆御之礼，请先纳妻子，后言所欲。孔周曰："吾有三剑，唯子所择，皆不能杀人，且先言其状。一曰含光，视之不可见，运之不知有。其所触也，泯然无际，经物而物不觉。二曰承影，将旦昧爽之交，日夕昏明之际，北面而察之，淡淡焉若有物存，莫识其状。其所触也，窃窃然有声，经物而物不疾也。三曰宵练，方昼则见影而不见光，方夜见光而不见形。其触物也，骍然而过，随过随合，觉疾而不血刃焉。此三宝者，传之十二世矣，而无施于事，匣而藏之，未尝启封。"来丹曰："虽然，吾必请其下者。"孔周乃归其妻子，与斋七日，晏阴之间，跪而授其下剑，来丹再拜受之以归。来丹遂执剑从黑卵，时黑卵之醉偃于牖下，自颈至腰三斩之，黑卵不觉。来丹以黑卵之死，趣而退，遇黑卵之子于门，击之三下，如投虚。黑卵之子方笑曰："汝何而三招予？"来丹知剑之不能杀人也，叹而归。黑卵既醒，怒其妻曰："醉而露我，使我嗌疾而腰急。"其子曰："畴昔来丹之来，遇我于门，三招我，亦使我体疾而支强，彼其厌我哉？"现在，您能再将这个故事用通俗易懂的语言说说吗？

列子：在《列子·汤问》中的确有这样的一个故事。这个故事的大意就是魏国有一个叫黑卵的人，因为私仇杀了他的同僚丘邴章。丘邴章有一个儿子叫来丹，一心一意要报杀父之仇，可是他却没有这个能力，因为他吃饭以米粒的多少来计量，走路靠风的力量来推行，身体很虚弱，连举刀的劲儿也没有，更不要说是杀人了。但他并没有因此丧失信心，还想亲自杀死自己的仇人，因为他觉得借用别人的力量不光彩。再说黑卵，又黑又壮，力大无比。一举手就可以推倒一百个壮汉，一口气可以吹倒一百座楼房。伸出他的脖颈，任你用刀剑砍杀，丝毫不见伤痕，刀刃却已卷折；露出他的胸膛，任你用万箭刺射，丝毫不见瘢痕，箭镞却已折断。他凭借这身钢筋铁骨，天不怕地不怕，在他眼里，来丹不过是只初破蛋壳的鸡雏。来丹有个好朋友，名叫申他。

一天，他专程来看来丹，问候之后申他说："可以看出，你对黑卵痛恨至极。可是黑卵如此厉害，不把你放在眼里，你究竟怎么办呢？"说到要害处，来丹泪流满面，无可奈何地说："我实在没有办法了，还是请兄长给出出主意吧！"申他闻言，在来丹的耳边悄悄说："我这次来正是为了此事。近日闻得卫国有一个叫作孔周的先生，为人忠厚，善行义事。他的祖上从商汤王那里得到了三把宝剑，即使是一个小孩佩戴上它，也足以打败三军的进攻。你不妨去求求孔周，看能否借他的宝剑用一用。不要说三把全都借来，只要借来一把，也定可杀掉黑卵为你父亲报仇了。"来丹听后大喜，整理行装，带着妻小到卫国去求孔周。见到孔周，来丹不敢提借剑之事，先把自己的妻小献上，表明自己情愿做主人的仆役。见孔周没有拒绝之意，才说明来意，说到伤心处，情不自禁，大哭一场。孔周听后十分同情，愿意借宝剑并由来丹任选一把。说："我家藏有三把宝剑，至今已经十三代没有打开过，因为它们没有什么用处，更不能用来杀人。第一把名为含光，用眼看不见它，用手摸不着它，挥舞着它好像什么东西也没有，用来斩削好像没有斩削一样，被斩削的东西不会出现任何缝隙，也不会有任何感觉。第二把名为承影，在晨曦之中和黄昏之际，向北方细细察看，淡淡的，似乎有一种东西存在，看不出它是什么形状。用它来斩削，似乎有一点点细细的声音，不过被斩削的东西是不会出现任何毛病的。第三把名为宵练，白天只能看见它的影而看不见它的光，晚上只能看见它的光而看不见它的形。用它来斩削，嗖的一下便过去了，随后剑痕马上弥合起来，被斩削的东西会感到不适，但绝对不会出血，先生你看要借哪一把？"来丹想了片刻说："我还是借那最次的一把吧！"孔周把来丹的妻小还给了他，带他到一间非常清洁的房间，点起香火，一同斋戒七日，之后把宝剑交给了他。来丹跪拜而受，再拜而谢。

来丹携妻带子回到了自己的国家，设法做了黑卵的随从，佩剑跟随黑卵出出入入。一天，黑卵喝醉在窗下睡着了，来丹抓住时机，抽出宝剑，从脖颈到腰间连斩三剑，黑卵没有什么反应。来丹以为黑卵已经死了，赶忙退了出来。在门口遇到了黑卵的儿子，慌忙之中，来丹挥起宝剑向对方连斩三下，好像在虚空之中比比画画。黑卵的儿子非但没有倒下，反而还在那里发笑，说："你在我面前手舞足蹈干什么？"来丹知道此剑不能杀人，大仇难报，叹息一声，回家去了。过了一会儿，黑卵醒了，感到浑身不舒服，埋怨他的妻子说："我醉了，睡在这里，你也不给我盖些东西，现在我的嗓子和腰好疼哟！"妻子感到奇怪，觉得大热天的，人是不会着凉的。这时候，黑卵的儿子也感到身上疼痛，突然醒悟，说："我刚才见来丹匆匆忙忙地往外走，走到我面前比画了三下，当时我没感到什么，还以为他在逗我玩。现在我也感到全身疼痛，莫不是来丹在害我们？"没过多久，黑卵和他的儿子便相继死了。

我：夫子，您能将这个故事和顺应自然这个主题联系起来说说吗？

列子：可以，简单地说就是，自然也有自然的法则，天网恢恢，疏而不漏，只有顺应自然的道，才能达成自己的愿望。

【顺应自然解读】　　　　天网恢恢，疏而不漏

在上面的这个故事中，曾提到宝剑，这些宝剑指的是"含光剑""承影剑"与"宵练剑"，是春秋时卫人孔周所藏。

"承影剑"，《列子·汤问》："孔周曰：'吾有三剑，惟子所择。……二曰承影，将旦昧爽之交，日夕昏明之际，北面而察之，淡淡焉若有物存，莫识其状。其所触也，窃窃然有声，经物而物不疾也。'"《文苑英华·唐并州都督鄂国公尉迟恭碑铭》："蛟分承影，雁落忘归。"

"宵练剑"，《列子·汤问》："孔周曰：'吾有三剑；惟子所择……三曰宵练，方昼则见影而不见光，方夜见光而不见形。其触物也，騞然而过，随过随合，觉疾而不血刃焉。'"一作"霄练"。

承影，与含光、宵练同是殷王朝的帝王传下来的宝剑，早在上古时期，它们就被铸造出来了，那么究竟铸造它们的是谁呢？我们不得而知，只知道，它们是上古遗物，而且曾为帝王效力。故事中，来丹去求剑，孔周虽然没有明确地拒绝他，却告诉他，这三把剑都是无法杀人的，随后他描述了这三把宝剑的形状和功用，但来丹还是很坚决地要借剑。前面对这三把宝剑的特征和区别已经说得很明白了，"含光"是看不到，也感觉不到，用它杀人不但杀不死人，别人甚至连痛

苦的感觉都没有。"承影"只有在清晨和傍晚的刹那间，面北观察，才能看到其淡淡的影子，用它杀人，有清脆的声音，却也一点都不会疼。而"宵练"则是白天见其影，夜晚见其光，它杀人的时候咔嚓一下就过去了，伤口不但很快就愈合了，而且连点血都见不到。

故事中的黑卵无比强壮，伸出他的脖颈，任你用刀剑砍杀，不仅丝毫不见伤痕，而且还能把刀刃卷折；露出他的胸膛，任你用万箭刺射，不仅丝毫不见瘢痕，而且还能把箭镞折断。他凭借自己的一身钢铁骨，天不怕地不怕，把来丹视为一只初破蛋壳的鸡雏，从不放在眼里，来丹拿他也确实没有办法。由此可见，他是人为的力量难以摧毁的，不但人为的力量难以摧毁，而且谁要是企图用人为的力量摧毁他，将会受到惩罚。奇怪的是，一个坚刚不折的体躯竟然被一把无形的、不能杀人的剑摧毁了。为什么？人为的力量难以摧毁的东西并不等于其自身不可摧毁，摧毁他的最有效力量不是别的，恰恰是他自身自然而然的变化。天地之间的事物都在不停地流变，从无到有，从小到大，从弱到强，从强到衰，从衰到死，从有到无。任何事物，无论它多么强大，都会沿着这样的自然变化规律运行，都会走这样的一条自然之路。自然的变化是无情的，不分男女与尊卑，亲疏和远近。自然的力量是无穷的，无坚不摧，无攻不破。黑卵虽然壮如泰山、坚如钢铁，也不例外。

自然的变化也是无形的，有谁能看见自己是从哪一天开始变老的呢？有谁能听到自己的归期什么时候来到呢？谁也看不见，谁也听不到，它是一种无形的力量。正因为它是无形的，所以才有无比的力量。孔周的那把无形之剑之所以能把坚如钢铁的黑卵杀死，就是因为它象征着自然，代表着无形的自然力量。

自然之剑不能杀人，然而恶者却难逃其恶果，正如老子所言：天网恢恢，疏而不漏。黑卵行了恶事，虽然来丹不能用人为的方法报仇，但他却逃脱不了自然的惩罚。这个故事告诉我们的道理就是，自然的法则和公道是时刻存在的，每个人都要遵从。而对于修身而言，就是要顺应自然的法则和公道，这样才会有好的结果，达到修身的至高境界。

修身智慧

◇天网恢恢，疏而不漏。

◇人为的力量难以摧毁的东西并不等于其自身不可摧毁，摧毁他的最有效力量不是别的，恰恰是他自身自然而然的变化。

◇自然之剑不能杀人，然而恶者却难逃其恶果。

盗天致富，万物归一

【聊天实录】

我：夫子，在《天瑞》篇中，您讲过一个关于"盗天致富"的故事。您能根据您要表达的意思再给我们讲讲吗？

列子：齐之国氏大富，宋之向氏大贫；自宋之齐，请其术。国氏告之曰："吾善为盗。始吾为盗也，一年而给，二年而足，三年大穰。自此以往，施及州闾。"向氏大喜。喻其为盗之言，而不喻其为盗之道，遂逾垣凿室，手目所及，亡不探也。未及时，以赃获罪，没其先居之财。向氏以国氏之谬己也，往而怨之。国氏曰："若为盗若何？"向氏言其状。国氏曰："嘻！若失为盗之道至此乎？今将告若矣。吾闻天有时，地有利。吾盗天地之时利，云雨之滂润，山泽之产育，以生吾禾，殖吾稼，筑吾垣，建吾舍。陆盗禽兽，水盗鱼鳖，亡非盗也。夫禾稼、土木、禽兽、鱼鳖，皆天之所生，岂吾之所有？然吾盗天而亡殃。夫金玉珍宝，谷帛财货，人之所聚，岂天之所与？若盗之而获罪，孰怨哉？"

向氏大惑，以为国氏之重罔己也，过东郭先生问焉。东郭先生曰："若一身庸非盗乎？盗阴阳之和以成若生，载若形；况外物而非盗哉？诚然，天地万物不相离也，仍而有之，皆惑也。国氏之盗，公道也，故亡殃；若之盗，私心也，故得罪。有公私者，亦盗也；亡公私者，亦盗也。公公私私，天地之德。知天地之德者，孰为盗耶？孰为不盗耶？"

我：夫子，为了更好地理解这个故事的寓意，请您说得更通俗一些好吗？

列子：好的，这个故事的大意就是齐国有一户姓国的人家，非常富有，以金饰梁，以玉饰柱，车马辉煌，门庭灿烂。宋国有一户姓向的人家，非常贫穷，食不饱肚，衣不遮体，全靠祖上留下来的一点家业维持生计。

向氏听说国氏如此之富，觉得很奇怪，寻思：听说上天是最公平的，不会故意让一家富有而让另一家贫穷，自己之所以贫穷肯定是不得其法。人们都说不耻下问者智，我何不去齐国向国氏讨教一下致富的门路？于是向氏不辞路途艰辛，来到齐国。

国氏很有礼貌地接待了向氏，坦诚地向他介绍自己致富的经验，说："我之所以富有，没有其他妙方，全凭盗窃。刚开始盗窃，仅够自己一年吃穿用度，到了第二年就比较丰足了，第三年已相当富有。后来一年富于一年，我家便用盗窃来的东西接济远亲近邻，以至于乡民百家都富了起来。"向氏听了大喜，觉得这种方法既简单又省力，自以为取得了真经，也没有听盗窃致富的规矩，便告辞回家，干起了盗窃的营生。撬门而入人之户，伸手而携人之物，过起了不劳而获的生活。但没过多久便被抓进了监狱，不但偷盗的东西全被没收了，连原先仅有的一点家业也被收缴归公了。向氏遭此一劫，悔恨万分，到齐国国氏处声讨误人之罪。

国氏问向氏："不知先生是如何盗法？请详细说说。"向氏气愤地说："盗就是盗，有什么好说的！还不是一样撬门入户，伸手取物？"国氏闻言大惊，说："先生此言差矣！虽说都称之为盗，但却有公盗和私盗之别。我所说的盗是公盗而非私盗，先生做的是私盗而非公盗。公盗是致富之道，私盗是自辱之道，先生为何不加以区分呢？"

向氏听后以为国氏在用花言巧语欺骗自己，更加生气，声色俱厉地说道："请先生讲个明白，若讲不明白，那便要负教唆犯罪的责任！"国氏说："天有天时，地有地利，所谓的公盗是指盗天之时，窃地之利。盗春之时以播种，盗夏之时以催生，盗秋之时以收获，盗冬之时以贮藏，何能不富？窃土之肥以植物，窃山之兽以猎获，窃水之鱼以捕捞，窃林之禽以饲养，何能不足？庄稼、土木、禽兽、鱼龟，都是天地产生的，取而用之，故谓之盗，然而这是盗天所有，所以是公盗；公盗哪会有什么罪呢？金银财宝、衣物首饰、箱中之物、囷中之粮，乃是私人之物，他人私财，不劳而取谓之私盗，私盗怎么会不犯罪呢？先生只知以盗致富，而不知道盗的规矩，怎么能不适得其反呢？"

向氏听后将信将疑，又不好再说什么，但还是怀疑国氏戏弄自己，所以又去求教东郭先生。东郭先生说："国氏说得很有道理。你不想想，天地之间何物不是盗窃而来的？连你自己的生命都是如此。原先没有你的生命，后来产生了，从哪里来的呢？是天地之阴阳二气和合而来的。精神、形体这些生命的载体没有一件东西是你自己的，都是从天地那里来的，这不是盗天地以成自己的生命吗？所以盗天地以致富是自然而然、合于规矩的，这就是国氏之盗不但无罪反而有成的诀窍。可你的盗窃却不是这样，你不是从天地那里盗窃东西而是从他人那里盗窃东西。他人的东西虽然也是从天地那里盗窃来的，但既已窃为己有则不再归于天地，从窃为己有的那一天开始，它便成为私物，已归他人私有的东西，则不可再窃，窃必受罚，即使免于人罚也难免于天罚。"

说到这里，东郭先生略一顿，接着又说："不过还有更深一层的道理，寰宇之内，本为一体，不分彼此，所以无所谓你我。既然无有你我彼此的区别，哪里还有盗不盗的问题呢？懂得了天地一体这个大道理，盗也是非盗，非盗也是盗，用不着去区别它们。"

⌒⌒⌒ 盗与非盗的区别 ⌒⌒⌒

在这个故事中，提到的"天"字，指的就是自然，既包括自然界，也包括自然界自然而然的存在形式。自然界自然而然地存在着、变化着，呈现出春夏秋冬的四季交替，发生天地万物的流转生灭。人顺随着自然界的变化而运作，该耕则耕，该种则种，该桑则桑，该织则织，也就自然而然地获得了自然造就的成果。原先自己没有成果，后来顺着自然界的存在和变化而得到了成果，所以称之为"盗"。这种成果不是从别的地方来的，是从自然界来的，是从天那里来的，所以称为"盗天"。人人都依靠"盗天"而生存，不仅人是这样，一切生命都依靠"盗天"而生存；并且天不属某些个人所有，亦不属某些集团所有，所以称"盗天"为"公盗"。

通过这个故事，我们看到"为盗之言"和"为盗之道"是有区别的，向氏因为不能分辨这个区别，倒了大霉。向氏倒霉是因为他没搞清楚如何去盗，更准确地说，对于什么是可盗用的、如何去盗，他都一无所知，其实这些都是林林总总的"自然"。比如说，地里长出庄稼，你可以拿去，可盗；水里有鱼，你可以拿去，可盗；山里有金珠宝玉，你可以光明正大拿去，同样可盗。正因为所有人都在盗取天地万物以供己用，只要不过分，天地不会来责怪。但你不能把别人已经盗到家里的私物再拿走，那是会有麻烦的。人有占有的观念，而天地没有。这个可盗不可盗有几分文字游戏的味道，实际意思并不难理解，国氏也没有把话继续说下去，如何举一反三就是向氏的事了。故事中的向氏看来比较笨，实在有些找不着北，便去向东郭先生讨教，可是东郭先生的话说得更含蓄。

如果我们沿着国氏和东郭先生的启示想下去，会得到什么呢？作为现代人，我们盗了数千年，究竟盗得了什么？究竟还有什么是不可盗的？这个问题我们当然不必再回到国氏说过的话上，无须去讨论什么道德、法律之类的问题。姑且承认人类的一切成就都是积年盗得的，那么，现在我们是不是很自豪，觉得只要继续这么盗下去，没有什么是盗不来的？如果这么想，那就是大问题了。照国氏和东郭先生的意思，天地犹如一个宽厚的长者，你拿了他的东西去用，他却不过多地计较。或者换一个角度看，我们人本身就是天地万物之一，和地里的庄稼、水里的鱼没什么不同，也谈不上谁盗取谁的东西。可偏偏我们存了这样一个想法，觉得自己收获颇丰，而沾沾自喜。然而真的是收获颇丰吗？未必！说起成果，大概现代人是无不满怀自豪的，你看，我们现在上天入地无所不能，古人的幻想都在变为现实，没有做不到的，只有想不到的。

然而，这种说法也是不科学的。古人不会飞，今人照样不会。其他五花八门的幻想，比如说长寿，现代人百岁高龄也是稀奇，最多把活人冰冻起来长期保存；行，好车配好路，日行千里不成问题，单靠两条腿人仍然跑不过马；饮食，辟谷之术照样还是没什么人会的法门，粮食问题依然十分严峻；天灾、水灾、旱灾、疾病哪样都没少，反倒无端多出来不少常见灾难，比如车祸。随便想吧，作为人，真正实质性的提升不多，退化倒是不少。为什么？因为我们只是盗用者，那一切炫目的成就并不真正属于我们，尽管我们为之付出了很多劳动。

在故事的最后，有一个疑问，就是什么为盗，什么不是盗，不为盗？对于这点，我们姑且不做什么道德评判，单说盗窃行为本身，平心而论，那也是一种劳动，天下没有不劳而获的农夫，同样也没有不劳而获的盗贼。从这个意义上来说，人类的生存本来就是一种盗窃或抢夺，当然，其他生物也是如此，这个世界本来如此，或者说——自然。我们之所以总隐隐觉得这个说法有什么地方不太妥当，那就是"盗"字的负面道德色彩，我们不太愿意承认自己很坏罢了。这就是一层外衣，蒙在"自然"上的外衣，把感情、道德等外衣剥光了，真正的自然也就显露出来了。

"盗天致富"的故事，简单地说，就是顺随着自然界自身的法则行事而致富，但是向氏不懂这个道理，误解为盗窃他人财物而致富。这种误解使他身陷囹圄，更可悲的是他身陷囹圄而不悟。东郭先生在这个道理的基础上又进一步深化了，认为既然宇宙本来就是一个浑而为一的整体，没有什么界限可分，那么也就无所谓你我之别、天人之分了，也就更谈不上什么得与失、盗与非盗了。

修身智慧

◇盗天致富。

◇公公私私，天地之德。知天地之德者，孰为盗耶？孰为不盗耶？

◇吾闻天有时，地有利。吾盗天地之时利，云雨之滂润，山泽之产育，以生吾禾，殖吾稼，筑吾垣，建吾舍。陆盗禽兽，水盗鱼鳖，亡非盗也。

顺应天命，乐而无忧

【聊天实录】

我：夫子，在《仲尼》篇中，记载了孔子讲述乐天知命的故事，您能再给我们讲讲吗？

列子：仲尼闲居，子贡入侍，而有忧色。子贡不敢问，出告颜回，颜回援琴而歌。孔子闻之，果召回入，问曰："若奚独乐？"回曰："夫子奚独忧？"孔子曰："先言尔志。"曰："吾昔闻之夫子曰：'乐天知命故不忧。'回所以乐也。"孔子愀然有间，曰："有是言哉？汝之意失矣。此吾昔日之言尔，请以今言为正也。汝徒知乐天知命之无忧，未知乐天知命有忧之大也。今告若其实：修一身，任穷达，知去来之非我，亡变乱于心虑，尔之所谓乐天知命之无忧也。曩吾修《诗》《书》，正《礼》《乐》，将以治天下，遗来世，非但修一身、治鲁国而已。而鲁之君臣日失其序，仁义益衰，情性益薄。此道不行一国与当年，其如天下与来世矣？吾始知《诗》《书》《礼》《乐》无救于治乱，而未知所以革之之方。此乐天知命者之所忧，虽然吾得之矣。夫乐而知者，非古人之所谓乐知也。无乐无知，是真乐真知，故无所不乐，无所不知，无所不忧，无所不为。《诗》《书》《礼》《乐》，何弃之有？革之何为？"颜回北面拜首曰："回亦得之矣。"出告子贡。子贡茫然自失，归家淫思七日，不寝不食，以至骨立。颜回重往喻之，乃反丘门，弦歌诵书，终身不辍。

我：夫子，关于这个故事，您能用现在的话翻译一下吗？

列子：好的，这个故事理解起来并不难。它的大意是孔子在家闲居，学生子贡陪着他。有一天，他一个人闷闷不乐地坐在房间，一句话也不说。子贡不敢打扰他，出来告诉颜回，颜回也不好打扰他，于

颜回画像

是抚琴而歌，为的是引动孔子。这个办法果然有效，孔子听到琴声后将颜回叫到自己的房间，问："你一个人抚琴而歌，为什么这么高兴呢？"

颜回说："先生一个人在此闷坐，为什么这么忧愁呢？"

孔子说："你先说说。"

颜回说："我听先生说过，'乐天知命故不忧'。一个人顺应上天，了解了自己的命运，那就没有什么忧愁的事了。"

孔子说："难道我真的说过这样的话吗？如果真的说过，那也是根据当时的情况所说的。现在我再告诉你真正的道理，这就是乐天知命而有大忧。对一个人的修身而言，要放任穷达，不把任何事情放在心上，懂得是死是活由不得自己，所以要把一切混乱和烦恼都抛在心外，这就是你方才所说的'乐天知命故不忧'。可你想想，想当初我整理《诗》《书》，修订《礼》《乐》，那可不是为了个人修身呀！那是为了整饬鲁国，治理天下，造福后代。可是现在却无法实现这一愿望，眼看着鲁国君臣天天在破坏秩序，消解仁义，刻薄性情而没有办法。既然我的理想不能在一个国家实现，不能在衷心提倡它的年代实现，那么要想在天下

实现，要想在千世万代永存，岂不是痴心妄想吗？由此可见，那些《诗》《书》《礼》《乐》对于治理国家和天下是没有什么用处的了，必须修改。需要我治理天下而我不能治理，需要我修改《诗》《书》《礼》《乐》，而我不知道怎么修改，这不就是'乐天知命而有大忧'吗？不过我现在又想通了，所谓'乐天知命'，不是古人所说的那种顺应天、了解自己的命运，而是自然顺应，自然了解，只有这样，才能无所不顺应，无所不了解，也就没有什么想不到的、做不到的了。这样看来，《诗》《书》《礼》《乐》还有什么用呢？既然没用，修改它们还有什么必要呢？"

颜回听后很受启发，出来把这些话告诉了子贡。子贡不理解其中的妙理，像是失去了灵魂一样，没有着落。回家之后苦思了七天七夜，既不吃饭也不睡觉，形销骨立。颜回知道后，专门到他家去开导了一遍，他才省悟过来，重新回到了孔子的身边，该唱歌就唱歌，该读书则读书。

【顺应自然解读】

做人要自然，不要做作

故事中的孔子，原本其思想正如颜回所言，认为乐天知命故不忧。也就是说，人生在世，不违背上天的意思，了解了自己的命运，就能凡事顺当，不会产生烦恼。可是他自己却产生了忧愁之事，坐在那里不声不响，一个人闷头想心事。原因是什么？孔子自己做了解释。这种解释说明他的思想与原本不一样了，这是第一次变化。他认为，乐天知命故不忧，这只是针对个人修养说的，对于治国平天下而言，则不适用。个人修养是小事，只要顺天知命就可以无所忧愁了，而治国平天下则不然，这是有关国家和子孙万代的大事情，想要做好而不好，怎么能不忧呢？

我们看到在与颜回谈话的过程中，孔子又不忧愁了。孔子认为，所谓"乐天知命故不忧"这话不仅是针对个人修养而谈的，它还具有普遍的意义。不过所谓"乐天知命"不是以往所理解的那样主观地顺应天，主观地了解命运，而是自然地顺应天，自然地知晓命运，也就是不有意顺天，不有意知命。一切随着自然而行，走到哪里是哪里，还有什么可忧愁的呢？

这样一来，乐天知命就由人为转成了自然，就从儒家的角度转到了道家的角度。依照这样的思想，就可既来之则安之，不要故意顺应，也不要故意不顺应，不要着意去读书，也不要着意不去读书，该做什么就做什么，不要人为地固执自己的行为。子贡不懂这样的道理，苦思冥想，以致骨瘦如柴。最后懂了其中的道理，自然而然地去做他愿意做的事，读他愿意读的书，终身不懈，无所忧愁。故事的最终意义乃在于劝人自然，免于造作。

在这里，列子认为，既然整个自然界都在那里自然而然地存在着、运行着，既然人都必须顺随着自然界的自然存在和自然运行而存在、而运行，那么作为一个人就应当把自己融入自然的洪流之中，不能将自己置于自然的洪流之外，更不能用自己的行为去阻挡事物的自然变化。然而，当时的列子对此并没有理解，仍然依照他消除自负、保持谦逊的路子走了下去，结果出现了伯昏瞀人预言的情况。这种景象是列子身体和生命遭受损害的预兆，故事通过伯昏瞀人的话点明了事情发展的前景。由此说明了脱离自然、唯诺自谦的危害。同时，这也告诉人们要顺应天命，自然而为，才能得到最高的修炼。

修身智慧

◇乐天知命故不忧。

◇既来之则安之。

◇修一身，任穷达，知去来之非我，亡变乱于心虑，尔之所谓乐天知命之无忧也。

歧道亡羊，列子乘风

我：夫子，在《说符》篇中有"歧道亡羊"的寓言故事，这个故事寓意深刻，很有教育意义。您能给我们讲讲吗？

列子：杨子之邻人亡羊，既率其党，又请杨子之竖追之。杨子曰："嘻！亡一羊，何追之者众？"邻人曰："多歧路。"既反，问："获羊乎？"曰："亡之矣。"曰："奚亡之？"曰："歧路之中又有歧焉，吾不知所之，所以反也。"杨子戚然变容，不言者移时，不笑者竟日。门人怪之，请曰："羊见畜，又非夫子之有，而损者笑者何哉？"杨子不答……心都子曰："大道以多歧亡羊，学者以多方丧生。"

我：夫子，为了更好地理解这个故事的寓意，您能给我们说得更容易懂一些吗？

列子：这个故事的大致内容是杨朱的邻居丢了一只羊，叫了一帮人去寻找。怕人手不够，又来叫杨朱的童仆。杨朱觉得很奇怪，问道："丢了一只羊，为什么叫这么多的人去追呢？"

邻居回答："岔道太多，怕难以追上。"

过了一会，追羊的人们回来了。杨朱问邻居："羊追回来了吗？"

邻居说："没有。"

杨朱问："为什么？"

邻居说："岔道之中又出现了岔道，我们不知道它究竟跑到了哪条岔道上，所以只好返回来了。"

杨朱听后脸色都变了，半天不说话，好几天都不显笑容。

弟子们觉得奇怪，去问他："羊是一种很便宜的家畜，而且又不是先生的，丢就丢了，为什么您自打邻居丢羊之后既无言又无笑呢？"

杨朱不回答，弟子们不知其所以然。

其中有一个弟子，名叫孟孙阳，把这件事告诉了杨朱的朋友心都子。心都子第二天陪同孟孙阳一起来见杨朱。

入席后心都子问杨朱："过去有兄弟三人到齐鲁求学，同拜一位学者为老师。把儒家教义道理全学完了之后才回家。父亲问兄弟三个：'仁义的学问都是些什么？'老大说：'仁义的道理告诉我，首先要保全自己的生命，其次再说保全自己的名声。'老二说：'仁义的道理告诉我，宁肯舍弃自己的生命，也不能损害自己的名声。'老三说：'仁义的道理告诉我，既要保全自己的生命，也要保全自己的名声。'他们三个同是一个老师教出来的，接受的同是儒家的学说，可是学得的道理却是相反的，到底谁学到的是真正的儒家学说呢？

杨朱并不直接回答心都子的问题，却讲起了另一个故事，说："有一个在河边上居住的人，非常熟悉水性，善于潜泳。他驾驶小舟摆渡，挣的钱可以供养百口人。带着粮食来向他学艺的人成群结队，可是淹死的将近一半。本来是为了学习游泳而来的，不是为了学习溺水，然而学到的得利，学不到的遭害，其中的差别如此之大，你认为来学艺的人谁对谁错呢？"心都子听完后也不回答，笑了两声，便从房间退了出来。

孟孙阳听了两人的对话，心里真是憋得慌，跟着心都子退出门来，急不可待地拉住心都子的衣服要他说个明白："先生！这到底是怎么回事？您问的问题为什么那样迂阔，而杨朱先生的回答又为什么那样怪僻？这些搞得我更糊涂了！"

心都子叹了一声说："你们也太糊涂了。大道因为岔道太多，所以才丢了羊；游泳因为方法多样，所以才丧了生。不是大道原本就有许多，原本的大道就只一条，是后来渐渐生出了岔道；不是原本的游泳方法就有许多，原本的方法就只一种，是后来学艺的人们把方法变复杂了。如果大家都遵守原本的一条大道，羊就不会丢；如果学艺的人们都遵守原本的一种游泳方法，就不会淹死。杨朱先生之所以不言不笑，是因为他听说多道丢羊后，担心他的学说到了众多学生那里变得多种多样，把他原本的学说丢掉，就像我刚才讲的兄弟三个把同一个先生教的同一种儒学变成三个样子一样。你们都是杨朱先生的学生，连杨朱先生的这点心事都解不开，怎么能将他的学问学到手呢？"

"歧道亡羊"图

我：夫子，这个寓言故事，在开始的部分是告诉人们目标要明确专一，而后来的引申寓意则是告诉人们，不管是做事还是修身，都要遵守一个大道，也就是宇宙本一，自然之道。对吗？

列子：你理解得很透彻，这就是歧道亡羊、自然行止的道理。

【顺应自然解读】　❧❧ **随遇而安，不逆外物** ❧❧

在这个故事中，我们看到，原本是一条大道，后来分出了许多岔道，这点在思想学派的演变中也是如此。孔子一人创立的儒家学说，后来分出了诸多派别；原本一种高超的游泳技艺，到了不同人那里各行其是；原本浑而为一的宇宙后来变成了纷繁杂陈的天地万物。

从故事中，我们了解到，由于岔道多了，寻找羊最终才无功而返。同样，学派多了也会走样，泳投多了会溺人，宇宙多样引来了世间的喜怒哀乐、恩怨忧伤，所以列子主张回归于一：体认宇宙原本之一，遵循宇宙原本之一。

所谓体认宇宙原本之一，就是把现实世界中的繁事众物都视为虚无缥缈的东西，都视为一致无二、相同等齐的东西，都视为宇宙原本之一的临时显现，不要去区别它们，不要去追求它们的不同结果和不同影响；所谓遵循宇宙原本之一，就是按照宇宙原本的样子自然而然地行止，随物起伏，随水漩流，随人生死，随风飘荡，不以己意逆外物，不以人行背物行，这就是列子所谓的大道，这就是列子所谓的乘风。

很多人理解这个歧道亡羊的故事的时候，往往都会有些偏颇，只关注一点，那就是目标明确，而在列子的修身中，这个故事更告诉人们要顺随自然而行止，这样才能融于自然，达到乘风的境界。

修身智慧

◇歧道亡羊，自然行止。

◇随物起伏，随水漩流，随人生死，随风飘荡，不以己意逆外物，不以人行背物行。

◇不是大道原本就有许多，原本的大道就只一条，是后来渐渐生出了岔道；不是原本的游泳方法就有许多，原本的方法就只一种，是后来学艺的人们把方法变复杂了。

伯牙鼓琴，融己于物

【聊天实录】

我：夫子，在您的著作《汤问》篇中，有伯牙鼓琴的故事，现在，您能给我们讲得更完整一些吗？

列子：伯牙善鼓琴，钟子期善听。伯牙鼓琴，志在登高山。钟子期曰：

"善哉！峨峨兮若泰山！"志在流水，钟子期曰："善哉！洋洋兮若江河！"伯牙所念，钟子期必得之。伯牙游于泰山之阴，卒逢暴雨，止于岩下；心悲，用援琴而鼓之。初为霖雨之操，更造崩山之音。曲每奏，钟子期辄穷其趣。伯牙乃舍琴而叹曰："善哉，善哉！子之听夫志想象犹吾心也。吾于何逃声哉？"

我：夫子，虽然这个故事我们都很熟悉，但是，由于语言的差异在理解上还是会有不同，您能用现在的话再给我们讲讲吗？

列子：好的，按照你们的话来说，这个故事的大意是春秋时期有一个善于弹琴的乐师，名叫伯牙。他的朋友钟子期善于听音辨情，凡是伯牙弹出的乐曲，钟子期都能辨别出其中蕴含的意境来。伯牙弹琴，其意在于高山，钟子期在一旁说："哎呀，真是巍峨啊！高如泰山。"伯牙弹琴，其意在于流水，钟子期在一旁说："绝妙啊！浩浩荡荡就像长江大河一样。"一次，伯牙与钟子期游览泰山，来到背阴之处，正好碰上了暴雨，扫兴得很。伯牙躲在一块岩石下面，心中悲切，抚琴而奏。琴声先是哀怨大雨不断，钟子期随而歌之：苍天落泪涟绵绵，阻我双目观众仙；愁云无心展笑颜，锁住心中一片山。随后伯牙的琴声意欲山崩天裂，钟子期随而歌之：青山无心人有情，盘旋岂为听雨声；奏得石破天惊时，还我一片绿葱葱。曲终歌罢，二人仰天大笑。之后，伯牙把琴往旁边一推，赞叹道："真妙！真妙！先生真是唱到我的心里了。看来我弹的曲子是逃不过先生的耳朵了，我的琴声之意全在先生的心中了。"

我：夫子，这个故事是告诉人们一个人只有将自己融于自然或者他物，甚至是声音，才能领悟它的自然本质和法则，这样理解对吗？

列子：你说得很对。其实，不管是鼓琴听律，还是修身，都要学会融己于外，这样才能让自己更接近自然的状态。

【顺应自然解读】 🍃 **融于琴声，体察规律** 🍃

伯牙鼓琴和伯牙摔琴都是中国历史上非常有名的故事，至今依然传为佳话。人生苦短，知音难求；云烟万里，佳话千载。纯真友谊的基础是理解，中华文化在这方面最形象最深刻的阐释，莫过于俞伯牙与钟子期的故事了。"伯牙绝弦"是结交朋友的千古楷模，流传至今并给人历久弥新的启迪。据说，在钟子期墓前，俞伯牙曾经写下了一首短歌，来悼念自己的知音钟子期。

忆昔去年春，江边曾会君。今日重来访，不见知音人。但见一抔土，惨然伤我心！伤心伤心复伤心，不忍泪珠纷。来欢去何苦，江畔起愁云。此曲终兮不复弹，三尺瑶琴为君死！

正是这个故事，确立了中华民族高尚的人际关系与友情的标准，说它是东方文化的瑰宝也当之无愧。

在道家思想中，"天人合一""物我两忘"的文化精神在这里得到了充分的体现。明代朱权成的《神奇秘谱》对此做了精当的诠释："《高山》《流水》二曲，本只一曲。初志在乎高山，言仁者乐山之意，后志在乎流水，言智者乐水之意。"仁者乐山，智者乐水，《高山流水》蕴含天地之浩远、山水之灵韵，可谓中国古乐主题表现的最高境界。然而，俞伯牙的《高山流水》琴曲并没有流传于世，后人无从领略俞伯牙所弹之曲的绝妙之处。所以，后人虽不断传颂《高山流水》的故事，完全是"心向往之"，对音乐并无切身体会。

我们也都知道这个佳话得以流传的最直接的原因是伯牙与钟子期之间那种相知相交的知音之情。当知音已杳，伯牙毅然断弦绝音。岳飞在《小重山》一词中"知音少，弦断有谁听"，正是伯牙当时断弦心境的准确反映。伯牙的绝琴明志，一者作为对亡友的纪念，再者也是为自己的绝学在当世再也无人能洞悉、能领会而表现出的深深的苦闷和无奈。

《高山流水》之所以能成为春秋战国的诸子典籍，是与当时"士文化"的背景分不开的。先秦时代百家争鸣，人才鼎盛。很多士人国家观念淡薄，并不忠于所在的诸侯国。这些恃才之士在各国间流动频繁，他们莫不企盼明主知遇。他们希望能遇见像知音一般理解自己的诸侯王公，从而一展胸中所学。这几乎是几千年来所有读书人的梦想，然而事实上能达此目标的人毕竟是少数，更多的人一生怀才不遇，汲汲无名，有的或隐身市井，有的则终老山林。由此可见，《高山流水》在先秦时代就广为流传，是因为这个故事背后的寓意是人生遇合的美妙，及人生不遇的缺憾，所以千百年来引起无数人的共鸣也在情理之中了。我们在读古代故事的时候，不能仅仅按照现在的思维来看，而是要根据当时的社会背景来洞悉当时的人物心理。

这个故事还包含着另外一层意思，这就是事中含理，声中含律。任何事物都包含着它自身的法则或道理，任何声音都包含着它自身的声韵或音律。这法则或道理、声韵或音律就是这些事物和声音自然本质的标志，也正是人们之所以能够顺应万物的前提和依据。只要人们体察到了事物和声音的全部法则、道理、声韵和音律，就可以体察到事物和声音的全部本质，并将自己的全部身心融于事物和声音之中了。钟子期能将俞伯牙所奏曲子的全部含义体察无遗，讲的正是这个道理。不仅如此，列子所谓的顺应自然的修身法则，从这里也是可以找到证据的。

修身智慧

◇仁者乐山，智者乐水。

◇此曲终兮不复弹，三尺瑶琴为君死！

◇任何事物都包含着它自身的法则或道理，任何声音都包含着它自身的声韵或音律。

偃师造人，各得其所

我：夫子，在《汤问》篇中，记载了"偃师造人"的故事，这个故事寓意丰富，对于修身之人有着很好的启迪，您能再给我们讲讲吗？

列子：周穆王西巡狩，越昆仑，不至弇山。反还，未及中国，道有献工人名偃师，穆王荐之，问曰："若有何能？"偃师曰："臣唯命所试。然臣已有所造，愿王先观之。"穆王曰："日以俱来，吾与若俱观之。"翌日，偃师谒见王。王荐之曰："若与偕来者何人邪？"对曰："臣之所造能倡者。"穆王惊视之，趋步俯仰，信人也。巧夫顉其颐，则歌合律；捧其手，则舞应节。千变万化，惟意所适。王以为实人也，与盛姬内御并观之。技将终，倡者瞬其目而招王之左右待妾。王大怒，立欲诛偃师。偃师大慑，立剖散倡者以示王，皆傅会革、木、胶、漆、白、黑、丹、青之所为。王谛料之，内则肝、胆、心、肺、脾、肾、肠、胃，外则筋骨、支节、皮毛、齿发，皆假物也，而无不毕具者，合会复如初见。王试废其心，则口不能言；废其肝，则目不能视；废其肾，则足不能步。穆王始悦而叹曰："人之巧乃可与造化者同功乎？"诏贰车载之以归。夫班输之云梯，墨翟之飞鸢，自谓能之极也。弟子东门贾禽滑厘闻偃师之巧，以告二子，二子终身不敢语艺，而时执规矩。

我：夫子，您能用通俗的话再讲一下这个故事吗？

列子：好的，用你们现在的话来说，大意就是周穆王到西南地区巡视和狩猎，越过了昆仑，一直到达了太阳落下去的弇山。在他返回的路上有一个人拦路求见，说自己有高超的工艺技巧，自称偃师。穆王召见了他，并问："你有什么本事？"偃师说："凡是大王要臣做的东西臣都能做出来。不过臣现在有已经做好的一个物件，愿意献给大王，让大王先观赏一番。"穆王说："好吧！明天你把它带来，朕与你一同观赏。"第二天偃师与另一个人一同来见穆王，穆王问："和你一起来的是什么人呀？"

偃师回答："这是我造出来的一位艺人，大王想要观看的歌舞他都会表演。"穆王感到很惊奇，从座位上走下来，围着这个人转了三圈，上下打量，看上去俨然是一个真人，心想："领一个真人来骗我，且看你要什么伎俩。"遂命他随意表演一下看看。只见偃师上前将那人的下巴一瓣，那人便润润喉咙唱了起来，其声悠扬动听，其美无比。群臣皆奇，唯独穆王不以为然，认为是以真人假充的。

一曲唱完，偃师上前将那人的手臂一拉，那人便抒袖伸腿，舞了起来，刚柔相间，首尾呼应，节拍有致，煞是动人，穆王也只是一笑而已。之后，那人应人而动，无所不能，即使是真人，也可以称得上是一个高手艺人，因而博得了一片赞扬声。不料那人在得意之时颇有忘形，竟然朝观看表演的穆王众妃投目献媚。穆王大怒，喝道："大胆野人，竟敢拿真人来戏朕，左右给我把这二人拿下砍了！"偃师闻言大惊，苦苦哀求，说："大王饶命！此人确实是为臣造的假人，不敢说丝毫谎言。还求大王给臣一个机会，让臣将他拆开给大王看看。倘若不是假人，大王再斩也不迟啊。"

穆王点了点头，说："好吧！若是假人，掉了脑袋可不要怨朕。"众人为偃师松了绑，偃师慌忙走到那人面前，将其衣服剥下，在他头顶上连拍五下，只见那人肚子张开了，五脏六腑全都露了出来，仔细察看，都是用皮革、木材、颜料等做成的，果然是个假人。将其肚子合住，在其两脚心上各拍五下，那人便又活了起来，穿上衣服与真人无异，穆王大为惊讶。虽说那人是假的，但是肌肤、皮毛、发齿、筋骨、心、肝、肺、脾，凡是人所具备的，无所不有。试将其心取出，则口不能言；试将其肝取出，则目不能视；试将其肾取出，则足不能行。穆王赞叹不已，说："人的技巧难道真能达到造物者的程度吗？怎么能造出与真人一模一样的人来呢？"穆王得了一个奇人、一个奇物，用两个车分别载着他们回了王宫。在春秋战国时期也出了两个能工巧匠，一个是鲁班，一个是墨子。鲁班发明了云梯，可以架虚而攻城；墨子制造了一个木鸟，在天上能飞三天三夜不落地。这二人都很自负，认为自己的能耐达到了登峰造极的程度了。后来他们的弟子东门贾、禽滑厘听说了偃师的事迹，告诉了他们，从此这二人再也不敢炫耀自己的技艺了。

我：夫子，听完您讲述的这个故事，我们了解到，万物都有自己的规律和固有的特点，我们只要找到这些，并且按照原有的规律和特点来做就会获得成功，这样理解对吗？

列子：从这个方面理解很对。就修身而言，要想达到自己所期望的高度，就要努力找到其中的规律，并遵循这个规律来修身，这样，自然而然就会有所收获。

【顺应自然解读】　　　**遵循规律来修身**

偃师造人，讲述的偃师并不是像神话中那些神仙一样吹一口仙气，而是按照人的机理制造人，所以假人身体的结构及各种构件之间的关系与真人一样，无心则口不能言，无肝则目不能视，无肾则足不能行。

列子用这个寓言故事说明，顺应事物的律数及道理，可以创造出一切。这话虽然说得有些绝对，但也确有道理。在人们不掌握事物的律数和道理之时，认为这是奇迹，而掌握之后，这也就成了自然而然的事情。然而，这种说法不免有些绝对，人类不可能全部掌握事物的律数和道理，也不会创造出所有的事物来，这里只是展示了人的行为与客观事物之间的关系。它告诉人们，自己的行为要达到预期效果，就要与客观事物的律数和道理相符合。客观事物的律数和道理是可以体会和把握的，体会、把握了它们，顺应着它们，行事就可以成功，造物就可以获得成功。

修身智慧

◇巧夫其颐，则歌合律；捧其手，则舞应节。千变万化，惟意所适。

◇王试废其心，则口不能言；废其肝，则目不能视；废其肾，则足不能步。

匏巴鼓琴，乐变四季

【聊天实录】

我：夫子，在您的《汤问》篇中，记载有匏巴鼓琴的故事。现在，您能亲自给我们讲讲吗？

列子：匏巴鼓琴而鸟舞鱼跃。郑师文闻之，弃家从师襄游，柱指钧弦，三年不成章。师襄曰："子可以归矣。"师文舍其琴，叹曰："文非弦之不能钧，非章之不能成，文所存者不在弦，所志者不在声，内不得于心，外不应于器，故不敢发手而动弦。且小假之，以观其后。"无几何，复见师襄。师襄曰："子之琴何如？"师文曰："得之矣，请尝试之。"于是当春而叩商弦以召南吕，凉风忽至，草木成实。及秋而叩角弦以激夹钟，温风徐回，草木发荣。当夏而叩羽弦以召黄钟，霜雪交下，川池暴沍。及冬而叩徵弦以激蕤宾，阳光炽烈，坚冰立散。将终，命宫而总四弦，则景风翔，庆云浮，甘露降，澧泉涌。师襄乃抚心高蹈曰："微矣子之弹也！虽师旷之清角，邹衍之吹律，亡以加之，彼将抆琴执管而从子之后耳。"

我：夫子，您能用通俗的语言再讲一下这个故事吗？

列子：好的，这个故事的大意就是古时候有一位著名的琴师，人称匏巴。他弹起琴来，其声优美，动人肺腑，鸟儿随声起舞，鱼儿应乐跳跃。

有一位叫郑师文的人听说音乐有这么大的效应，决心离家学乐，特拜有名的乐师师襄为师。

可是他花了整整三年时间，一支曲子都没弹成。师襄看他如此笨拙，不想再教他，无奈只能发话说："我看你还是回家的好，何必在这里白耗时光？"师文知道自己不争气，可是他并没有灰心，把琴放在一旁，叹了口气说："师文不是调不好音，也不是拨不好弦，之所以三年弹不成一支曲子，那是因为心思不在弦上，志向不在声上，内心没有体会到乐律，手指不能感应于琴瑟，所以不敢放手去弹奏。既然如此，那就先让我稍微休息一段时间再说吧！"

过了不长时间，师文又来拜见师襄，师襄问："近日你的琴弹得如何？有进步吗？"师文回答说："我觉得可以了，今日特地来请师父指点。"于是他按照春夏秋冬四个季节的音律弹给师父听。正当春天的时候他弹起了秋天的音律，一时间，秋风萧瑟，叶黄果实，万物成熟，众生收获；正当秋天的时候他弹起了春天的音律，一时间，阳气上蒸，众物萌生，大地回春，万象更新；正当夏天的时候他弹起了冬天的音律，一时间，阴气上结，川池冻凝，霜雪交下，万籁俱寂；正当冬天的时候他弹起了夏天的音律，一时间，烈日炎炎，酷暑弥漫，地如蒸笼，坚冰消融。临终他总汇四季的音律，协调四弦的声韵，只见和风习习，丽日送暖，柳枝轻轻摇，白鹤当空舞，一派祥和景象。

听到此时，师襄抚心大悦，赞叹说："妙极了！妙极了！你弹琴的技艺，即使把晋国弹得三年大旱的师旷、将北方吹得暖如春夏的邹衍也难以匹敌。如果他们二位知道有你这样一位高手，一定会挟着他们的琴、拿着他们的管跟随你学艺。"

我：夫子，听您讲完这个故事，我理解得更深刻了。这个故事通过写郑师文随着四季的不同特点而鼓琴，告诉我们弹琴应该顺应自然的规律，这样才能达到更高深的境界。

列子：你说得不错，高人奏乐懂得根据不同季节的特点，往往给人非常自然真实的感觉。一个人想要修身也要懂得根据自然的规律来进行，这样才能达到更高的境界。

【顺应自然解读】　　　得心应手，心境专一

在讲解这个故事的寓意之前，我们先来说说有关的知识。

故事借用音乐来论道，以此喻彼本是寻常事。但是，音乐是一个很不凑巧的话题，过去因为受到技术手段的限制，声音不像文字和图形那样可以跨越时空加以保存，音乐的听觉效果究竟如何，隔着一定距离或过上一段时间就没人知道了。所以，儒家的六经到了后来唯独丢了一门《乐经》，而对于音乐方面种种曾经有过的成就，后人所知的主要是一些人名，甚至人名都不是很确切的信息。比如师旷，不少记载说他是晋国的乐师，技艺出神入化，但也有一些说法与之有时代、地域上的矛盾，看起来凡是音乐高手都有被称为"师旷"的。至于邹衍，这个人物的记载稍微明确一些，至少并不是好多不同时空的人合用这么一个名字，但他和音乐的关系却非常复杂。他所吹的律管在音乐上的用途类似我们今天的定音笛，他把音乐和五行学说结合在一起构建了一套复杂的理论，所以传说他吹奏律管能够引起季节变化，而过去的历法和音律也因此有了十分紧密的理论联系。

古人按音阶的高低把音律分为十二个标准音，称十二律，十二律中又分为六个阴律、六个阳律。黄钟、蕤宾是阳律中的两个，南吕、夹钟是阴律中的两个。由十二律通过一定的公式换算又可得到五声音阶，即宫、商、角、徵、羽。在五行理论中，它们都分别能够和四季、四方产生特定的对应关系。我们还了解到，音乐被用来喻道，是因为音乐在古人的心目中充满了神秘的色彩。由于正式的音乐在生活中很难听到，即便对一百年前的人来说，看戏也是生活中的一件大事，

以至于中国拍摄第一部电影就选择了京戏。若是想听到成规模的管弦乐合奏，那就必须遇到大规模的庆典、祭祀之类的活动，大多数人很可能是一辈子都没有这种机会的，于是，音乐的神秘性就被大大地强化了，而音乐也成为一项很高深的学问。如果泛泛地说，音乐无处不在，山中鸟鸣、泉水叮咚是音乐，渔舟唱晚、文人吟咏也是音乐。可若想深谙其理，让音乐成为一种能够如意运用的工具，却又千难万难。这个特点很像道，无处不在，却难以真切地感受，用《周易》的话说叫"百姓日用而不知"。

对于道，最常见的是人们把道看作一种技术或法术，总是爱说访道、学道，把道当作学习和掌握的对象，似乎它高高在上，要通过复杂而精准的程序才能触及，进而得到左右它的能力。这样理解是不对的，道不是能够去掌握的东西，也不是掌握了才能用的东西。它不是接骨术，只有学习了、掌握了才能为骨折的病人疗伤，而且你学得越好、越熟，你的治疗水平也越高。道，完全不是这样的。

还一种说法认为道是自然的，我们都应该顺应自然，于是从这话生出虔诚的盲从，好像把自己放得很低就能换来那个叫作"道"的主人的好感，从而使自己能稳定持久地得到他的庇护与左袒。这又是另一种错误，这种韬光养晦的战术，对于人或许有用，但对道却是完全无效的，道本来就是道，又没有什么人性。不要急着表白自己，说你是真的想顺从大道，真的没有任何小心眼——没有耍小聪明是件好事，道家也希望你如此，但"道"不会希望你什么，所以不等于说不耍小聪明就是"得道"。

要知道，事物都有自己的节律，只要能使自己的行为与事物的节律吻合在一起，就能创造出新事物来，这是可以做到的，不过却需要修炼。修炼的关键在于心意专一，排除他务。所以师文在总结自己三年不成一曲的教训时说，自己不是不能调好琴、弹好曲，而是因为自己心不在弦上，志不在声上。待他休整了一段之后，便出了奇迹。自然是克服了以前的毛病，进入了专一的心境。故事中，对自己先前的不佳表现，师文的解释是"不得于心"，这个表达和《庄子》中的"得心应手"十分相似，对我们来说能够体会，却很难用准确的语言说出来。现代人更喜欢用的一个说法是：没找到感觉。那么，姑且把它们当成一回事来讨论一下，如何才算没找到感觉呢？师文的状况是"不敢"。他怕什么？师文没告诉我们，只是后来很快就找回了感觉，弹出了美妙的曲子。看来，我们只能自己想象了，而突破口恐怕还在那个"不得于心"。从后来的表现来看，师文肯定是"得于心"了，那我们或许就急于知道他到底得到什么了。如果这么想，那我们和师文先前犯的错误大致就是一样的，这个"得"并非从外部得到什么！

师文正是因为总想着得到弹奏的诀窍，所以他的心思反而离开了音乐本身。这就是我们刚才说的第一种情形，把弹奏看成一种精妙的技法，认为像匏巴这种高人就是因为掌握了高超的技法才达到神妙的境界。于是，"得到"这个技法就成了他唯一的追求。但是师文很快明白了问题的所在，说自己"不得于心"。他明白了，很多读者还没明白，尚以为还是有什么东西需要"得到"之后放在心中才是正经，这真是越偏越远了。"得"，固然有得到的意思，但并非总是如此。有个人们都很熟悉的成语叫相得益彰，如果照"得到"去理解，难道是说互相从对方那里得到些什么才能更加凸显？不是的，"相得"是相互配合、相互融合。要让演奏进入鸟兽起舞、四季轮回的化境，你既不能去掌控音乐，也不能做音乐的奴仆，你们必须平等以至于彼此融合，把你的心交给音乐，让音乐融入你的精神，你们真正成为一体，这才是"相得"。

道，绝不是一个征服另一个、一个管制另一个，而是融合、配合。世界上的事物是相互联系的，联系的一种方式是共鸣，中国古代称之为感应。也就是说，每一种事物都有自己的节律，当一种事物与另一种事物的节律相吻合时，这两种事物便相互照应。汉代道家的著作《淮南子》中曾举例说：一头牛在山南吃草，另一头牛在山北吃草，一头牛叫会引起另一头牛的回应；一匹马在河东吃草，另一匹马在河西吃草，一匹马鸣会引起另一匹马的回应。用一个琴弹奏宫调，另一个琴的宫调会与之相应；用一个琴弹奏商调，另一个琴的商调会与之相应，这就是感应。反之则不然，牛叫不会引起马鸣，马鸣不会引起牛叫；宫调不会引起商调的回应，商调也不会引起宫调的回应。

修身智慧

◇内不得于心，外不应于器，故不敢发手而动弦。

◇景风翔，庆云浮，甘露降，澧泉涌。

◇百姓日用而不知。

三年一叶，自然演化

【聊天实录】

我：夫子，在《说符》篇中曾记载着这样一个故事，宋人有为其君以玉为楮叶者，三年而成。锋杀茎柯，毫芒繁泽，乱之楮叶中而不可别也，此人遂以巧食宋国。子列子闻之曰："使天地之生物，三年而成一叶，则物之有叶者寡矣。故圣人恃道化而不恃智巧。"您能用通俗一些的话给我们讲讲这个故事吗？

列子：好的，用你们现在的话说，这个故事的大意是宋国有个人给他的国君用玉做成楮树叶，三年做成了。叶子枝茎筋脉的肥瘦、毫毛尖端的颜色与光泽，放在真的楮树叶子中都分辨不出来，于是这个人凭着他的技巧在宋国生存。列子听说了这事，说："倘使天地间生成万物，要花三年才长成一片叶子，那有叶子的东西就太少了，所以圣人依靠自然的演化而不依靠智慧技巧。"

我：夫子，您的意思是说事物都有自己的规律，我们要做的不是强力而为，而是要依靠自然的演化。对于人来说，就是要遵循自然固有的规律，做到顺随自然之道，这样才能达到人生的至高境界。这样理解对吗？

列子：你说得很对，假如楮树三年才长一片叶子，这是它的特性，同样，不同的人也会有不同的特性，我们应该尊重这种特性。

道化使然，洞悉人性

这个小故事是借助于叶子来说明道化，其核心就是"道"。

假如三年长了一片树叶，然而这却是自然演化的结果。树上本来就会长叶子出来，不需要刻意去做什么，这本来就是有关叶子的"道"，而对于玉，本来就是石头，长成什么样子的都有，但肯定不会长得跟叶子一样，因为它跟叶子从来就不相干，各有各的"道"。

当你企图把玉变得和叶子一样的时候，实际上就是用外力强行去改变玉的"道"。玉应该就是它那个石头样子，这不需要做任何努力，而要把它改变成叶子的样子就必须依靠智巧，那是外力，而且，做这样的努力是非常耗费精力的。耗费了如此多的精力，这个宋人得到了饭碗，衣食无忧，对他来说值了。所以，各种各样去拂逆"道"的事情都有人做，就是因为人们总能找到适合自己的理由，从而为之支付大量的时间和精力。

庄子曾说：巧者劳而智者忧，无能者无所求，蔬食而遨游，泛若不系之舟。这种否定是基于价值观的，要想轻松、惬意、无忧无虑，那么就要放弃那些引人注目的追求，甘于平淡的生活、平凡的地位、平和的心境、平稳的节奏。出于这样的想法，道家甚至对科技也怀有颇深的敌意，他们觉得巧妙的技术背后必然有机巧之心，有机巧之心的人生活在身边，那么即便自己想过得轻松一点也很难，所谓人无害虎心，虎有伤人意。为此，他们就要游说更多的人放弃智巧而回归质朴的道化，这样才能有一个好的氛围。可见，道家并不是对艺术、科学、政治什么的有意见，而通常是借题发挥，希望人们简单点，这倒有点像是精神层面上的环保。

我们细心一些就不难发现，谙通道家学说的人其实都是很聪明的，其中一个方面就体现在他们灵活，而且是有原则的灵活。道家思想里，道化为上，智巧为下，但他们绝不一味地否定智巧。历史上，中国许多能称为高度智巧的学问都是道家人物的成果，兵法、星占、医药、天文之类超复杂的技术每每都是道家的最爱，当历史发生重大转折的时候道家人物常是首席谋士，像汉初的张良、明初的刘基，乃至后世写小说都仿照这样的套路：瓦岗寨有徐茂功、岳家军有诸葛英、水泊梁山则有吴用和公孙胜。真正的道家人物从来不把自己的原则看作铁板一块，他们懂得任何道理都不是死理，他们的"道"就是活生生的，放在不同的时空、面对不同的事物，"道"就是千姿百态的。

所以，道家罕有犟头倔脑，为了某个原则胡乱硬上的书呆子，因为他们通过不断地揣摩"道"，从而知道如何"出牌"才能收到预期的效果。

修身智慧

◇圣人恃道化而不恃智巧。

◇巧者劳而智者忧，无能者无所求，蔬食而遨游，泛若不系之舟。

◇人无害虎心，虎有伤人意。

第一章

列子与我聊顺随人性

芸芸众生，人性百态。在与人交往或者是在管理的过程中，我们应当根据不同的人的性格来交流和管理。不仅如此，当人与动物交流时，也要先了解动物的习性，这样才能使得人与人以及人与其他一切和谐起来。《列子》中的文子止盗、南国北国、梁鸯驯兽等寓言故事都体现了这一思想。学会顺随人性而为，往往会收到事半功倍的效果。

文子止盗，仁教之政

我：夫子，在《说符》篇中，曾记载着"文子止盗"的故事。您能再给我们讲讲吗？

列子：晋国苦盗。有郤雍者，能视盗之貌，察其眉睫之间，而得其情。晋侯使视盗，千百无遗一焉。晋侯大喜，告赵文子曰："吾得一人，而一国盗为尽矣，奚用多为？"文子曰："吾君恃伺察而得盗，盗不尽矣，且郤雍必不得其死焉。"俄而群盗谋曰："吾所穷者郤雍也。"遂共盗而残之。晋侯闻而大骇，立召文子而告之曰："果如子言，郤雍死矣。然取盗何方？"文子曰："周谚有言，'察见渊鱼者不祥，智料隐匿者有殃'。且君欲无盗，若莫举贤而任之，使教明于上，化行于下，民有耻心，则何盗之为？"于是用随会知政，而群盗奔秦焉。

我：夫子，您能再用通俗的话说说吗？

列子：春秋时期，晋国有一段时间盗贼特别多，晋君很是苦恼，没有办法治理。正好有一位名叫郤雍的人能辨别盗贼的相貌，据说他只要看看睫毛与眼眉之间，就知道这个人是不是盗贼、作案经过如何。晋君把他请来让他试试，结果一百个盗贼之中没有一人逃得过他的眼睛。

晋君得了这么一位能人，心里高兴极了，便把这个消息告诉了赵文子，他说："我得了这么一位能人，再也不用怕有盗贼了。看来治盗贼也用不了多少人，只要有一位这样的能人也就够了。"

文子听后笑笑说："君王用监盗的方法治理盗贼，永远也消灭不尽盗贼。不仅如此，而且监盗的郤雍也快要出事了。"没过多久，盗贼们果然聚在一起商量："我们之所以没有饭吃了，就是因为出了一个郤雍。与其让他整我们，不如我们把他除掉！"于是他们联合起来把郤雍杀害了。

晋君得知这个消息后大为震惊，立刻召见文子说："先生太有远见了，郤雍果然被人杀害了。先生你看还有什么办法治盗呢？"

　　文子说："周朝有一个谚语，'能看见渊中之鱼的不吉祥，能知晓别人隐秘的有祸殃'。说的就是这种情况。因为眼睛太明亮、心里太聪明，就会妨碍别人的利益；妨碍了别人的利益，就会遭到别人的报复，郤雍之所以被害就是这个道理，他的眼睛太厉害了。要想防盗，这不是根本的办法，最根本的办法是举贤施教，导人之心。只要百姓的心善了，知道什么是荣耀、什么是耻辱，谁还去做盗贼呢？"晋君听从了文子的劝告，任用贤臣随会治国，行仁教之政，结果盗贼们没有了市场，都逃到秦国去了。

　　我：夫子，这个故事说明，治理百姓或者其他人，都要根据被管理的人的人性特点来进行，顺性而为，这样才不会引起反抗，也才能从根本上解决问题。

　　列子：你理解得很对。

【顺随人性解读】　　收取人心，和顺安定

　　文子最终能够治理好盗贼的故事，包含着兵强则灭、木强则折的思想。过分刚强会招致失败，要想长在久存，就要守柔处弱。更主要的是说明了知心、得心的重要性，认为国家和社会是由人构成的，人的行为是由人心支配的。所以治理国家、管理社会，关键的关键是知道人心，引导人心。抓住了人心，百姓自然和顺，社会自然安定；不知人心，失去人心，再有能人也无济于事。

　　我们在修炼身心的过程中，也要懂得人性的重要性，这里的人性不仅仅指他人，也指自己。

修身智慧

◇圣察见渊鱼者不祥，智料隐匿者有殃。

◇教明于上，化行于下，民有耻心，则何盗之为？

◇抓住了人心，百姓自然和顺，社会自然安定；不知人心，失去人心，再有能人也无济于事。

列子适齐，中道悟知

【聊天实录】

我：夫子，我曾经在《黄帝》篇中读到您去齐国求取功名的一段故事，这段故事的详情，您能再给我们讲讲吗？

列子：子列子之齐，中道而反，遇伯昏瞀人。伯昏瞀人曰："奚方而反？"曰："吾惊焉。""恶乎惊？""吾食于十浆，而五浆先馈。"伯昏瞀人曰："若是，则汝何为惊己？"曰："夫内诚不解，形谍成光，以外镇人心，使人轻乎贵老，而整其所患。夫浆人特为食羹之货，多余之赢；其为利也薄，其为权也轻，而犹若是。而况万乘之主，身劳于国，而智尽于事；彼将任我以事，而效我以功，吾是以惊。"伯昏瞀人曰："善哉观乎！汝处己，人将保汝矣。"

无几何而往，则户外之屦满矣。伯昏瞀人北面而立，敦杖蹙之乎颐，立有间，不言而出。宾者以告列子。列子提履徒跣而走，暨乎门，问曰："先生既来，曾不废药乎？曰：已矣。吾固告汝曰："人将保汝，果保汝矣。非汝能使人保汝，而汝不能使人无汝保也，而焉用之感也？感豫出异。且必有感也，摇而本身，又无谓也。与汝游者，莫汝告也。彼所小言，尽人毒也。莫觉莫悟，何相孰也。"

我：夫子，对于这段经历，相信您一定深有所悟。现在，您能再用通俗的语言讲给我们听听吗？

列子：好的，这个故事的大意就是我要去齐国，走到半道又返了回来。路上遇到了老朋友伯昏瞀人。伯昏瞀人问道："听说你去齐国了，怎么这么快就回来了？"我回答说："我没有走到，是中途返回来的。"伯昏瞀人问我为什么。我说："我在路上进过十家茶馆，其中有五家先给我上茶，把那些先入座的老者们放在我的后面。我心中感到很怕，所以就回来了。"伯昏瞀人问："这有什么可怕的呢？这点小事何以让你却而止步，改变了去齐国的打算？"我说："先生有所不知，我的内心老是有一股子傲气，总也不得消散，所以表现于外便显得不可一世，盛气凌人。正因为如此，所以茶馆的那些伙计们才先给我上茶的。你想想，这小小的茶馆，每天只有一点小小的盈利，并不想在客人身上得到多大的好处，尽管如此，他们见到我这种气宇轩昂的人还这样有意地逢迎，要是我到了齐国，见了齐君，他要委我以重任，期望我给他建大功立大业，又该如何对待我呢？我如何才能不辜负这种特殊的待遇呢？只有鞠躬尽瘁死而后已了。想到这些，我怎么能不心惊呢？"伯昏瞀人听后，长长叹了一声说："好啊，你想得很长远，对自己要求得也很严格，我想一定会有很多人追随你的，等着瞧吧！"

没过多久，伯昏瞀人前来探望我。进得院来，见我家门口堆满了客人的鞋子。他站住了，面朝北用拐杖顶着自己的下巴寻思了很久，觉得里面客人太多，还是不去打扰为好，于是转身出来。有客人告诉了我。我提着自己的鞋子，没来得及穿，追出门来，把伯昏瞀人唤住说："先生来了，为什么不进去指教一番就这样匆匆离去？"伯昏瞀人说："我没说错吧！不过，你要记住，虽然不是你有意让人追随而是人们自然地追随你的，但你却不能使人们自然地不追随你。之所以有如此大的感召力，那是由于你的内心处在不同寻常的境界中，脱离了自然而然的状态。一旦使他人有了感受，那么你自己的本性也就要受到损伤，这可真是不值得。这个道理，那些追随你的人是不会告诉你的。他们说的那些娓娓动听的话，都是毒害人的，可是你还不觉不悟，还和他们那么亲热。"

我：夫子，听完您的讲述我明白了一些，您的意思是说，不管是求取功名，还是做人，都需要寻求自然之道，追求自然而然的状态，而不要随着主观臆断行事。这样，你才会有更大的影响力，并且提升自己。

列子：你说得很对，一个人要想修身并达到一定的境界，就要努力追求自然而然的状态，提升自己的觉悟，让自己融入其中，而不是特立独行。

【顺随人性解读】 ～ **不要走极端，要顺应自然** ～

列子画像

故事中的列子在去齐国求取功名的途中处处受到特殊待遇，为什么呢？因为他的身上有一种傲气。这种傲气是一种标志，说明他与一般人不同，或者有一定的社会地位，或者比别人霸道。这两种可能都对茶馆构成一定的压力：接待得好，可能得到好处，起码可以免除不必要的麻烦；接待得不好，可能引来祸害。所以，茶馆的热情招待不是为了别的，而是出于对自身利害关系的考虑。

列子由此联想到自己到了齐国之后的前景：他的傲气可能引起齐王的重视，

然而这种重视也是为了得到回报，乃至使他耗精损体，付出生命。由此可见脱离自然，自负骄傲的危害有多大。

后来，列子在半道遇上了伯昏瞀人，并且在他的话语中觉察到了自己的毛病，但由一种偏差转向了另一种偏差，由自负骄傲、盛气凌人转向了谨小慎微、唯唯诺诺。谨小慎微、唯唯诺诺与自负骄傲、盛气凌人虽然是截然不同的两种品格，但有一点是相同的，这就是它们都违背了人的自然本性，都会给人带来危害。正因为如此，所以列子的好友伯昏瞀人给了他警告，说："好啊，你想得很长远，对自己要求得也很严格，我想一定会有很多人追随你的，等着瞧吧！"

不过当时的列子对此并没有理解，仍然依照他消除自负、保持谦逊的路子走了下去，结果出现了伯昏瞀人预言的情况，这就是伯昏瞀人在列子家中看到的景象。这种景象是列子身体和生命遭受损害的预兆，故事通过对伯昏瞀人的话点明了事情发展的前景。由此说明脱离自然、唯诺自谦的危害。故事通过对过于自负和过于自谦两个极端的描述表明了一个道理，即人顺应自然、随众人流才是正道，主观造作、超凡脱俗是险途。

修 身 智 慧

◇万乘之主，身劳于国，而智尽于事；彼将任我以事，而效我以功，吾是以惊。

◇与汝游者，莫汝告也。彼所小言，尽人毒也。莫觉莫悟，何相孰也。

◇顺应自然、随众人流是正道，主观造作、超凡脱俗是险途。

南国北国，顺随民俗

我：夫子，在《汤问》篇中记载了一个有关南国之人和北国之人故事。您能给我们讲讲吗？

列子：南国之人祝发而裸，北国之人鞨巾而裘，中国之人冠冕而裳。九土所资，或农或商，或田或渔，如冬裘夏葛，水舟陆车。默而得之，性而成之。越之东有辄沐之国，其长子生，则解而食之，谓之宜弟。其大父死，负其大母而弃之，曰：鬼妻不可以同居处。楚之南有炎人之国，其亲戚死，朽其肉而弃之，然后埋其骨，乃成为孝子。秦之西有仪渠之国者，其亲戚死，聚紫积而焚之，熏则烟上，谓之登遐，然后成为孝子。此上以为政，下以为俗，而未足为异也。

我：夫子，您能用通俗的语言再给我们说说这个故事吗？

列子：这个故事的大意就是：种地经商，有的打猎捕鱼，或冬天穿皮袄、夏天穿丝绸，水行坐船、陆行乘车。不用说就能明白，依其本性自然成了那样。越国的东方有个辄沐国，第一个儿子生下来后，就解剖并吃掉他，说是对下面的弟弟有利。他们的祖父去世了，要把祖母背出去扔掉，说：鬼的妻子不能与人住在一起。楚国的南方有炎人国，父母去世了，要把身上的肉剔下来扔掉，然后埋掉骨头，这样才是孝子。秦国的西方有仪渠国，父母去世了，要堆起柴火加以焚烧，烧烤尸体产生的烟气上腾，叫作登遐，这样才是孝子。这些都是上层的人当作政事，下层的人当作风俗，没有什么可奇怪的。

我：夫子，在这个故事当中，您是不是想告诉我们，做人做事要根据不同的环境，做到顺随人意、入乡随俗呢？

列子：你说得很对，生活在不同生活环境的人有着不同的习俗文化，面对这样的情况，我们一定要做到因地而异，因人而异，这样才算是顺随了民风人性。

现实中，最麻烦的就是人与人之间的各种矛盾，人是群居动物，群居给人们带来了很多的便利，同时也造成了很多的麻烦，往往本来很聪明的人一旦掉进纷繁的人事就变得思绪混乱、见识模糊，最后，轻则虚度光阴、一事无成，重则危及生命。正因为如此，历代文化人多有向往自由、自然的意识，十分厌恶在人事中打滚。就拿最现实主义的儒家来说，他们的理念本是读书明理，进而为社会服务的，但在古代没有给读书人更多的选择空间，你要想做大事就得做官，否则往往会默默无闻。尽管做官有名有利，也有学以致用的好处，但并非所有的读书人都愿意，无论盛事还是乱世，总有不少人死活都不愿意做官的。相比之下，儒家在回避人事的时候方式也往往比较温和，通常只是做个教书先生或者做一些其他生计，一般不至于跑到深山老林躲起来不见人。

从这点来看，儒家的思想还没有到"和万恶的人事决裂"的程度，并且从事社会管理、努力调和各种人之间的关系也还是儒家人物的主要工作，所以经过长期的经验积累，他们自有一套不温不火、左右逢源的人事经验，也更善于从道理、感情上去思考各种问题，以平衡、交换等方式去合理地解决问题。在特定的、必要的情形下，理论可以牺牲，原则可以让步，一切都可以变通，目的只有一个，那就是圆满、得体地解决现实中的问题。

儒家学说和主张的骨架就是这样一部行为智慧的脚本，于是，儒家系列的书总会告诉人们许多基本的人生准则，诸如道德、仁义、诚信、礼仪、孝悌，等等。然而，现实的奇诡变幻永远超出人的想象，哪怕是圣人的想象。用一个现代人熟悉的比喻：再伟大的软件也需要升级，甚至要不断打补丁。然而，我们不得不承认儒家是中国社会中伟大的软件开发者和维护者，他们始终在用自己的方式解决着各种社会问题，同时又在这个过程中不断改进自己的固有方式。儒家的思想可能本来就更契合大多数人的思路，也可能是历史使得儒家拥有了强势的话语权，总之，儒家处理人事的方式成了社会共同接受的主流方式。

然而，事实上，人事是千奇百怪、纷纭复杂的，不管是谁家的方式，一旦成了社会的主流方式，那么它必然会带有一些沙文主义的倾向，因为它必须去改变、修正那些与之并不相符的现实状况，所以，中国古代的地方官最容易被提及的两大政绩是：劝课农桑、兴学重贤，当然，用什么方式能做得更好，那就各显神通了。但不管是什么样的神通，总会改变人们一些固有的习惯和思想，有时甚至是很剧烈的改变。这是儒家积极的济世精神的一种体现，也是其与道家颇有出入的地方。

对于儒家而言，他更关心的是如何将现实中不尽如人意的地方加以修缮，而道家首先关心的是我们应当尊重既已存在的现实。这其实是一个问题的两个方面，没法谈是非对错。两者只是思考问题的顺序和路数不同罢了，这又正好使得它们在现实中形成了一种有趣的互补关系，即儒家在社会现实中负责构架一套原则并将其付诸实施，而道家则专管挑毛病、找漏洞。就拿这一段文字来说，儒家本来最重人伦孝道，道家就偏偏找到了一批极为怪异的反例，不仅与儒家的原则不同，就是与常人的情感都大相悖谬。其潜台词就是：有那么多人的活法跟你们的想法不一样，人家不也祖祖辈辈活得挺好？选择这些明显令人难以接受的事例，并不意味着道家想去直面这方面的现实案例，在生活中他们也绝不会接受烧爹妈、吃儿子的做法，只是这些新奇古怪的内容更容易引起人们的注意力、能够达到很好的效果。

人事聚合在一起往往就体现为风俗，同样是人，在不同条件下会形成互相完全无法理解的不同风俗，那么他们之间首先应互相改变还是互相尊重？道家说，要尊重自然，这个自然不仅是在环保理念中我们关注的那个自然，一切自己本来如此的事物都是自然，各种风俗习惯当然也是。尊重自然不是一种做给人看的虚伪姿态，而是一种处事的精密考虑。万事万物都是互相牵连纠葛在一起的，一种称为"自然"的现象不是无缘无故凭空生成的，自有很多因素促使其成为这个样子。如果你贸然去改变这个样子，那么必然会触动其背后的诸般因素，会产生一系列难以预料的连锁反应。所以说，在处理人与人之间的关系或者其他情况下，一定要考虑到不同的环境和民俗习惯，这样才是顺随人性，往往也会收到更好的效果。

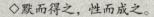

修身智慧

◇默而得之，性而成之。

◇道家说，要尊重自然，这个自然不仅是在环保理念中我们关注的那个自然，一切自己本来如此的事物都是自然，各种风俗习惯当然也是。

杨朱学乖，自然而为

【聊天实录】

我：夫子，在《黄帝》篇中记载了"杨朱学乖"的故事，您能亲自给我们讲讲吗？

列子：杨朱南之沛，老聃西游于秦。邀于郊，至梁而遇老子。老子中道仰天而叹曰："始以汝为可教，今不可教也。"杨朱不答。至舍，进涫漱巾栉，脱履户外，膝行而前，曰："向者夫子仰天而叹曰：'始以汝为可教，今不可教。'弟子欲请夫子辞，行不间，是以不敢。今夫子间矣，请问其过。"老子曰："而睢睢，而盱盱，而谁与居？大白若辱，盛德若不足。"杨朱蹴然变容曰："敬闻命矣！"其往也，舍者迎将家，公执席，妻执巾栉，舍者避席，炀者避灶。其反也，舍者与之争席矣。

我：夫子，您能用通俗的语言给我们讲讲其中的细节吗？

列子：好的，这个故事的经过是这样的，当时，老子在周朝做守藏史数十年，见周朝一天一天衰落下去，于是决心离职回老家隐居。他派弟子杨朱回老家沛地安排，自己则去秦国游逛，并与杨朱相约，两年后在秦都东郊相见，之后一同回家。老子游秦两年，在预约地点等待杨朱，几个月过去了，也没等来，老子便一人骑牛向东行去。

一天，老子行至梁之郊外，见大路上迎面过来一人，骑高头骏马，穿锦绣长袍，相貌端庄，气度昂扬，目不斜视，旁若无人，好一副高贵气派。老子素来不把达官贵人放在眼里，遇到了这等傲慢之人更是不去理会，只管自己在牛背上合眼养神。谁知座下之牛在路中行走，见马行来也不避让，与马擦身而过。牛行走缓慢，马行走疾速，老子没有什么感觉而骑马之人却被挤下马去了。此人也还知礼，起身掸掸土，亦无责备之言，上马就要离去时，看到骑在牛背上闭目养神的老子，赶忙又跳下马来施礼，口称师父，原来这人便是杨朱。

老子见杨朱便问："为什么姗姗来迟？"杨朱说："寻访先祖故居，购置房产，修饰梁栋，招聘仆役，整治家规，一应事务未能入序，所以脱身迟了。"

老子说："居有卧身之处，食有行炊之地也就够了，不必如此张扬。"

杨朱说："先生修身，坐需寂静，行需弛松，食需素清，卧需安宁，非深宅独户不能有这样的环境。购置深宅独院，不招仆役，不备家具，则无法支撑。招聘仆役，购置家具，不立家规便不能建立正常秩序。"

老子听后笑了，说："做人的基本道理是顺随自然，不去强行强为。坐在那里，没有思虑，就会自然寂静；行动做事，没有欲求，就会自然弛松；渴饮饥食，没有奢望，就会自然素清；疲息倦卧，没有杂念，就会自然安宁。修道哪里需要深宅独院，居家哪里需要众多仆役？"

杨朱知道自己浅薄，便说："弟子没有脱于俗见，还需先生多多指教。"

老子与杨朱结伴行至睢水之畔，乘船渡河。老子牵牛先上，杨朱引马居后。老子慈容笑貌，与同渡的乘客谈笑融融；杨朱昂首挺胸，客人们见了皆向他施礼让座，船主见了他则奉茶献巾。过了睢水，二人骑着牲畜往前行走，老子仰天长叹，说："真是难啊！我本来以为你是可以教诲的，现在看来无可救药。"

杨朱听后，知道自己有了不得体的言行，但没有说什么。到了晚上找了一个客店住下，侍奉老子吃了饭、洗了脚、坐在了席上，才向老子跪下求教说："路上先生批评我无可救药，学生不甚明白。在路上没敢细问，现在有了时间，请先生指点指点。"

老子说："修身之人，虽然自身洁白但却好似污秽，虽然德行丰厚但却好似鄙俗，与人相处好似冰释而入水，与人共事好似童仆而谦下。像你这样，昂首挺胸，傲世卑物，旁若无人，唯己独尊，谁还愿与你接近？"杨朱听后，觉得自己离道还远，恳切地说："弟子试着去做做看。"

第二天杨朱与老子一同上路。看那相貌，既不高昂也不卑下；听其言语，既不傲慢也不媚俗。与其同路的人好像没有他的存在一样，说笑戏谑，无拘无束；与其逆行的人好像没有看见他从对面过来一样，自择其路，不相礼让。

看到这个情况，老子笑了，说："这小子稍有长进。人生于父母之身，立于天地之间，是一个自然的存在物啊！把自己看得很高贵，把他人看得很低贱，就会违背自然；把他人看得很高贵，把自己看得很低贱，就会丧失本性。把自己和他人放到平等的位置上，视自己与他物为一体，顺势而行，借势而止，动行静止不离自然，这才合于宇宙之大道啊！"

我：夫子，您的意思是说，一个人要修身养性，就要顺随自然，不去强行强为，只有这样才能脱离俗见，对吗？

列子：你说得很对，这个故事就是要告诉我们修身之道应该自然而为，不去过多追求身外俗物，同时懂得顺势而行，借势而止，这样才达到修身的大道。

【顺随人性解读】 ❧ 平静和谐，自然无为 ❧

　　杨朱跟墨子二人是孟子的反对派，所以孟子说"天下之言不归于杨，则归于墨"。墨子和杨朱都出在道家，可是他们两派在中国文化诸子百家之中的思想是相反的。墨子秉持天下为公的思想，即大同主义。近百年以来一般学者的考据很有意思，有些说墨子是一个印度和尚，因为他光头，不穿鞋子，面目黧黑。相反，杨朱是拔一毛利天下而不为也，他有他的哲学思想，倡导绝对个人自由主义，我要自由，你也要自由，天下人各个都做到自私为己，则天下太平。可人有时也不肯自私却是蛮慷慨的。然而，做到真正慷慨，以天下为公，却也做不到，因为想想还是自己更重要。

　　在列子看来，人是自然界的一部分。自然界自然而然地存在着，人也自然而然地存在着。要想保持自然界的平静、和谐，就要顺应自然界自身的法则，让它自然而然地存在、变化，不要以人的主观来破坏它。要想保持人的本性，使人的身心协调、平衡，就要顺应人自身的法则，让人自然而然地存在、行止，不要以人的主观干扰他。人在心境平静、无私无我的情况下，才能舍弃主观造作，进入自然无为的境界。如果总是自以为是，自以为高，把自己置于他人之上、万物之外，也就脱离了自然的法则，脱离了宇宙的根本大道。杨朱正是犯了这样的错误，因此受到了老子的批评和教育。

　　宇宙是一个整体，自然界和人都是这个整体的组成部分。宇宙原本浑一不分，没有你我之别，没有天地之界，天地万物的划分是宇宙演变的一个短暂过程。因此，宇宙是天地万物的由来和归宿，是天地万物来而复去的大道。就宇宙大道原本的样式而言，是一个无界无际的"一"，就基本的法则而言，是无心无意的自然。

　　这里的"守一"也就是要遵循自然，遵循自然也就是要守一。一旦离开了一，离开了自然，也就离开了大道。一旦离开了这唯一的大道，就会失去人的本性，就会走入歧途而难以回归。一个人要修身，提升自己的人生境界，就要努力做到遵循自然，这样才能得到大道。

修身智慧

◇始以汝为可教，今不可教。

◇做人的基本道理是顺随自然，不去强行强为。

◇坐在那里，没有思虑，就会自然寂静；行动做事，没有欲求，就会自然弛松；渴饮饥食，没有奢望，就会自然素清；疲息倦卧，没有杂念，就会自然安宁。

◇人在心境平静、无私无我的情况下，才能舍弃主观造作，进入自然无为的境界。

梁鸯驯兽，不逆性情

【聊天实录】

我：夫子，在《黄帝》篇中记载了梁鸯驯兽的故事，您现在能给我们讲讲吗？

列子：周宣王之牧正有役人梁鸯者，能养野禽兽，委食于园庭之内，虽虎狼雕鹗之类，无不柔驯者，雄雌在前，孳尾成群；异类杂居，不相搏噬也。王虑其术终于其身，令毛丘园传之。梁鸯曰："鸯，贱役也，何术以告尔？惧王之谓隐于尔也，且一言我养虎之法。凡顺之则喜，逆之则怒，此有血气者之性也。然喜怒岂妄发哉？皆逆之所犯也。夫食虎者，不敢以生物与之，为其杀之之怒也；不敢以全物与之，为其碎之之怒也。

时其饥饱，达其怒心。虎之与人异类，而媚养己者，顺也；故其杀之，逆也。然则吾岂敢逆之使怒哉？亦不顺之使喜也。夫喜之复也必怒，怒之复也常喜，皆不中也。今吾心无逆顺者也，则鸟兽之视吾，犹其侪也。故游吾园者，不思高林旷泽；寝吾庭者，不愿深山幽谷，理使然也。"

我：夫子，对这个故事，我们也有所了解，但不够深刻，您能用通俗的语言详细地讲述一下吗？

列子：用现在的话来讲，这个故事的大意是周宣王负责饲养禽兽的主管手下有个叫梁鸯的仆役，能够饲养野禽野兽，在园庭中喂养它们，各种猛禽猛兽，没有不柔顺驯服的。雌雄禽兽交配繁殖，生育繁衍成群结队；不同类的禽兽混杂居住，并不互相搏斗撕咬。周宣王担心他的技术随着他的老去而失传，便命令毛丘园去传承他的技术。梁鸯说："我梁鸯不过是一个低贱的仆役，哪有什么技术可以告诉你？不过怕大王说我对你隐瞒，姑且和你谈谈我养老虎的方法。顺着它就高兴，逆着它就发怒，这是有血气的动物的本性。但高兴与愤怒又哪里是随便发泄的呢？都是违背它的习性才出现的。喂养老虎的话，不敢直接把活的动物给它，因为它杀死活物时要发怒；不敢把完整的动物给它，因为它撕碎动物要发怒。观察好它饥饿的程度，摸透它为什么会发怒。虎与人并不是同类，但知道讨好喂养它的人，是因为喂养的人顺着它的缘故；那么它伤害人，就是因为人逆着它的缘故了。这样，我哪里敢逆着它而使它发怒呢？当然也不能故意顺着它使它高兴，高兴以后必然是愤怒，愤怒平复以后常常是高兴，都不是适中的。现在我的心是既不违逆也不顺从，那么鸟兽对待我就像对待它们的同类一样。所以在我的园中游玩的禽兽，不思念高大的树林和空旷的沼泽；在我的庭中睡觉的禽兽，不向往深山幽谷，这是由事物本身的原理所决定的。"

我：夫子，您在这个故事中，想告诉人们对待他人或者其他的动物，不要只凭主观臆断，而是要顺随众生的性情，并且还要使自己的主观与众生的性情完全融为一体才能和谐，这样理解对吗？

　　列子：你理解得很深刻。梁鸯驯兽这个故事，说的就是要顺随众生的特性来相处，这样才能自然，才能和谐。

【顺随人性解读】　　　　顺随禀性，和谐相处

　　在故事"梁鸯驯兽"的开头，我们看到的是一幅和谐图景，这也正是顺应众生性情所达到的结果，也是人们在与众生相处时希望出现的场面。

　　在这里，我们又提到"自然"一词，自然是活的，但我们不能仅仅把眼中、心中的动感当成是活的，即便是禽兽，也有它的性情。性情这东西，无形无象，只有缘附于具体的事件才能够显现，去感知它便也不是用视觉、听觉或触觉，而是要用心。

　　我们看到，梁鸯驯兽的时候，既不放纵娇惯，也不悖谬损伤，说到底，也就是顺应着禽兽们的自然禀性，让它们的生理能够得到自然发展，让它们的身体能够得到自然发育，不以饲养者个人的意念干扰它们的生活，悖谬它们的性情。列子认为，只有这样，才能使它们自在地生活，健康地成长，也才能使它们与周围的群生和睦相处，互不伤害。

　　梁鸯在驯兽的过程中，只知道最简单的顺逆喜怒，这最简单的道理被"用心"地去实践了，效果是不同凡响的。不过，道家并不是真的关心驯养动物的问题，我们自然也不必去纠缠现代动物学的研究水平，关键还是要说说这个"用心"。平时，用心一词常常被用作认真、仔细的近义词，而孔子说"饱食终日，无所用心"又把它当作与肢体活动对应的精神活动。我们现在所说的"用必"，与二者的取义均有所不同：梁鸯与动物交往用的是"心"。或许你会问，不用心用什么，用暴力？不是的，和"用心"相对应的是"用智"。

　　道家最反感人用智，后面会有一个章节专门说这个话题。用智和用心的分别不在于成效，也不在于究竟是什么事，而是在于你自己的立场。说梁鸯用心，不是因为他参透了喜怒顺逆的道理，如果仅仅是这样，他或许也可以做一个好的驯兽员，但绝不会被道家说成神乎其神的那种。梁鸯的过人之处在于，明明知道动物的禀性，却仍然能够"无顺逆"，通俗地说，他知道如何让老虎高兴，但绝对不哄着它；他也知道拧着干会让老虎生气，但该拧还是得拧。能够做到这一点，就在于梁鸯找到了做一个驯兽员的合适立场，他并不认为自己是这些禽兽的主宰，不认为自己高它们一等，与它们相处犹如和自己的街坊四邻相处，彼此有照应，求和睦，偶尔也会有矛盾。正因为这样，梁鸯和动物们的关系恰好达成了一种平衡，这也就是用心的结果。

　　如果梁鸯是一个用智的人，他就会有一个完全不同的立场，他的一举一动必须符合管理员的职责要求，这样一来，可能他的每个步骤、每个举措都有一定的意义，都要达到相应的目标。人们总觉得目标明确了事情就容易做，但道家认为那需要付出完全不成比例的代价，绝顶的聪明和过人的谨慎或许能换来一定的成功，可是这么做太累，也隐伏着很大的危险。不妨以诸葛亮七擒孟获的故事为例，故事是人们耳熟能详的，诸葛亮在整个事件中的作为也是精彩的，他是一个丞相，他的任务是稳定蜀国的后方，于是他和梁鸯一样必须面对一群顺之则喜、逆之则怒的"异类"，他们一样不能去消灭这些"异类"，而必须驯服之。他们都成功了，但是其中又有一个根本的区别，诸葛亮无法泯灭自己汉丞相的立场和南蛮融为一体，毕竟他还有兴复汉室的大业要去完成，驯服南蛮只是一个步骤，所以他必须竭尽自己的智力和谨慎去征服南蛮的心，用零失误的惊人战绩让孟获感到对抗是无意义的，用一而再，再而三的宽容让孟获确认顺从是安全的。最终的结果也的确达到了平衡，但这种平衡并不是对称的、自然的，用梁鸯的话说，这不是适中的。或许因为太熟悉七擒孟获的故事，你会觉得这么说有点挑剔，诸葛亮做得已经很完美了，怎么可能还有什么更高级的"用心"的做法呢？这只需要假设。诸葛亮在高卧隆中的时候会用这么累的办法去搞定他的邻里吗？不会。又假如蜀国和孟获都是臣服于中原的偏安小国，诸葛亮会用如此迂回的手法处理两国的纠葛吗？也不会。同样，梁鸯要是背负了什么奇怪任务，诸如他的这些禽兽需要去参加什么不允许失误的重大演出，那恐怕也由不得他用心不用智了。

梁鸯的精彩在于"吾心无逆顺者也"一句话，唯其如此才能真正达到道家理想中的"自然"境界，而关键之处还在于人的主观。不过这种主观努力不是将自己的意志强加在众生身上，而是消除自己的主观臆测，消除自己的个性和喜好，使自己的主观与众生的性情完全融为一体，这不是施展个人的巧术，而是顺应自然的道理。

修身智慧

◇吾心无逆顺者也。

◇凡顺之则喜，逆之则怒，此有血气者之性也。

◇游吾园者，不思高林旷泽；寝吾庭者，不愿深山幽谷，理使然也。

造父学御，内外相合

【聊天实录】

我：夫子，在《汤问》篇中，记载有"造父学御"的寓言故事，您能带我们重温一下这个故事吗？

列子：造父之师曰泰豆氏。造父之始从习御也，执礼甚卑，泰豆三年不告。造父执礼愈谨，乃告之曰："古诗言：'良弓之子，必先为箕；良冶之子，必先为裘。'汝先观吾趣。趣如吾，然后六辔可持，六马可御。"造父曰："唯命所从。"泰豆乃立木为涂，仅可容足，计步而置，履之而行。趣走往还，无跌失也。造父学之，三日尽其巧。泰豆叹曰："子何其敏也？得之捷乎！凡所御者，亦如此也。曩汝之行，得之于足，应之于心。推于御也，齐辑乎辔衔之际，而急缓乎唇吻之和，正度乎胸臆之中，而执节乎掌握之间。内得于中心，而外合于马志，是故能进退履绳而旋曲中规矩，取道致远而气力有余，诚得其术也。得之于衔，应之于辔；得之于辔，应之于手；得之于手，应之于心。则不以目视，不以策驱，心闲体正，六辔不乱，而二十四蹄所投无差，回旋进退，莫不中节。然后舆轮之外可使无余辙，马蹄之外可使无余地，未尝觉山谷之，原隰之夷，视之一也。吾术穷矣，汝其识之！"

我：夫子，您能用现在的话将这个故事说得更通俗一些吗？

列子：好的，这个故事的大意就是造父是中国古代著名的驾车能手，他的老师名叫泰豆氏。造父刚开始学习驾车的时候，对老师特别尊敬，礼节非常周全，晚铺床，早问安，洒扫献茶，时时不闲，可是泰豆氏三年都没有教他一着技艺。造父不但没有一点埋怨情绪，反而更加谦虚。泰豆氏看造父如此苦心求艺，才开始教他。

泰豆氏说："不是我不愿教你，而是得先看你有没有学习驾车的基础。这个基础不是别的，最重要的是学习的诚心和耐心。没有诚心，就不能入门；没有耐心，就不能到家。这些年来你受到了磨炼，有了韧性，我看大概可以了。不过，凡事都得从基本功开始。制造良弓的大匠教他儿子造弓，必从编织簸箕入手；锻造金属的大匠教他儿子炼铁，必从糅制皮革入手。现在我要教你驾车，得先从稳定步伐入手。能稳住自己的步伐了，也就能驾稳六马之车了。"造父说："我一切都听您的安排。"只见那泰豆氏在地上架起了一座独木桥，其宽仅能放上一只脚，其长足有三四丈。泰豆氏行于其上，来回往返，不计其数，稳稳当当，没有一点摇晃不定的样子。造父照着泰豆氏的样子去做，起初摇摇晃晃，把拿不住，可是仅用了三天时间就很沉稳了。泰豆氏很高兴,赞叹说:"你真够敏捷的,学得如此之快,太难得了。驾车虽然在形式上与此不同,但其使用的劲头却与此相似。你好好体会一下就会知道,方才使用的劲头表面上是脚下的功夫,而实际上是心里的功夫。正因为心头沉稳,所以脚下才沉稳。如果心头不沉稳,脚是无法沉稳的。把这个道理推广到驾车上,就是要协调好动作,把握住快慢的节奏,体会于心胸之中,调节于掌指之间。只有内心得其道、动作合马意,才能进退自如而丝丝入扣,行于远道而气力有余。驾驭之术可以用几句话来概括,那就是:牵动马衔,从马辔入手;牵动马辔,从掌指入手;运动掌指,从内心入手。因此,驾车之时,不必用眼睛去看,也不必用鞭子去赶,只要内心悠闲、身体平正,心与手相感应,手与绳相感应,则六马之辔不会紊乱,二十四蹄不会错点,回旋进退自由自在,山谷高坡无有差别。可以说,车轮之外不必有余辙,马蹄之外不必有余地,任你跃马驾轮遨游天下。"造父按照泰豆氏的指教认真地练习,果然成了中国古代最负盛名的驾驭能手。

我:夫子,您的意思是说,在学驾驭的过程中,要找到自己和马车的和谐点,还要让自己的内心和身体自然和谐,这样才能学好驾驭,对吗?

列子:对,就是这个道理。其实,修身也是一样,只有内外相合,浑然一体,自然和谐才能达到修身的至高境界。

【顺随人性解读】 内得其道,外随自然

在这个故事中,我们了解到任何事物都有它自己的律数和道理,而且说明做任何事情,都必须内外相合。所谓"内",指的是心;所谓"外",指的是人的行为对象。所谓内外相合,也就是人的心理感受与行为对象的律数道理相吻合。只有达到了这种吻合,才能使人的行动与事物的变化相和谐,才能行事顺利而做事成功,这就是泰豆氏说的内心得其道、动作合马意。在内心与外界事物的关系中，内心这一方面是主动的，外界事物那一方面是被动的，因此，关键的关键还在于人的主观。

不过，在列子看来，发挥人的主观作用不是要人去认知客观事物的律数和道理，而是要人去体会，去感悟。故事中说驾车不要用眼看，而要内心悠闲；不要用鞭赶，而要身体平正，使心与手相感应、手与绳相感应就是这个道理。只要遵循事物的律数和道理，就可以办成一切事情，这就是道家所谓的内外相合，自然而然的境界。一个人要修身养性，让自己的境界有所提升，也应该达到内外相合，保持和谐，这样才能达到列子所说的自然而然的境界。

修身智慧

◇良弓之子，必先为箕；良冶之子，必先为裘。

◇得之于衔，应之于辔；得之于辔，应之于手；得之于手，应之于心。

◇不以目视，不以策驱，心闲体正，六辔不乱，而二十四蹄所投无差，回旋进退，莫不中节。

巧用人性，消人三怨

【聊天实录】

我：夫子，在《说符》篇中记载了孙叔敖为官时期的一段故事，您能给我们讲讲吗？

列子：狐丘丈人谓孙叔敖曰："人有三怨，子知之乎？"孙叔敖曰："何谓也？"对曰："爵高者，人妒之；官大者，主恶之；禄厚者，怨逮之。"孙叔敖曰:"吾爵益高,吾志益下;吾官益大,吾心益小;吾禄益厚,吾施益博。以是免于三怨,可乎?"孙叔敖疾,将死,戒其子曰:"王亟封我矣,吾不受也。为我死,王则封汝,汝必无受利地。楚越之间有寝丘者,此地不利而名甚恶,楚人鬼而越人信,可长有者唯此矣。"孙叔敖死,王果以美地封其子。子辞而不受,请寝丘,与之,至今不失。

我:夫子,请您用通俗的语言讲一下这个故事好吗?

列子:按照现在的话说,故事的大意就是说春秋战国时期有一位精于心理的贤士,人称狐丘丈人。狐丘丈人见楚国的大夫孙叔敖贤达廉洁,很是钦佩,有心要帮助他。

一天狐丘丈人去拜访孙叔敖,对孙叔敖说:"人有三个方面容易招人怨恨,俗话称为'三怨',不知道先生知道不知道?"孙叔敖问:"是哪三怨?请先生指教。"狐丘丈人说:"爵位高了,会招同人嫉妒,这是一怨。官做大了,会招上司厌恶,这是二怨。俸禄厚了,会招百姓憎恨,这是三怨,遇到这样的事情先生怎么处置呢?"

孙叔敖说:"这些都容易处置。我的爵位越高,我的派头越小,我的派头小了,与同人平等相待,同人便不会嫉妒我。我的官衔越大,我的追求越低,我的追求低了,上司觉得我不会超过他,便不会厌恶我。我的俸禄越厚,我的施舍越广,我的施舍广了,百姓得着了实惠,便不会憎恨我。您看这样是不是可以呢?"狐丘丈人听后放心地笑了。

后来孙叔敖得了重病,即将离世时对他儿子说:"我要离开你们了,有一句话你要牢牢记住。因为我对楚国做了一些事情,大王曾要给我一处很富庶的封地,但我一直没有要。我死后,大王肯定又要给你封地,你一定不能接受那富庶的地方。在楚国与越国的交界处,有一个叫作寝丘的地方,土地贫瘠且名声不好。如果大王非要封地不可,你就把这个地方要下来。楚国人信奉鬼神,越国人讲究吉祥,都不愿意去争这块不吉利的地方,所以将来能够长久保留的也就这一个地方了。"

孙叔敖死后，楚王果然要加封他的后代。谈到了许多土肥水美的地方，孙叔敖的儿子都没有要，最后要了寝丘。结果，其他地方你争我夺，不断遭受战乱，难以长久立足，只有寝丘一地平平安安，一直在孙叔敖的子孙们手里。

我：夫子，您是想说面对权力和财富，人们都有欲望占有，然而，在这个时候，我们也要明白他人的心理，然后顺着这种人性来办事，这样会保全自己，这样理解对吗？

列子：你说得很对。一个人如果想修身，在权力和财富面前，就要学会了解人性，并且顺随人性而为，这样才会有效果。

【顺随人性解读】 　　安于清贫，保全自己

孙叔敖在行政、治水、治军等多方面功勋卓越，楚庄王多次加封重赏，孙叔敖固辞不受。为官时，家中无积蓄，临终时，家里无棺椁。他是古代最清正廉洁的官员之一，所以受到司马迁的高度评价，在《史记》中记为"循吏第一"。他一心为公，不为名不为利，用自己的高尚品质教育后人：要少索取，乐于清贫。

孙叔敖治水图

这正是我们从政为官的基本修养。用孟子的话称他是一位真正的"生于忧患，死于安乐"的高尚的人，是完全不为过的。

权力、爵位和俸禄是一个人当官后的必然产物。官职愈高，爵位愈尊，爵位愈尊，俸禄愈厚。权力、爵位和俸禄的确可以使一

个人的尊严、价值和享受得到更大的满足和更充分的实现，然而，权力、爵位和俸禄就像埃及金字塔一样，一个人获得了更大、更高、更多的，相对别人就少了很多。过大的权力，会使别人权力变得很小，崇高的爵位必然会使许多人地位变低，丰厚的俸禄会拉大与众人生活水平的差距，也极易走上骄奢淫逸的道路，从而招致民众的怨恨。孙叔敖是当时一人之下万人之上的丞相，狐丘丈人告诉他高职位可能招致的嫉妒、憎恶和怨恨，提醒他加强自律。孙叔敖用切实可行的处事方式，化解为官不当所带来的隐患，实为后人所推崇。

生活中，人的心理或者说人性总是非常奇怪。有些人在你穷困的时候同情你，帮助你，当你富有之后维护你；有些人在你穷困的时候同情你，帮助你，当你富有之后妒忌你；有些人在你穷困的时候小看你，鄙视你，当你富有之后妒忌你；有些人在你穷困的时候小看你，鄙视你，当你富有之后恭维你。单就两人之间的穷富关系，便有如此之多的心理反应，且不说爵位高低、官职大小等其他方面了。

列子把握了人的心理天平，这就是高则下之，富则均之，使自己与他人永远处在一种平等、互惠的关系中，他认为这样就可以保持对方的心理平衡。因此孙叔敖消除三怨的方法便是：爵位越高则派头越小，官衔越大则追求越低，俸禄越厚则施舍越广。这样一来，对方在己方的地位变化中得到的是一种同等的待遇，所以不会引起异常的反应。

人们的心理趋向都是趋利避害的。凡是有利之处，人必争之；凡是有害之处，人必避之。孙叔敖正是利用人们的这种心理趋向，为子孙们找到了长久安身之地，这便是最为贫瘠而负有恶名的寝丘。因为这里无利而不吉，所以无人相争；因为无人相争，所以得以以一方水土养一方生灵。

人生在世，在面对荣华富贵的时候，一定要懂得人性的特点，同时还要利用好人性，消除他人的嫉妒等心理，这样才能让自己立于不败之地。

修 身 智 慧

◇爵高者，人妒之；官大者，主恶之；禄厚者，怨逮之。

◇吾爵益高，吾志益下；吾官益大，吾心益小；吾禄益厚，吾施益博。

◇生于忧患，死于安乐。

尧治天下，顺帝之则

【聊天实录】

我：夫子，在您的著作中，我们曾经读到有关尧帝治天下的故事，您能亲自给我们讲讲吗？

列子：尧治天下五十年，不知天下治欤，不治欤？不知亿兆之愿戴己欤，不愿戴己欤？顾问左右，左右不知。问外朝，外朝不知。问在野，在野不知。尧乃微服游于康衢，闻儿童谣曰："立我烝民，莫匪尔极，不识不知，顺帝之则。"尧喜问曰："谁教尔为此言？"童儿曰："我闻之大夫。"问大夫。大夫曰："古诗也。"尧还宫，召舜，因禅以天下，舜不辞而受之。

我：夫子，听了您的讲述，我们对故事有了大致的了解，现在您能用更通俗的语言讲一下吗？

列子：这个故事的情节其实很简单，大意就是尧帝治理天下已经五十年了，还不知道自己治理得好不好，也不知道天下的百姓是否拥护自己，于是请来了左右丞相，说："两位丞相，你们已经辅佐我治理天下五十年了，我们究竟治理得怎样？天下的百姓生活得怎样？他们拥护我们吗？他们心情舒畅吗？"两位丞相摇摇头，什么话也没有说。

尧帝得不到答案，只好叫来百官询问，百官也是摇摇头，没有一位能够回答。尧帝得不到答案，又召来了很多百姓，问他们的生活情况，问他们的心情是否舒畅，问他们有什么要求和希望，问他们是不是想要换一个新的帝王。结果一无所获，那些百姓对他的问题好像漠不关心，都说自己日出而作，日落而息，耕而获食，织而得衣，这些都是天经地义的事情，说不上什么好与不好，也与帝王的治世没有关系。

尧帝得不到答案，只好换上百姓的衣服到民间私访。一天行至一个小巷，看见一群儿童在那里唱歌。其词曰："立我臣民，莫匪尔极。不识不知，顺帝之则。"

尧帝不明白歌的意思，就问随从的丞相。丞相说："那词的意思是说，天下既然产生了我们这众多的生民，那就一定有各自生存的办法。不用了解其中的原因，不用知晓其中的道理，只要顺着上天的法则就可以了。"尧帝听后，拍手称妙："真是说得太妙了！世上的一切事物都是有一定法则的，只要按照法则去做就可以了，何必用我这个帝王操心呢？"他回宫之后，立刻召来了众臣，把王位正式让给了虞舜。虞舜没有推辞，继承了王位。

我：夫子，通过这个故事，您要告诉我们的道理是不是治国要顺应自然；在做人修身时，也应该做到顺应自然，这样才能真正有所为？

列子：你说得很对，修身的目的就是让自己内心的境界到达一定的高度，而要想让自己的境界得到提升，最好的修身方法就是顺其自然法则，这样内心的境界自然而然就会有所升华。

【顺随人性解读】　　**无须人为干预，才能做到顺其自然**

在这个故事当中，有一句童谣："立我臣民，莫匪尔极。不识不知，顺帝之则。"

在历史典籍中，它也叫作"康衢童谣"。然而这首所谓的远古童谣其实是伪作，据朱自清先生说郭绍虞先生曾言其真实来历，朱自清先生也力和此议，但仍未得到广泛的认同，甚至在当今出版的一些著作中，还赫然有"康衢童谣"。因此不避浅陋，略作考析，希望引起硕学重视，共正视听。此谣最早出于《列子·仲尼》篇，其文具下："尧治天下，五十年，不知天下治欤，不治欤？不知亿兆愿戴己欤，不愿戴己欤？顾问左右，左右不知。问外朝，外朝不知。问在野，在野不知。尧乃微服游于康衢，闻儿童谣：'立我烝民，莫匪尔极。不识不知，顺帝之则。'尧喜，问曰：'谁教尔为此言？'童儿曰：'我闻之大夫。'问大夫，大夫曰：'古诗也。'尧还宫，招舜，因禅以天下。"自此，中国典籍里就有了"康衢童谣"，历代祖述、度曲、阐发者络绎不绝。然而，先秦至南北朝几千年间，所谓"康衢童谣"除在《列子》中一见之外，并不见于其他任何典籍，自唐代始才多有"康衢童谣"载录，又都祖述《列子》而已。其实，《列子》所言之谣的四句歌词，人们并不陌生，在《诗经·周颂·思文》及《诗经·大雅·皇矣》中就有。

列子认为，天地万物都自然和谐地存在和变化，人的作为是无能为力的。人的作为只是表达了人自己的主观愿望，这种愿望能否实现，完全要看它是否符合事物发展变化的自然法则：顺其自然则能实现，即使没有人的这种愿望，事物发展的结果也会这样；违背自然则不能实现，即使愿望再大，也是徒劳，强力而为甚至还会带来相反的结果。

正因为如此，要想知道一个人的行为是否能够顺随自然，验证的方法之一就是看旁人能否感受到人为的干预。旁人感受到了人为的干预，说明事情不完全是自然的，即使事物的结果并不坏，也不会是完满的。相反，如果事情完全是自然而然的，那一定是和谐、圆满的，也正因为它是自然的，所以，尽管事情的结果是和谐、圆满的，人们也不会感到有人在干预。尧帝治天下，天下大治而不知，百姓不知，群臣不知，连他自己也不知，正说明了他遵循的是无为而治的方法，他没有施加人为的影响，完全顺应了人世自然而然的趋势。故事通过尧帝私访点明了其中的内涵：众民按照自然的法则生活，帝王也按照自然的法则理世。如此而已，无须人为，这就是顺随自然。

修身智慧

◇立我臣民，莫匪尔极。不识不知，顺帝之则。

◇众民按照自然的法则生活，帝王也按照自然的法则理世。如此而已，无须人为。这就是顺随自然。

◇天地万物都自然和谐地存在和变化，人的作为是无能为力的。

华胥一梦，自然逍遥

【聊天实录】

我：夫子，在《黄帝》篇中，您曾经讲过这样一个寓言故事，黄帝即位十有五年，喜天下戴己，养正命，娱耳目，供鼻口，焦然肤色皯黣，昏然五情爽惑。又十有五年，忧天下之不治，竭聪明，进智力，营百姓，焦然肌色皯黣，昏然五情爽惑。黄帝乃喟然赞曰："朕之过淫矣。养一己其患如此，治万物其患如此。"于是放万机，舍宫寝，去直侍，彻钟悬，减厨膳，退而闲居大庭之馆，斋心服形，三月不亲政事。昼寝而梦，游于华胥氏之国。华胥氏之国在弇州之西，台州之北，不知斯齐国几千万里，盖非舟车足力之所及，神游而已。其国无师长，自然而已。其民无嗜欲，自然而已。不知乐生，不知恶死，故无夭殇；不知亲己，不知疏物，故无爱憎；不知背逆，不知向顺，故无利害。都无所爱惜，都无所畏忌。入水不溺，入火不热。斫挞无伤痛，指擿无痟痒。乘空如履实，寝虚若处床。云雾不硋其视，雷霆不乱其听，美恶不滑其心，山谷不踬其步，神行而已。黄帝既寤，怡然自得，召天老、力牧、太山稽，告之曰：

"朕闲居三月，斋心服形，思有以养身治物之道，弗获其术。疲而睡，所梦若此，今知至道不可以情求矣。朕知之矣！朕得之矣！而不能以告若矣。"又二十有八年，天下大治，几若华胥氏之国，而帝登假。百姓号之，二百余年不辍。那么，您能用通俗的语言将这个故事再细细说说吗？

列子：好的，用你们现在的话来说，这个故事的内容就是黄帝即位十五年，见天下百姓拥戴自己而十分高兴，于是就保养身体，娱悦耳目，供养鼻口，却肌肤焦枯，面色霉黑，头脑昏乱，精神恍惚。又过了十五年，忧虑天下得不到治理，竭尽精力，大量投入智慧和体力去治理百姓，依然是肌肤焦枯，面色霉黑，头脑昏乱，精神恍惚。黄帝长叹说："我的错误太深了。保养自己出的毛病是这样，治理万物出的毛病也是这样。"于是他放下了纷繁的事务，

黄帝画像

离开了官殿寝室，取消了值班侍卫，撤掉了钟鼓乐器，削减了酒宴膳食，独自退居于外庭的馆舍，清除杂念，服气吐纳，三个月不过问政事。一天，他白天睡觉时做梦，游历到华胥氏之国。华胥氏之国在弇州的西方台州的北方，不知离齐国有几千万里，并不是乘船、坐车或步行所能到达的，只不过是精神游历罢了。那个国家没有官长，一切都听其自然而已。那里的百姓没有嗜好和欲望，一切听其自然而已。他们不知道生存是快乐的，也不知道死亡是可恶的，因而没有人会夭折；他们不知道亲近自己，也不知道疏远外物，因而没有爱憎的观念；他们不知道背叛忤逆，也不知道归向顺从，因而没有利害的观念。对一切没有爱惜，对一切没有畏忌。到水中不会淹死，到火里不会烧死，刀砍鞭打没有伤痛，指甲抓挠也不觉痛痒。升到半空就如脚踩实地，凌虚而

卧就如安睡大床。云雾不能阻碍他们的视线，雷霆不能搅乱他们的听觉，美丑不能干扰他们的心境，山谷不能阻挡他们的脚步，只是凭精神运行而已。黄帝醒来后，觉得十分愉快和满足，于是找来天老、力牧和太山稽三个重臣，告诉他们："我独居了三个月，清除杂念，服气吐纳，想得到保养身心和治理万物的方法，却没有得到。后来疲倦了，睡了一觉，做了这样一个梦，现在我知道大道是不能用思想语言去追求的。我明白了！我得到了！却无法用语言来告诉你们。"又过了二十八年，天下大治，几乎和华胥氏之国一样，而黄帝却升天了。老百姓悲痛号哭，二百多年也没有中断。

　　我：夫子，您讲这个故事，是不是想告诉我们，治国要顺其自然，治理百姓，更需要顺随他们的性情和生活方式，这样才能让国家真正稳定和谐。对于个人而言，也要顺随身体的需要，保养身心，才能使得身心健康，这样理解对吗？

　　列子：你说得很对，一个人在生活中，只有顺随自己的内心，清除杂念，才能达到保养自己的效果，修身也是如此。

【顺随人性解读】　　⌒⌒　**无知无欲，回归自然**　⌒⌒

　　道家向来讲究清心寡欲，淡泊名利。多数时候，一般人至多只看到吃得太好、穿得太暖、酒色过度之类是有害于健康的，但道家却把过度消耗心智也看作是同样的行为。

　　在这个故事中，黄帝和诸葛亮是相反的人生，由儒家的面目投入道家的潇洒。勤政爱民，操劳国事，那是儒家最推崇的明君圣主形象；在道家看来，那是没开窍。黄帝做了华胥一梦——或许算得上是非常古老的直观教学法，于是，他就开窍了，原来天下可以如此治理，不要跟着层出不穷的事情跑，主动去斩断各种纷繁事务产生的源头就万事大吉了，而这个源头就是人的欲望。

人本是自然的，而欲望则使人远离自然的状态：自然的人需要吃，但最多只要不饿着就行了，填饱肚子就行了。然而，慢慢地靠小聪明能吃上粗粮接着就改吃细粮，细粮没问题了又升级为酒肉，酒肉再升级为山珍海味……想再提升空间就有限了，不过一饭千金的故事也是屡见不鲜的。不光吃是这个样子，衣食住行万事皆如此，这样一来人便不再是那个自然的人了。但除了人造出来的这些喧嚣，别的依旧还是自然，便和自然闹出了许许多多的矛盾；人和人之间呢，因为这些互不相让的欲望你争我夺，同样也生出许许多多的矛盾。太糟糕了，这些都需要黄帝们去逐一摆平，你说能不累吗？说黄帝开窍了，是因为他看到了那个神奇的华胥国，神奇的不是君主如超人一般摆平这些麻烦事，而是那些百姓一个个都没有许多欲望，他们不和自然争，更不和人争，当然没那许多烂事。不过有一样要小心的，道家说寓言说着说着就不免有些夸诞，凡是说有道之人，总是喜欢搬出水火不侵、刀枪不入、腾云驾雾之类的说辞，看多了有点让人起腻，当真了不免让人觉得难以置信，这一点只要把《庄子》或《列子》完整看一遍就明白了。终于，黄帝开窍了，但故事只告诉我们黄帝开了什么窍，却没告诉我们他后来如何获得的成功，只可意会而不可言传，而作者本身是否清楚这个"意"就不得而知了。

我们千百年后再来反观道家的似乎是理想，难免觉得那是一种遥远的境界，并非靠一个领袖的力量所能达到，因为这需要彻底澄净每个民众的心。在中国有文字记载的历史上，民众从来没有在整体上如道家希望的那样泯灭过欲望，而道家也很少有真正实施其构想的机会。只有一个例外，那就是西汉初年，这是一个明白张扬黄老之术的时代，在《史记》《汉书》中，那个时代的政府盛产两种人，一是所谓循吏，专门负责带老百姓种地或读书；二是酷吏，专门负责打击豪强，整顿治安。而当时的社会环境，恰好是战国到秦的大破坏之余，普通百姓大都是惊弓之鸟，残酷的记忆强迫他们接受一种观念：平稳地生存是最美好的。

这种状态是道家所追求的，也是道家最欣赏的，而那些所谓的豪强则是社会上少数欲望比较强的异己分子，自然是被打击的重点对象。就这样，萧规曹随，一切从简，汉朝度过了文景之治。随着汉武帝的上台，欲望之火重新燃起，大把花钱，开疆拓土，政治的主旋律也就不再是什么黄老之术了。此后的两千年，只有在大动荡之后，从劫火中幸存下来的人们才会有一段暗用黄老之术的日子，等到衣食富足了，便又故态复萌。所以，整体的民众或许有过被外在条件压抑了欲望的时段，却不知道有哪位高人可能有办法在一个歌舞升平、奢华成风的奢靡社会中让人们一夜之间无知无欲，回归自然。

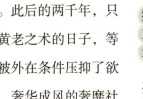
修身智慧

◇放万机，舍宫寝，去直侍，彻钟悬，减厨膳，退而间居大庭之馆，斋心服形，三月不亲政事。

◇其国无师长，自然而已；其民无嗜欲，自然而已。

◇不知乐生，不知恶死，故无夭殇；不知亲己，不知疏物，故无爱憎；不知背逆，不知向顺，故无利害。

第二章

列子与我聊保持虚静

"虚静"是自然的本质，是生命的本质，亦是艺术的本质，因而"虚静"成为中国传统艺术创作所必需的一种态度。"虚静"是使人的精神进入一种无欲无得失无功利的极端平静的状态，这时事物的一切美和丰富性就会展现在眼前，所以"虚静"可以理解为开展审美活动时的心理状态。在中医中，"虚静"指的就是心无旁念。

杞人忧天，豁达是解

我：夫子，在您所著的《天瑞》篇中讲了"杞人忧天"的故事，现在，您能再给我们讲讲吗？

列子：杞国有人忧天地崩坠，身亡所寄，废寝食者。又有忧彼之所忧者，因往晓之，曰："天，积气耳，亡处亡气。若屈伸呼吸，终日在天中行止，奈何忧崩坠乎？"其人曰："天果积气，日月星宿，不当坠耶？"

晓之者曰："日月星宿，亦积气中之有光耀者，只使坠，亦不能有所中伤。"其人曰："奈地坏何？"晓者曰："地积块耳，充塞四虚，亡处亡块。若躇步跳蹈，终日在地上行止，奈何忧其坏？"其人舍然大喜，晓之者亦舍然大喜。长庐子闻而笑之曰："虹

"杞人忧天"图

霓也，云雾也，风雨也，四时也，此积气之成乎天者也。山岳也，河海也，金石也，火木也，此积形之成乎地者也。知积气也，知积块也，奚谓不坏？夫天地，空中之一细物，有中之最巨者。难终难穷，此固然矣；难测难识，此固然矣。忧其坏者，诚为大远；言其不坏者，亦为未是。天地不得不坏，则会归于坏。遇其坏时，奚为不忧哉？"子列子闻而笑曰："言天地坏者亦谬，言天地不坏者亦谬。坏与不坏，吾所不能知也。虽然，彼一也，此一也，故生不知死，死不知生；来不知去，去不知来。坏与不坏，吾何容心哉？"

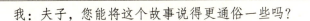

我：夫子，您能将这个故事说得更通俗一些吗？

列子：其实，这个故事大家都很熟悉了。它的大意就是说杞国有个人担忧天会塌下来，地会陷下去，这样自己的身体将无处寄托，因此而睡不着，吃不下。有一个对他这种担忧十分忧虑的人，于是前去向他解释，说："天是积聚的气，无处无气。就像你弯腰挺胸、呼气吸气，整天在天空中生活，为什么要担忧它崩塌下来呢？"那人说："天果真是积聚的气，那日月星辰不是会掉下来吗？"向他解释的人说："日月星辰，也是积聚的气中有光芒的，即使掉下来，也不会伤害什么。"那人说："地陷下去怎么办呢？"解释的人说："地是积聚的土块，充满了四方空间，无处没有土块。就像你行走踩踏，整天在地上活动，为什么要担忧它陷下去呢？"那人放心了，那个给他解释的人也放心了。长庐子听说后笑着说："虹霓呀，云雾呀，风雨呀，四季呀，这些是天上积聚的气形成的。山岳呀，河海呀，金石呀，火木呀，这些是有形之物在地上积聚形成的。知道它们是积聚的气，知道它们是积聚的土块，为什么说它不会毁坏呢？天地是宇宙中的一个小物体，却是有形之物中最巨大的东西。难以终结，难以穷尽，这是固然的；难以观测，难以认识，这也是固然的。担忧它会崩陷，确实太离谱；说它不会崩陷，也不正确。天地不可能不坏，最终必将会坏。遇到它毁坏时，怎么能不担忧呢？"列子听到后笑着说："说天地会毁坏的是荒谬，说天地不会毁坏也是荒谬。毁坏的与不毁坏，是我们不可能知道的事情。即使这样，毁坏是一种可能，不毁坏也是一种可能，所以出生不知道死亡，死亡不知道出生；来的不知道去的，去的不知道来的。毁坏与不毁坏，我为什么要放在心上呢？"

我：夫子，听完您的讲述，故事的寓意似乎更明朗了。您的意思是说，我们生活在这个大自然中，不应该去想那些虚无的事情而徒增烦恼，应该去探索大自然的规律，保持豁达的胸怀，这样，才能让自己活得轻松，内心平静，这样理解对吗？

> 　　列子：你说得很对。在今天看来，杞人忧天是没有必要的，一个
> 人应该多了解自然，让自己的精神品质有所提高，这样才是"虚静"
> 修身的正道。

【保持虚静解读】　　　　乐在豁达，顿无烦恼

　　对于"杞人忧天"这个寓言故事，我们都很熟悉。生活中，我们了解并经常使用这个成语，一般取其一个特定的内涵，即不必要的担忧。然而当我们真正看到这个典故的原文，却不得不说杞人的担忧并非空穴来风。

　　在古代，人们对于大自然的认识，可能就是天是悬空的，天上的日月星辰也是悬空的，它们为什么不掉下来呢？要知道没有被固定在高处的东西无一例外是会掉下来砸到人的。聪明的人就要说啦，所谓的日月星辰不过是看到的积气，有形状却没有质地，正如我们熟悉的火焰，只有被火焰烧死的，从没有被火焰砸死的。所以，天上的星星大可视作一团发光的火焰，既然遥不可及，那就绝不可能烧到你；既然它只如一团火焰，有形而无质，那么即便从天而降也不可能砸死人。这样的解释亲切、直观，居然消除了那些不必要的担忧，可能已经有人在偷偷发笑了。而在人类还没有完全认识自然界之前，一个人提出任何疑问，其勤学好问、勇于探索的精神本身无所谓错误。可是杞人成天因这个问题烦恼忧愁，而影响到自己的现实生活就不对了。未来有很多会发生和不会发生的事情，我们成天只是担忧有什么用？关键是多学知识，了解自然，做好防范。

　　跟古人相比，我们完全有理由轻蔑地看待这么一段对话，因为他们说的看似有道理，实际上却是无稽之谈。对天的担忧并非没有道理，天上的星体也并非是什么空虚的积气，那些星体的表面一如我们脚下的大地实实在在，如果让它从天而降，砸死人是没问题的。况且，真有星体砸下来，那可不是从山上扔块石头下来砸人那么简单了，来自大气层外的东西会裹挟着巨大的能量。在古代战争中利

用地形抛下石块可以阻隔、杀伤敌人，但同样的石头如果来自外太空，对地球而言那可能就是重磅炸弹甚至原子弹的杀伤力了。

从我们现在的认识来说，杞人的担忧有点多余，但说多余的理由却并不如那个聪明人的表述，这两个人只能说瞎猫碰到死耗子，一个瞎担心，一个瞎安慰，却正好管用了，关于大地的问题同样如此。既然我们看到那可笑的解释管用了，不免产生一种联想：如果正经给他用科学道理解释一番，没准反而越弄越糟，倒是这个长庐子有点意思，他不知道什么核武器、小行星或者宇宙爆炸、地球寿命之类的道道，仅凭着事理的推想，居然就能得出一个很现代的结论：天地不得不坏。不过，不要忘了在这个段落中最后出场总结的是列子，而他的总结发言竟然是：我不知道。这样一个奇怪的场景难道不值得深思吗？

在另一个众所周知的故事中，螳螂耐心地从背后悄悄接近蝉，黄雀窥伺着一无所知的螳螂，而黄雀的背后正有等着他的弹丸——一个比一个高明，一个比一个视野宽广。之所以要提及这个螳螂捕蝉的故事，就是想问一声自负的现代人，你们嘲笑杞人的愚蠢，自以为高高在上地俯视他和那位"忧彼之所忧者"的对话，难道不觉得自己正扮演着一只黄雀吗？

其实，人远远还没有得到最终的解脱，面对大自然，再聪明的人，其认知程度充其量也只是黄雀的级别，黄雀之后还有手握弹弓的孩子，孩子背后还有看到这幅场景的闲客，闲客背后还有从中抽绎出深刻道理的寓言家……面对天地宇宙大自然，人类那点可怜的科学知识有什么值得骄傲的呢？不要先罗列自己知道了多少，先看看自己有多少不知道的吧，况且，还有许多是自以为了如指掌的误解、曲解。

我们常说："世上本无事，庸人自扰之。"事实上，说天地会坏掉是荒谬，说天地不会坏掉同样是荒谬。这个坏与不坏，这个可能性不是我辈所能知晓、所能明白的。为什么这么说呢？虽然，表象看是有一个存在即天地，有一败坏即地球消失，可是就同生与死一样，如果站在生的层面，你是不可能真的理解死亡到底是怎么回事，而死亡消失了，更加不可能知道是否有什么生。来的不知去往何方，去的不知道来的从何而来，坏和不坏，我怎么可以把这些不知道的事情放在自己心里呢？列子先生是高手，见解非同一般，同样是在化解修道者的误区。

现代社会是一个竞争激烈的社会，是否具有良好的心态和健康的心理状况对于一个人的发展是极其重要的。我们平时要注意分析事物之间的联系，防止主观片面性和盲目性。对于一些确实无法认知和解决的问题，我们也不要陷入无休止的忧愁之中而无力自拔，人生乐在豁达。莫把秋毫入凡心，一尘不染才是真理。

修身智慧

◇生不知死，死不知生；来不知去，去不知来。

◇世上本无事，庸人自扰之。

◇莫把秋毫入凡心，一尘不染才是真理。

呆若木鸡，纷繁皆虚

【聊天实录】

我：夫子，在您所著的《黄帝》篇中有这样的一个故事，纪渻子为周宣王养斗鸡。十日而问："鸡可斗已乎？"曰："未也，方虚骄而恃气。"十日又问。曰："未也，犹应影向。"十日又问。曰："未也，犹疾视而盛气。"十日又问。曰："几矣，鸡虽有鸣者，已无变矣，望之似木鸡矣，其德全矣。异鸡无敢应者，反走耳。"您能用通俗的话再讲述一下这个故事吗？

列子：好的，这个故事的大致内容就是纪渻子为周宣王饲养斗鸡。

十天之后，周宣王问："鸡可以斗了吗？"纪渻子回答："不行，还只是仗着意气盲目骄傲。"过了十天周宣王又问。纪渻子回答："不行，对外界的影像和声音还有反应。"过了十天周宣王又问。纪渻子回答："不行，眼光还太迅急，气势太盛。"过了十天周宣王又问。纪渻子回答："差不多了，别的鸡大叫，它也没什么变动，看上去像个木鸡了，它的德已经完整了。别的鸡没有敢应战的，只有转身逃跑罢了。"

我：夫子，这个故事是不是告诉我们，当一个人不再去关注成败的时候，才不会为了胜利而战，这样往往才是最厉害的呢？

列子：对，"呆若木鸡"这个寓言故事不仅仅告诉我们在生活中不计成败，在面对像荣辱的时候，也要保持一种平常心，也就是我所说的"虚静"。做到了这点，一个人的内心才会更强大。

【保持虚静解读】 无私无畏，不战而胜

在这个故事中，我们最熟悉的莫过于"呆若木鸡"这个成语了。在现在的文章中这个词的"出镜率"仍然很高，不过一般来说多少带点贬义，通常说人被吓傻了，或者本来就傻乎乎的，反正夸人不能用这个词。不过，当我们反观这个成语的源头，却发现这原本是一个十足的褒义词。这一类词语变异的怪事本不罕见，只是以我们现代人的观念横竖想就是想不出傻乎乎有什么可取之处。

然而，我们看到故事中的"木鸡"之所以立于不败之地，正是因为它把现世中的一切都从自己的心境中排除了，不分成败，不分输赢，无所谓生死，无所谓伤痛。它虽然形体上还是一只鸡，但心里却早就忘掉了自己；它虽然立在了斗鸡场上，但却不知自己面临着强敌。在它的头脑中，整个世界朦胧一片、浑然一体。无所谓生死，也就没有生死；无所谓成败，也就没有成败。就实而论，对它来说没有生死并不等于客观上无生死，没有成败并不等于客观上无成败。在这里只是

表明列子的一种精神境界，也就是列子所说的——现世纷繁皆为虚，心中空空浑为一。这虽然只是一种精神境界，但有与没有却大不一样。这种不同至少表现在两个方面：其一是没有它则会随着事物的变化而喜怒哀乐，有了它则任凭风浪起，心境自宁寂；其二是没有它则会权衡利弊三思而后行，有了它则无私无畏视死如归，这就是那斗鸡落荒而逃，木鸡不战而胜的根本原因。

在道家思想中，这种精神，有时称为德或气，是道家最关注生命系统中固有的能量，它没有一个具体规范的名称，也没有具体的形态、无法准确观察测量，只能通过某种现象去感知，这些现象通常是人们的各种活动或可见的某种状态，比如劳作、说话或颇具气势的眼神。这种能量的产生、积聚都是非常不易的过程，但人们往往并不珍惜它，宝贵的精力耗费在毫无意义的事上，为了欲望，去聚敛财富、攫取权力，无所不用其极，随之而来的必定是生命的黯淡与枯竭。喝醉的人从车上摔下来也不觉疼痛，那是因为他"神全"，而木讷呆滞的鸡能够百战百胜，那是因为它"德全"。无论叫作神还是叫作德，大体都是在说生命的那种能量。按照自然的法则，这能量应该用于养生，除了保有、保养生命之外，同时还有提高、升华生命品质的含义。其实，只要按照最原始的本能去做，这是最容易做到的，但七情六欲使人无法不产生偏差：清醒的人从车上掉下来，惊恐会给他带来偏差；英武神勇的斗鸡，眼神似乎就能杀死对手，但这也是它的偏差。无论以何种方式不恰当地使用了自己的能量，生命就犹如一个漏气的气球，不会再那么圆满，并且很快会面临枯竭的危险。试问，不再圆满的生命，能成为胜者吗？

由此，一个看似怪异的结论诞生了：呆若木鸡才是斗鸡的化境，因为它已经没有一丝泄露自身能量的地方，而人们平素热衷的斗鸡：凶狠的眼神、优雅的步态、嘹亮的啼鸣，等等，这一切表现本都是用它生命的能量化来的。好了，道理很简单，健壮的斗鸡的确有着非凡的天赋，但要记住一点——漏气的大气球终究不如不漏气的小气球，纪渻子就是本着这样的观念训练他的鸡，而道家也正是本着这样的观念影响着一代又一代的人。鸡相对于人来说，还算是无知无欲的，如果鸡尚有如此之多的"走气"之处，那么人呢？

对于人而言，道家认为，人的欲望野心和反抗心理就是人类痛苦的根源，而且，道家也不仅局限于对人类欲望太盛的抱怨，他们更多的是关心作为自然万有之一的人应该如何提高自身生命的境界。一个生命就是一个小小的系统，它自有其存在发展的机理和能量代谢方式，这有点像现代人的全息理论。一个健康的生命系统应该是平衡的、自足的，也只有如此它才能真正抵御各种侵害，而一个人如果想提升自己的生命和精神境界，就需要做到这种"虚静"。

修身智慧

◇无所谓生死，也就没有生死；无所谓成败，也就没有成败。

◇现世纷繁皆为虚，心中空空浑为一。

◇任凭风浪起，心境自宁寂。

◇权衡利弊三思而后行，无私无畏视死如归。

列子拜师，虚空乘风

【聊天实录】

我：夫子，我曾在您的著作《黄帝》篇中读到一个故事，原文是列子师老商氏，友伯高子，进二子之道，乘风而归。尹生闻之，从列子居，数月不省舍。因间请薪其术者，十反而十不告。尹生怼而请辞，列子又不命。尹生退。数月，意不已，又往从之。列子曰："汝何去来之频？"尹生曰："曩章戴有请于子，子不我告，固有憾于子。今复脱然，是以又来。"列子曰："曩吾以汝为达，今汝之鄙至此乎？姬！将告汝所学于夫子者矣。自吾之事夫子友若人也，三年之后，心不敢念是非，口不敢言利害，始得夫子一眄而已。五年之后，心庚念是非，口庚言利害，夫子始一解颜而笑。七年之后，从心之所念，庚无是非；从口之所言，庚无利害，夫子始一引吾并席而坐。九年之后，横心之所念，横口之所言，亦不知我之是非利害欤，亦不知彼之是非利害欤；亦不知夫子之为我师，若人之为我友：内外进矣。而后眼如耳，耳如鼻，鼻如口，无不同也。心凝形释，骨肉都融；不觉形之所倚，足之所履，随风东西，犹木叶干壳。竟不知风乘我邪？我乘风乎？今汝居先生之门，曾未浃时，而怼憾者再三。汝之片体将气所不受，汝之一节将地所不载。履虚乘风，其可几乎？"尹生甚怍，屏息良久，不敢复言。夫子，这个故事讲的是您的亲身经历，您能用通俗的语言再给我们细细讲讲吗？

列子：这段经历对于我来说，有着很重要的意义。故事的大致情节是这样的：我曾经拜老商氏为师，以伯高子为友，把两人的本领都学到了，然后乘风而归。尹生听说了，便来和我一起住，好几个月都不回家看望。他找机会请求我教他法术，重复了十次，我都没有告诉他。尹生生气了，请求离开，我也不表态。尹生走了，几个月后，尹生不死心，又来和我一起住。我说："你怎么来来去去那么频繁呢？"尹生说："以前章戴向您请教，您没告诉我，所以有些怨恨。现在想开了，所以又来了。"我说："过去我认为你很豁达，现在你的浅薄竟到了如此地步吗？坐下！我要告诉你我在老师那里学来的。自从我拜老商氏为师、以伯高子为友以后，三年，做到心中不敢计较是非，口中不敢谈论利害，这样才得老师瞥了我一眼而已。到了五年之后，心中又计较是非，口中又谈论利害，这样老师才开颜一笑。到了七年之后，我放任心思去计较，也并没有什么是非；放任口舌去谈论，也并没有什么利害，这样老师才拉我和他在一张席子上坐了坐。直到九年之后，我再任由心思计较、口舌谈论，已经分不清那些是非利害究竟是对我来说，还是对别人来说的，同样也分不清老商氏是我的老师、伯高子是我的朋友：内与外的界限已经彻底融化了。从此以后，眼睛就像耳朵一样，耳朵就像鼻子一样，鼻子就像嘴一样，都没有什么不同了。心神凝聚，形体化解，骨肉消融；感觉不到身体有什么倚靠，脚下有什么踩踏，随风飘荡，就像枯叶空壳，终于不知道是风驾驭着我还是我驾驭着风！现在你在老师的门下还没多少时间，怨恨倒有过了好几次。你的肌体哪怕小小一片也不会被虚空之气接受，你的一肢一节也无法为大地所承载。脚踏虚空，乘风而行，可能办得到吗？"尹生非常惭愧，屏住气息好长时间，再也不敢说什么。

　　我：夫子，您在这个故事中多次说到是非利害，是不是想告诉我们，做人要不去计较，让自己的内心豁达，这样才能达到您所说的乘风的境界呢？

　　列子：你理解得很深刻，就是这个意思。人生在世，一个人只有忘记这些是非利害，不去过多计较，这样才能做到"虚静"。

【保持虚静解读】　　　　　**是非利害，放下得道**

　　在这个故事中，我们看到，提到最多的一个词就是——是非利害，而与此同时，列子也说，要想得道乘风，就要放下这些，这也是道家经常说的忘。然而，事实上，这种人们常常无心犯的错，突然要当作正经事来做却并不简单。单说忘却是非利害，并且将此看作是求道的基本条件之一，这就未免令许多人感到困惑了。难道寻求大道本身不在是非利害的范围之内？这样的问题历来存在，在喧嚣的尘俗生活中，是非利害无处不在，人们往往没有时间、没有心思——加以分辨，使这个问题也就显得更加突出，很多人实际上并无心思去体会道家在说什么，只是依稀听说道是不由自主地随波逐流。

　　今天的世界越发缤纷多彩，道家是智慧而飘逸的，为了自己的形象，为了自己的前途，也为了自己的疲惫，应该找来读一读。这样的求道之法，先犯了"不着道"的过错！当然，这副样子不是现代人才有，列子碰到的尹生也是这么一路为利而求道。

在这里，还提到"列子御风"这个词。那么，它是什么意思呢？列子的御风而行不知道是什么套路，有人说是列子专用的一个标志性符号，无非就是"得道者"的表现，类似其他人那种水火不侵、刀枪不入，列子专用御风而行罢了。道家的理论站得比较高，声称与自然融为一体方是道，于是从理论上说，人真的得道便应该和水火风土都没有一丝隔阂，随之移动、不为其所伤也是必然的。然而这话是从理论上说，姑且不争这理论的对错，就算真是这个道理，每个人还要掂量掂量自己是否真能做到——是否能真的一点不留地忘记自己是个肉眼凡胎的人而去做什么水火风土？不行。好，既然不行，那你就免不了会被淹死、烧死，也别想着腾云驾雾了。同时，也要知道你为了避免淹死、烧死或者为了走路更加神速而去求道，那将是天底下最糟糕的决定，是一个十足的悖论。得道者是做到了与自然融为一体，彻底忘却了自己是个人，而既然是想着避免淹死、避免烧死，想着如何能日行千里，那不仅没有忘掉自己是人，反而更加强化了这一点，以这样一种念念不忘自己是人的心态去求道，那不是南辕北辙又是什么？退一步说，现实中的男男女女并不奢望御风而行，现代人有飞机可坐，对此更是不屑一顾，他们也绝不是羡慕道家的聪明与潇洒，只是觉得道家什么事每每都能想得开，放得下，不像我们的生活工作那样紧张忙碌。

想从现实中逃脱，想呼吸那梦中才有的自由新鲜的空气，差不多是每个人都渴望过的，但具体到个人，你能用什么方式、在什么程度上去追求这样的梦想，只有你自己才知道。

对于这个问题，列子只告诉我们：放下是非与利害。事实上，在这个世界上，除了我们自己，没有什么不可以放弃、不能够放弃。放弃了烦恼，从此便与快乐结缘；放弃了利益，从此便步入超然的境地；放弃了虚华，从此便获得超脱；如果你能做到连放弃也放弃，那你便很伟大了，已经和圣人无异。放弃，你就可以轻装上路；放弃，你就可以解开烦恼、摆脱纠缠，整个身心投入到轻松悠闲的宁静中去。只要能看透人生的真谛，就能经受得起任何诱惑，这些和道家的思想也是非常吻合的，然而，不幸的是，我们生活在一张充满着是非与利害的网中，牵一发而动全身，为情所困的人想忘却忘不掉一个人，为钱所扰的人想忘却忘不掉一个钱字，以此类推，我们自己可以罗列一下到底有多少是该忘、想忘却忘不了的。所谓是非，就是你心中那些冠冕堂皇的理由，听起来振振有词甚至大义凛然，对人对己都不妨声称这是我必须做的；所谓利害，就是那些理由未必好听却是由衷地想做的，你会很无奈地对人说，没办法，我不想做可也总得做。是非总是强迫你，利害总是诱惑你，是谁在强迫、诱惑你？你说是环境，这只是一个折射的投影，真正的幕后操纵者恐怕还是自己。大多数人就是在被强迫与被诱惑之间草草度过一生，只要不是做得太糟总会有所得，但那不是传说中的智慧的道。

我们看待问题，都要做到辩证来看，对于道家的思想也是。现实中，人往往就是这么昏聩，为了以腾云驾雾替代走路去学道固然是昏，为了潇洒轻松地生活去学道何尝不是现代版的昏？自己想要的究竟是什么都没搞清楚，便匆匆下手，能得到什么结果可想而知。列子的一番话能开导尹生，令其面现愧色，不敢再说什么，那也只是寓言中一厢情愿的安排，真正发了昏的人哪里是那么容易醒悟的呢？若真有这么简单的振聋发聩的法门，世上又何来那许多缘木求鱼者？从这个方面来说，道家的思想还是有很多理想化的成分。

修身智慧

◇心凝形释，骨肉都融；不觉形之所倚，足之所履，随风东西，犹木叶干壳。

◇心不敢念是非，口不敢言利害。

◇横心之所念，横口之所言，亦不知我之是非利害欤，亦不知彼之是非利害欤。

御寇射箭，不射之射

我：夫子，在您所著的《黄帝》篇中，记载了这样一个故事，列御寇为伯昏无人射，引之盈贯，措杯水其肘上，发之，镝矢复沓，方矢复寓。当是时也，犹像人也。伯昏无人曰："是射之射，非不射之射也。当与汝登高山，履危石，临百仞之渊，若能射乎？"于是无人遂登高山，履危石，临百仞之渊，背逡巡，足二分垂在外，揖御寇而进之。御寇伏地，汗流至踵。伯昏无人曰："夫至人者，上窥青天，下潜黄泉，挥斥八极，神气不变。今汝怵然有恂目之志，尔于中也殆矣夫！"这个故事是您的亲身经历，相信您肯定受益匪浅，您能用通俗易懂的语言再给我们讲讲吗？

列子：这个故事的大致情节是我为伯昏无人表演射箭，拉满了弓弦，把装满水的杯子放在手肘上，将箭射出去，后发的箭正中前一支箭的尾部，前一箭刚射出，后一箭已张弓上弦。在这个时候，我就如泥人木像般一动不动。伯昏无人说："你这是为了射箭而射箭，并非不为射箭而射箭。我要和你登上高山，走在摇晃的岩石上，面对万丈深渊，你还能射吗？"于是伯昏无人便登上高山，走过摇晃的岩石，面对万丈深渊，背部已经无处可容，双脚已有两成悬空，向我拱手作揖，请我过去。我趴在地上，汗水流到了脚后跟。伯昏无人说："道行最深的人，上可窥伺青天，下能潜入黄泉，在宇宙间纵横奔腾，精神元气都不会改变，现在你头晕目眩，心中恐惧，你还想再射中标靶怕是不太可能了！"

我：夫子，您的意思是说，在射箭的过程中，一个人不应为了射箭而射箭，而应该为了不射而射。同理，不管在什么样的环境下，都要做到心中无牵挂，才能达到至高的境界，这样理解对吗？

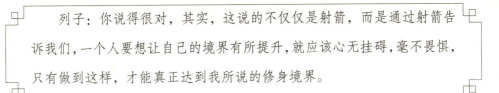

列子：你说得很对，其实，这说的不仅仅是射箭，而是通过射箭告诉我们，一个人要想让自己的境界有所提升，就应该心无挂碍，毫不畏惧，只有做到这样，才能真正达到我所说的修身境界。

【保持虚静解读】 ❧ **心无旁骛，忘记得失** ❧

在这个故事中，列御寇之所以会有之前那样的表现，也是有根据的，有两个战例可以证明这一点。

第一个战例是他与养由基的决战，传说养由基有百步穿杨的神技，那天比试的就是百步穿杨——在一棵杨柳树上挂满铜钱，射箭者必须让箭穿过铜钱的小孔。养由基先射，他嗖嗖嗖连续三箭，铜钱应声落地，捡起一看，每只箭都贯在钱孔中。轮到列御寇了，只见他弓拉半满，三箭齐发，那箭竟像被人用手拈着一样，钻进钱孔之后就力尽而止，箭和铜仍然挂在杨柳树上随风飘舞。养由基看得目瞪口呆了，半天才回过神来，拜倒在地直呼师父。

第二个战例是与后羿的巅峰对决，地点选在泰山之巅，目标是放飞的两只鹞鹰脚上的两根彩线。为了增加难度，当时同时放飞了100只鹞鹰，其中的两只脚上系着彩线，一只系的是红线，由后羿射；另一只系的是蓝线，由列御寇射，规定把彩线射下者为胜。后羿深知彩线难以受力，于是一箭射断了鹞鹰的小腿，彩线掉到了地上。列御寇的

后羿射日图

方法更加巧妙，他只让箭镞和箭杆的边缘挨着蓝线快速擦过，利用摩擦力把彩线给割断了。随后，后羿输得心服口服，当即把射日的神箭送给了他。自此之后，除了列御寇，天下没有人敢自称箭神。

在道家的说法中，射箭有内外之分，技法精湛，但那只算是"射之射"，只有连内外之分都泯灭了，那才是最高境界——"不射之射"。"不射之射"是道家比较喜欢用的一种构词法，跟"无为无不为"差不多。其实，在我们今天的语言中也保留着类似的现象。用现代的语言来说，伯昏无人的话是这样的：这射箭跟射箭不一样，你这是为了射箭而射箭，是个小技术。看我们这个，那才叫境界！在语言使用上，古人今人怕是没有哪个更聪明，语言的作用本来有限，碰上说不明白的大家也难免要违反一下语法规则，你要是说"不射之射"不成话，那"射箭跟射箭不一样"同样不成话。至于我们听众的理解，把这句话解释清楚是一回事，是否理解其背后的意思又是一回事了。凡是话中故意反法语法常规或带有明显的逻辑矛盾，往往都是别有深意，所谓"不射之射"便是一个典型。没人能够把它背后的深意说出来——要是能说，原作者早说了，何必非要用别别扭扭的词句，而且还塞进寓言、装进小说呢？我们能做的，只是描述一下感受和体会。描述，完全是没办法的办法。

如果单就射箭一事而言，这"不射之射"不算太复杂，其实就是心无旁骛，把自己的全部精神都集中在射箭之事上。然而，这样的事做起来却不那么容易，关键在于人是活的，人所有的感官时时刻刻都张开着，活动着，所谓全神贯注只是说说而已，你感觉到的声色香味真能对你毫无影响？就算外界没什么信息传递给你，你的内心不免东想西想又能奈何？即便一个训练有素的人能够很好地控制自己，拒绝外界干扰，依然会有不可思议的事情出现，奥运会上那个美国射击选手埃蒙斯自己也不知道为什么，总在最后一枪犯下不可理喻的错误。如果他自己认为当时是走神了或受了什么影响也许还有救，可是他不知道，事后也不知道。所以说，这"不射之射"的境界不是说来就来，想有就有的。

其实，当我们孤立地看待射箭一事时，似乎它是一个射手的唯一，但现实中射箭和其他所有的事一样，只是一个人的一面，一个射手可能还有其他的工作，起码他还是儿子、父亲，是一个活生生的人，有着不同的角色，便有着不同的得失利害，也就有了复杂的患得患失。患得患失是人的通病，这个寓言也很绝，直接来了一个终极考问，让伯昏无人把列子带到悬崖上，带到生命的边缘去射箭。这是寓言的一种夸张修辞，现实中不管做什么都不太可能有人故意把你带到悬崖边，但只有在悬崖边依然故我的人才是真正能把事情做得了无遗憾的人。

在道家的观念里面，能够达到这种境界的人被称为至人，这种至人受到道家极大的推崇是可以肯定的。既然如此，是不是要达到这种境界就难比登天呢？恐怕不是。达到这种境界的常常只是很平凡的人，他们不过尽力去做好自己的那份事，就这么简单，就这么纯净。因为简单纯净，所以常常只是很平凡的人做到，而那些被认为不平凡的人在扰攘的名利得失中反而做不到。

清朝著名的大文人袁枚，名气很大，他的诗文在当时可谓一字千金。他生活在太平盛世的乾隆年间，成名很早，衣食无忧。袁枚主张写诗要写出个人的灵性，颇有几分道家的色彩。他自己也是个很率真的人，公开承认自己贪吃好色，他的生活中也从不缺少美女和美食。在他的文集中，甚至专门有一篇私人厨子王小余的传——那个年代文人所传之人要么是达官显贵、亲朋故旧，要么是孝子烈女，为一个厨子作传实在有些怪异。然而就是这篇传记使得后人知道那时候还有这样一个神奇的厨师，深谙烹饪美食之道，能把袁枚这样顶级的老饕喂得心服口服。或许，在袁枚看来，王小余就是一个厨子中的"至人"，他把自己全部的心思和天分都用在了厨艺上，他既没有想过靠这个出名，也没想过以此养家糊口——尽管最终他确实达到了这些目的。后来袁枚还专门对王小余的儿子说：不要小看你父亲，他虽不是几品的大官而只是个小小的厨子，但他认认真真，把事情做得有声有色，比那些心不在焉的大官强得多。名利得失的纠缠，会耗费人们的精神，使本来能做好的事也做不好，于是，道家要你忘掉它。

用我们现在的话说，这个忘掉，就是拿得起，放得下。拿得起是强者的风范，是智者的执着，而放得下则是迈向成功的催化剂。它是到达顶峰的指南针，指引每个人尽快攀登人生的高峰，一览美景。

故事中的列御寇就是因为没有进入万物浑一的精神境界，虽然练就了一身好武艺，弓能连张，箭能连发，矢能连中，杯中之水能够平稳不动，但却不能把高山和深渊视为平地，不能把身体和生命置之度外，所以当他登上山巅、足踏石卵时，便乱了方寸，展现在他眼前的只是高山和深渊，悬在他心中的只是性命的危险，什么张弓射箭、箭箭相连，一切都化为乌有。而伯昏无人则相反，他视天地为一体，视高山为平川，视肉体为块土，视生命为云雾，所以无所谓生死，也无惧生死，身临山巅、足登石卵而坦然自若。

现实中，很多人一辈子都被人生中的得失所困扰，其实人生究竟是复杂还是简单，完全取决于人的心态。斤斤计较者会认为人活一辈子实在很复杂，而乐观豁达者则认为人生在世其实很简单。一个人与其繁重劳累地奔波，不如轻松自在地生活，拿得起、放得下才是人生的真谛。

修身智慧

◇夫至人者，上窥青天，下潜黄泉，挥斥八极，神气不变。

◇有着不同的角色，便有着不同的得失利害，也就有了复杂的患得患失。

◇一个人与其繁重劳累地奔波，不如轻松自在地生活，拿得起、放得下才是人生的真谛。

一无所有，心无烦恼

我：夫子，在《天瑞》篇中，曾经记载着这样的一个故事，舜问乎烝曰："道可得而有乎？"曰："汝身非汝有也，汝何得有夫道？"舜曰："吾身非吾有，孰有之哉？"曰："是天地之委形也。生非汝有，是天地之委和也。性命非汝有，是天地之委顺也。孙子非汝有，是天地之委蜕也。故行不知所往，处不知所持，食不知所以。天地强阳，气也，又胡可得而有邪？"现在，您能再给我们讲讲吗？

列子：对，有这个记载，这个故事的大意是中国古代有一位圣王，人称虞舜。虞舜想求得治国的道术，于是问他的丞相："道术可以得到吗？"丞相回答："连您自己的身体都不属于您个人所有，您怎么能得到道术呢？"虞舜觉得奇怪，忙问道："我自己的身体不属于我个人所有，那属于谁所有呢？"丞相说："属于天地，是天地将形体暂时委托给您而已；不仅身体不属于您自己所有，生命也不属于您自己所有，是天地将和顺之气暂时委托给您而已；不仅生命不属于您个人所有，子孙也不属于您个人所有，是天地将蜕变暂时委托给您而已。正因为一切都不属于您个人所有，所以作为一个人，行走不知道要向哪里去，伫立不知道倚靠的是什么，饮食不知道什么味道可口。要知道，天地不过是一股强劲流转的气，天地间的一切事物都是天地之气的变化显现，人是不能将它们据为己有的。人和其他一切事物一样，也是灵地之气的变化显现，是不能将自己据为己有的。作为一个人，说到底，是一无所有的。"

我：夫子，在这个故事中，您是说当一个人明白自己本来就是一无所有的时候，内心就会更加淡然，也就不会有荣辱得失、恩怨计较等，这样理解对吗？

列子：你说得很对，与天地的长久相比，人总是稍纵即逝的，不管你现在拥有多少，终究还是会失去。只有不为荣辱得失、恩怨计较、生死离别而牵动，内心才能保持平静，从而达到虚静的境界。

【保持虚静解读】　　一切虚幻，归于无有

道家的思想和一些言论，在很多时候都给人一种很虚幻的感觉。在这个故事中，列子得出人在宇宙中是一无所有的这个结论。为了阐释自己的这个说法，他从空间和时间的角度出发来阐述。

列子认为，从空间的角度来看，世间的一切都是天地的产物，而天地不是实在的东西，只是一种流转不息的气。气本身就难以把握、难以控制，再加上流转不息，自然就更难以据为己有了。至于由气产生的东西，也只能像雕琢的冰灯一样，表面有棱有角，可触可摸，而一经阳光照耀，则化为水，蒸为气，到哪里去寻找个实实在在的物件呢？从时间的角度来看，世间的一切东西原本都不存在，皆为无有。后来出现了，那不是它们自身的存在，而是天地暂时的变现。随着时间的流逝，这些东西都将流转而去，回归无有。

故事中，虞舜的丞相说，不但治国之道不能得到，就连自己的身体都不属于自己；不但自己的身体，连自己的生命、自己的子孙都不属于自己。身体、生命、子孙都是天地暂时的托付，过一段时间天地就要收回去，所以说人一无所有，这也是列子思想的一个体现。话虽如此，但世人的感受却并非这样。

我们都知道，人一旦来到世上，都会有一个自"我"，看待一切事情都围绕着一个"我"字，都从"我"这个角度出发。比如"我"出生后，有"我"的父母和兄弟，有"我"的生命和身体；又如我成人后，有"我"的身份和学识，有"我"的事业和财产；再如在我的生活过程中，有"我"的机遇和失误，有"我"的悲乐和恩怨；还如在我的生命沿革中，有"我"的健康和病痛，有"我"

的体形和身材。凡此种种，就现世来说，"我"的就是"我"的，别人想要替代也替代不了，自己想要摆脱也摆脱不了。该有的没有就是痛苦，不该有的有了也是痛苦；该有的有了就是愉悦，不该有的没来也是愉悦，这正说明它们是实实在在的东西。

列子认为，就眼下而言，"我"的这些东西是我的，别人不能拿走，自己也不能丢掉，但就长远而言，它们并不归"我"所有。钱财、权势、欢乐、愁苦，归"我"的这一切东西不过是过眼云烟，随着时间的推移全会化为乌有。等着它们消散之后，自己就会感到，什么你的我的，谁的也不是，什么也没有，一切皆虚，一切皆幻，以往为"我"而争斗，为"我"而苦恼，实在没有意义。

明白了这个道理的人在为人处世当中，往往能够做到身处现世而神归原本，不为富有而快乐，不为穷困而愁苦，不为得势而荣耀，不为失势而耻辱，将现世的一切得失、荣辱、恩怨、存亡都视为虚事，置于脑后，过着无忧无虑的神仙生活，这也就是列子所认为的虚静的精神境界。

> **修身智慧**
>
> ◇吾身非吾有，孰有之哉?
>
> ◇钱财、权势、欢乐、愁苦，归"我"的这一切东西不过是过眼云烟，随着时间的推移全会化为乌有。
>
> ◇不为富有而快乐，不为穷困而愁苦，不为得势而荣耀，不为失势而耻辱，将现世的一切得失、荣辱、恩怨、存亡都视为虚事，置于脑后，过着无忧无虑的神仙生活。

华子健忘，洒脱自在

我：夫子，您在《周穆王》篇中曾经记载了"华子健忘"的故事，现在您能再给我们讲讲吗？

列子：宋阳里华子中年病忘，朝取而夕忘，夕与而朝忘；在涂则忘行，在室则忘坐；今不识先，后不识今，阖室毒之。谒史而卜之，弗占；谒巫而祷之，弗禁；谒医而攻之，弗已。鲁有儒生自媒能治之，华子之妻子以居产之半请其方。儒生曰：此固非卦兆之所占，非祈请之所祷，非药石之所攻。吾试化其心，变其虑，庶几其瘳乎！于是试露之，而求衣；饥之，而求食；幽之，而求明。儒生欣然告其子曰：疾可已也。然吾之方密，传世不以告人。试屏左右，独与居室七日。从之。莫知其所施为也，而积年之疾一朝都除。华子既悟，乃大怒，黜妻罚子，操戈逐儒生。宋人执而问其以，华子曰：曩吾忘也，荡荡然不觉天地之有无。今顿识既往，数十年来存亡、得失、哀乐、好恶，扰扰万绪起矣。吾恐将来之存亡、得失、哀乐、好恶之乱吾心如此也，须臾之忘，可复得乎？子贡闻而怪之，以告孔子。孔子曰：此非汝所及乎！顾谓颜回纪之。

我：夫子，您能用通俗的语言解释这个故事吗？

列子：用你们现在的话来说，这个故事的大致情节是宋国阳里有一个人名叫华子，中年得了一种怪病——健忘。早上自己拿来的东西，晚上就忘了；晚上送人的东西，早上就忘了；走在路上，忘了自己要去的地方；坐在家里，忘了自己要干的事情。妻子站在面前，他竟然问："你是谁，怎么会来到我家里？"儿子站在面前，他竟然问："你是谁家的儿子，怎么这样耐心地服侍我？"这病弄得家人不得安生，苦不堪言。妻子为了给他治此忘症，到处求人。找到算命先生，先生说不知所以；找到巫师，巫师说没有神知；找到医生，医生说无有良方；找到智者，智者说未曾见过，全家人一筹莫展。

正在此时，一位鲁国儒生路经这里，闻得此事说："这是一种心病，不是巫师的祈祷和医生的良药所能治好的。如若无所忌，愿意试着治治。"华子的妻子听了非常高兴，许诺说如能治好，愿将一半家产相赠。儒生说："不要忙，让我先试着感化一下他的心志，改变一下他的思虑，看看有没有治好的可能性。"于是儒生把华子拉到户外，让他受冻，又整天不给他饭吃，让他挨饿。华子体寒腹饥，要衣要食。儒生看华子对生存环境的变化有反应，觉得有希望，于是对华妻说："忘病大概可以治好。不过我的技艺是个秘密，不能传人，因此需要一间密室，我给你家先生在里面治病，没有我的允许别人不得进入。"华妻答应了，于是儒生与华子二人进入密室，七日不出。

到了第八天，华子出来了，多年的病痊愈了，喜得妻儿不知如何感谢儒生才好。然而，正在这时，只见华子勃然变色，拿起一支长矛要杀那儒生，吓得儒生抱头鼠窜。赶跑了儒生，华子又找妻儿算账，要休掉妻子，处罚儿子，左右邻人好言相劝，也不听从。人们问他其中道理，他说："想当初我得有忘症，一切都忘得干干净净，不知道天有多高、地有多厚，什么是悲伤、什么是愁苦，那是何等的洒脱和自在。如今忘症治好了，数十年来的存亡、得失、好恶、哀乐都回到心中，扰得我不得安宁，我怕将来的存亡、得失、好恶、哀乐要比以往更多呢，这怎么得了，怎么得了！我想再有一点点的忘症，哪怕只有稍稍的安宁也好，可是这到哪里去找，到哪里去找！"说罢大哭起来。孔子的弟子子贡听说此事后觉得很奇怪，去请教孔子。孔子说："这样的事不是你这样的人可以理解的！"他吩咐颜回把这件事记录下来，作为教诲弟子们的教材。

我：夫子，记载这个故事中，是不是想告诉我们只有忘掉了一切虚事，才会少更多的烦恼，并且让内心更加平静呢？

列子：很对，这个故事就是通过讲述华子医忘的事情，告诉人们要想内心没有烦恼，就应该放下或者忘记身外之物和不必要的事情，这样才能领悟虚静的真谛，让内心安然。

【保持虚静解读】　　忘记虚事才能收获平静的内心

在这个故事中，华子忘掉了现世的一切虚事，因而也忘掉了一切烦恼，虽然他不能过一般人所谓的正常生活，但却进入了一般人难以进入的平静世界。其实，这里所说的忘记，我们也可以理解成适当放弃。在人生中，放弃是一种坦荡的心境，它既是遍历归来的路，又是重走旅程的路；既是对过去反省三思的路，又是对未来满怀憧憬的路。学会了放弃的人是真正的大智大勇，一个人经历了重重磨难，经过了大悲大喜、大起大落，才会真正明白放弃的内涵。学会放弃，放弃对名利的追求，放弃对金钱的索取，结果往往是海阔天空、柳暗花明。

随着故事的发展，后来儒生治好了华子的忘症，虽说把他拉回到现世之中，使他过上了一般人的正常生活，但同时也把他从难以进入的平静世界中赶了出来，使他再受现世虚事的干扰，这可能就是他赶走儒生、休妻罚子的原因。

在这里，列子认为，所谓正常人的正常生活恰恰是虚假的，是站在人的局部看待人，站在人世的内部看待人世。就好像躺在井中观天一样，以为天就只有井口那么大，如果有谁盖上了井口，就会认为世界一片黑暗，而真正的天绝对不只有井口那么大，井内黑了绝不是世界黑了，所以把井内黑了当成世界黑了是无知，将人间的得失利害放在心中是短见。身处井中而心在井上，身处黑暗之中而心在光明之境，不受井壁的局限，不受黑暗的困扰，将自己的身心与大自然融为一体，与整个宇宙融为一体，才能与大自然同起灭，与宇宙共长久，才能脱离琐事带来的烦恼，求得人生的真谛。华子得了忘症，把世间的一切都置之度外，却使他脱离了虚假的人生，进入了宇内大同的境界。

尽管列子的这些话说得非常玄虚，但是，我们根据修身的需要，能够理解忘记和放弃的道理就行了。人生当中，总会有很多的东西让我们有所牵挂，有所重视，从这个角度上说，列子的思想也是有些极端的。在生活中，我们只要把握好度，内心依然会很平静。

修身智慧

◇露之，而求衣；饥之，而求食；幽之，而求明。

◇须臾之忘，可复得乎？

◇把世间的一切都置之度外，却使他脱离了虚假的人生，进入了宇内大同的境界。

龙叔求医，超然物外

【聊天实录】

我：夫子，在《仲尼》篇中，您记载了龙叔求医的故事，您能再给我们讲讲吗？

列子：龙叔谓文挚曰："子之术微矣。吾有疾，子能已乎？"文挚曰："唯命所听，然先言子所病之证。"龙叔曰："吾乡誉不以为荣，国毁不以为辱；得而不喜，失而弗忧；视生如死，视富如贫；视人如豕，视吾如人。处吾之家，如逆旅之舍；观吾之乡，如戎蛮之国。凡此众疾，爵赏不能劝，刑罚不能威，盛衰利害不能易，哀乐不能移。固不可事国君，交亲友，御妻子，制仆隶，此奚疾哉？奚方能已之乎？"文挚乃命龙叔背明而立，文挚自后向明而望之，既而曰："嘻！吾见子之心矣，方寸之地虚矣，几圣人也！子心六孔流通，一孔不达。今以圣智为疾者，或由此乎！非吾浅术所能已也。"

我：夫子，您能用现在的语言讲得更易懂一些吗？

列子：好的，这个故事是这样的，春秋时代有一个人，叫龙叔，自认为得了呆痴病，去找最有名的医生文挚，见到文挚后说："先生！听说您的医术是当今第一，我的病不知能否治好？"

文挚很谦虚，诚恳地说："说医术高明，我不敢当，能否治好您的病，也要看有没有缘分。不管怎样，您都得先谈病情，才好诊治。请您坐下，慢慢说。"龙叔把双腿盘起，拐杖横在两股之上，慢慢说起了自己的病情："我这个人呀真不像个人的样子，乡里有了荣耀之事我不觉得荣耀，自己的国家灭亡了也不觉得羞耻；得到了利益不知道高兴，丢失了东西也不知道忧愁；把活着当成死亡，把富有当成贫穷，把人当成猪，把自己当成别人；住在自己的家里好像住在旅店，看待自己的家乡好像是异国他乡。这些毛病不管怎么治也好不了，用封爵引诱不起作用，用酷刑威胁不起作用，用利害劝导不起作用，用情感感化不起作用。得了这个病不能参与国事，不能结交朋友，不能娶妻生子，不能指使僮仆。一切都与正常的人不一样了。这究竟是一种什么病呀！什么药方才能治好呢？求您设法好好看看。"文挚说："好吧！请你背着太阳站着！我来透视一下。"

龙叔按照文挚的要求背阳而立，文挚透过他的胸部向太阳方向望去，不禁失声叹道："哎呀，你这个人真是了不起呀！我看到了你的心，空空虚虚，什么也没有，差不多快要成为圣人了。圣人之心，七孔畅通，现在你已是六孔畅通了，只有一孔还没有打开。圣人之心与常人不同，不能以常人之心来衡量。常人以是为是，以非为非，是非分明，所以不能脱离时事；圣人不分彼此和是非，所以可以超于世外而无所挂牵。一般人想修还修不成呢，可你还以为是病，真是不知好歹！"从此龙叔再也不求医看病了，每日懵懵懂懂，不分东西南北，不知利害荣辱，从来不知快乐，也从来没有忧愁，人们称之为"真人"，不知道他活了多大年纪，也不知道他最后去了哪里。

我：夫子，您这个故事是不是告诉我们一个人只有放下了荣辱利害，不去想那么多，内心才能没有牵挂，才不会受到外界的影响。

列子：你说得不错，通过这个故事，说明一个人要想让自己达到虚静的状态，保持宁静，并且超然物外，内心就要空无一物。

【保持虚静解读】 ## 虚无境界，内心宁静

故事中的龙叔认为自己得了痴呆病，因为他不以己乡之荣为荣，不以己国之耻为耻，把人当成猪，把己当成彼。说到底，就是不分是非贵贱，不辨东西高低，抹杀了事物之间的界限，把不同的事物混同为一。正因为这样，世上的一切事物在他的心里都化为乌有，他的胸腔空空荡荡，这正是列子追求的虚无境界，所以医病的文挚说他快要成为圣人了。

列子认为，现存世界是虚幻的，宇宙原本是单一的，认识了现存世界的虚幻也就体悟到了宇宙原本的单一，体悟到宇宙原本的单一也就认识到了现存世界的虚幻。不过一般的人很难透过事物的表象而审视到它们虚假的本相，所以在他们的胸中充满了事物的实像。实像充塞于胸，以是为实是，以非为实非，以荣为实荣，以辱为实辱，如此这般，自己的心境就永远被束缚在狭小的天地之中，不能自拔，这样的人也就只好随着人事的变迁而忍受苦乐悲欢的煎熬了。

当然，实际上现存的世界是有形的。因为有形，所以能看得见、摸得着。因为能看得见、摸得着，所以它有边际，有界限。因为有边际，有界限，所以才会有不同的事物，才会呈现出多种多样、千姿百态来。生活在现存世界，看到的、

听到的自然是千姿百态、相互区别的诸多事物，感到的自然也是由这诸多事物引起的不同刺激。与火接触会感到热，溺于水中会感到憋，受刀所伤会感到痛，受饥所迫会感到饿。因而有生死存亡、悲欢祸福的差别。如果看透了现存世界，认识到了现存世界的一切都是暂时的、虚幻的，都是过眼云烟、稍纵即逝的，也就不会追究事物之间的不同和区别了，展现在心际的将是什么形象也没有、什么是非也不辨的浑然一体的境界，这就是"一"。既然宇宙之内一切都是一样的，没有什么区别，也就无所谓水，无所谓火，无所谓人，因而也就无所谓热，无所谓憋，无所谓伤，无所谓痛了。进一步则可以说，生也非生，死也非死，乐亦非乐，忧亦非忧。进入这种空虚的境界，也就抛开了现存世界的生死恩怨、悲欢离合、病痛荣辱、功名利禄。

故事中的龙叔把世间的事物看成虚假的，荣而不以为真荣，辱而不以为真辱，是而不以为真是，非而不以为真非。这样的人胸中无有荣辱、是非，而只有事物的假象、虚像，所以胸中空虚。正是因为龙叔胸中空虚，不以事物为实在，才能超然于变化之外，不随事物的兴衰而喜乐悲哀，永远保持自己内心的平静和安宁。在列子看来，这样的人非仙则圣。

修身智慧

◇乡誉不以为荣，国毁不以为辱；得而不喜，失而弗忧；视生如死，视富如贫；视人如豕，视吾如人。

◇荣而不以为真荣，辱而不以为真辱，是而不以为真是，非而不以为真非。

◇不以事物为实在，才能超然于变化之外，不随事物的兴衰而喜乐悲哀，永远保持自己内心的平静和安宁。

襄子遇怪，宠辱不惊

我：夫子，在《黄帝》篇中，记载了这样一个故事，赵襄子率徒十万狩于中山，藉芿燔林，扇赫百里。有一人从石壁中出，随烟烬上下，众谓鬼物。火过，徐行而出，若无所经涉者。襄子怪而留之，徐而察之：形色七窍，人也；气息音声，人也。问："奚道而处石？奚道而入火？"其人曰："奚物而谓石？奚物而谓火？"襄子曰："而向之所出者，石也；而向之所涉者，火也。"其人曰："不知也。"魏文侯闻之，问子夏曰："彼何人哉？"子夏曰："以商所闻夫子之言，和者大同于物，物无得伤阅者，游金石，蹈水火，皆可也。"文侯曰："吾子奚不为之？"子夏曰："刳心去智，商未之能。虽然，试语之有暇矣。"文侯曰："夫子奚不为之？"子夏曰："夫子能之而能不为者也。"文侯大说。您能用现在的话来给我们讲讲吗？

列子：好的，按照现在的理解，这个故事的情节是这样的，春秋时期，晋国的正卿赵襄子率领徒众十余万人在中山地区围猎，点着了杂草和树木，火势蔓延开来，远及一百里。正在这时，只见一个人从石壁中走了出来，可并不见石壁有缝隙。只见他随着烟的上下而上下，飘荡恍惚，好像是个鬼怪。后来火势减弱，这个人从火中走了出来，好像从未经过火一样，若无其事。

赵襄子非常奇怪，走上前去留住他，左看右看，见这个人有形有色，眼耳口鼻无一有缺，有气有息，声音动止无一有异，的确是一个人，于是开口问道："先生有什么道术？怎么能够住在无缝的石头之中？又怎么能够飘于熊熊烈火之上？"

那人听后莫名其妙，不知道赵襄子问的是什么问题，便反问："什么是石头？什么是火？我从来就没有见过什么石头，也从来没有见过什么火，既没有在石头里面住过，也没有在火上飘过。"赵襄子告诉他："你刚才走出来的地方就是石头，你刚才经过的东西就是火。"那人摇头说："我不知道你说的是什么东西，也没有见过你说的那些东西。"

魏国的文侯听说此事，觉得很奇怪。恰好孔子的弟子子夏在他那里，于是请教子夏："这是什么人？明明从石壁中出来却不知什么是石头，明明从火中走过却不知什么是火。告诉他，他还说不知道，这到底是什么人！"子夏说："我听孔老夫子说，有那么一种人，不区别天下的事物，把什么东西都看成一个样子。在他们眼里，石头也不是石头，火也不是火，物也不是物，人也不是人。所以，他们既不知道什么是石头，什么是火，什么是物，什么是人，也不受石的阻碍、火的燃烧、物的制约、人的伤害，可以游于金石，赴汤蹈火，自由往来而无所妨碍。"

魏文侯说："既然如此自由、自在，先生您为什么不这样做呢？"子夏说："这不是谁想做就做得到的，必须经过长久修炼，达到枯心泯志、无知无欲的境界，我还达不到此种地步。不过虽然我做不到，但说说这是一种什么境界还是能说得来的。"魏文侯又问："你做不到，那么你的老师孔老夫子为什么不做呢？"子夏回答："孔老夫子能够做到，但他老人家却不去做。因为他既然已经把一切都视为等同不二的东西了，那么不做与做也就没有什么两样，没有任何必要刻意去做。只有那些将做与不做视为不同行为的人才会刻意去做，然而，正因为他们将做与不做区别开来，不能视一切为同一，所以对他们来说，石头、火、物、人也不会是一样的，也就不可能入石无碍、蹈火不热了。"魏文侯听后，说："真是妙极了！"

我：夫子，这个故事告诉我们人生在世不要把宠辱得失放在心上，才能不受外界干扰而获得内心的宁静，这样理解对吗？

> 列子：你说得很对，一个人只有心中无是非，才能不受是非干扰；
> 心中无利害，才能不受利害干扰。做到这些，心中自然虚静。

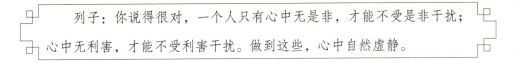

【保持虚静解读】　　　　　宠辱不惊，心寂神静

在这个故事中，鬼怪并非鬼怪，而是一个不知石头、大火是何物的人，因为他不知石头、大火是何物，才可以自由出入于石头与大火内外，逍遥自在。

列子在这里想告诉人们的是心中无是非，才能不受是非的干扰；心中无利害，才能不受利害的煎熬。无是非，无利害，才能使心境平静，生活安宁。

老子在《道德经》中曾说过这样的话："宠辱不惊，贵大患若身。何谓宠辱不惊？宠为下，得之若惊，失之若惊，是谓宠辱若惊。何谓贵大患若身？吾所以有大患者，为吾有身，及吾无身，吾有何患？故贵以身为天下，若可寄天下；爱以身为天下，若可托天下。"其意是说，有些人把得宠和受辱看得很重要，老是挂在心头，所以总也不能过平静的生活，因为他得宠会惊恐，受辱也会惊恐。

"宠辱不惊，去留无意"是人生的至高境界。达到这种境界，便会宽广豁达，心旷超然，达到这种境界，即使在失意或困境中，也不会被凄凉与悲哀的心境所久久笼罩，从而依然洒脱乐观。看见庭前的花开花谢，和人间的荣辱是同样的光景，所以应当绝不对得失荣辱动心。一旦致仕或除拜，对于去留升降应当毫不介意，把它看作像天外的云彩一般，任它随风去留，没有一丝一毫的固执与挂碍，这样的人生，才算是完满。

人生在世，得失常有。就人生来说，喜与忧、乐与愁，名与辱、成与败，都是自然的事，正是这些不同情景的呈现和不同情绪的感受构成了阅历丰满的人生。为此，无论是在顺境还是失意时，都应保持一颗平常心，做到"不以物喜，不以己悲"。句中的"宠辱不惊"指对于荣耀与屈辱无动于衷。"去留"，去指退隐，留是居官之意。聪明人待功名如粪土，视富贵如浮云，把"宠辱不惊，去留无意"

视作一种自然的境界。只有做到了宠辱不惊、去留无意，方能心态平和、恬然自得，方能达观进取、笑看人生。著名的社会活动家、杰出的爱国宗教领袖赵朴初在遗作中写道："生亦欣然，死亦无憾。花落还开，水流不断。我兮何有，谁欤安息。明月清风，不劳牵挂。"这充分体现了一种宠辱不惊、去留无意的达观、崇高的精神境界。只有消除宠辱的界线，把人世中的一切事物都视之为虚，视之为一，才能遇宠辱而不知宠辱，才能心寂神静，和气融融，这正是"襄子遇怪"所要说明的基本道理。

修身智慧

◇心中无是非，才能不受是非的干扰；心中无利害，才能不受利害的煎熬。

◇无是非，无利害，才能使心境平静，生活安宁。

◇生亦欣然，死亦无憾。花落还开，水流不断。我兮何有，谁欤安息。明月清风，不劳牵挂。

津人操舟，无所顾惜

【聊天实录】

我：夫子，在《黄帝》篇中，您曾记载着这样的一个故事，颜回问乎仲尼曰："吾尝济乎觞深之渊矣，津人操舟若神。吾问焉，曰：'操舟可学邪？'曰：'可。能游者可教也，善游者数能。乃若夫没人，则未尝见舟而谡操之者也。'吾问焉，而不告，敢问何谓也？"仲尼曰："吾与若玩其文也久矣，而未达其实，而固且道与？能游者可教也，轻水也；善游者之数能也，忘水也。乃若夫没人之未尝见舟也而谡操之也，彼视渊若陵，视舟之覆犹其车却也。覆却万物方陈乎前而不得入其舍，恶往而不暇？以瓦抠者巧，以钩枢者惮，以黄金抠者惛。巧一也，而有所矜，则重外也，凡重外者拙内。"现在，您能亲自讲讲这个故事吗？

列子：孔子的大弟子颜回问孔子："先生！有一件事情我想请教您。有一次我来到一个渡口，只见河里浪涛滚滚，气势汹汹，真有吞人入腹的样子，可是划船摆渡的人一点也不慌张，稳稳当当，不紧不慢地划着，好像无事的样子，顺顺利利地把过河的人们一批一批地渡了过去。我问他摆渡的本事可以学到吗，他说会游泳的人可以学到，善游泳的人不学就会，能潜泳的人从没见过船的话，只要一见到船马上就会。我问其中的道理，他不回答，只好来请教您。"孔子说："我们这些做学问的人，每天和书本打交道，做文字游戏，对其中的道理真正理解的很少，一旦遇到实际问题，即便本来在书中已经含有的道理，也很难运用起来。好了，我来告诉你。会游泳的人不怕水，所以能大胆地学，大胆地学，所以能学会。善游泳的人忘掉了是在水中，所以拿起桨来只要照着样子划就可以了，因此说不学就会。能潜泳的人，身处水中犹在陆地，人在船上犹处车中，视船翻如车倒，视入水如歇息，所以他可坦然自若，随意摸索，因此说虽未见过船而见后便会划。这就和投器打鼠一样，一个投掷很准的人，用瓦片投鼠，百发百中；用银器投鼠，或中或不中；用金器投鼠，不中者百有九十。为什么呢？因为瓦片无用而金银贵重啊！用无用的瓦片投鼠，心无顾忌，坦然自在，技艺可以充分发挥；用贵重的金银投鼠，唯恐损器，心有顾忌，技艺受到了心理干扰，就难以发挥了。要想学会摆渡技艺，首先得不怕落水，不怕淹死，消除心理上的负担，使心境坦然自在。"

我：夫子，您讲这个故事，是不是想说一个人在做事情的时候，只有忘记周围影响自己的环境因素，才能做得更好，这样理解对吗？

列子：对，一个人在做事情的时候，不要瞻前顾后，患得患失，保持一颗平常心，这样才不会有所失。

【保持虚静解读】 ～ **心无旁骛，无所不能** ～

忘记自己处在水中才能学会摆渡，这是为什么？因为在这种心境中，人就会忘记自己的生命危险。只有忘记自己的生命危险，才能无后顾之忧，坦然、专心致志地学习技艺。后人用"操舟若神"来形容通过长期艰苦的实践掌握了事物的规律从而得心应手出神入化获得绝技。忘掉一切会威胁到自己的，将其当成平常小事来看，那就什么事也难不倒了。学习技艺的人遇到瓶颈时，就要一点也不担心地去应付。

其实，不仅是学摆渡，做什么都是一样，实施一项技术之前，一定要使自己心无旁骛。当心有待时，便不能专心于所施技的对象，其结果就如没有技巧一般。就像考试时每次都有人会失常，就是因为担心会考不好，所以考试时紧张得要死，结果就考不好了。只有忘掉周围的环境，忘掉自身的危险，把自己融于大自然之中，将世上的一切事物都视为浑然的整体，才能做好，才能无所不能。

修身智慧

◇能游者可教也，轻水也；善游者之数能也，忘水也。

◇只有忘记自己的生命危险，才能无后顾之忧，坦然、专心致志地学习技艺。

◇只有忘掉周围的环境，忘掉自身的危险，把自己融于大自然之中，将世上的一切事物都视为浑然的整体，才能做好，才能无所不能。

第四章
列子与我聊顺命安时

生活是一本难念的经，面对命运，那些敢于抗争的人，总是很令人钦佩，并使人从中受到鼓舞，然而，列子并不这样看。列子认为，人应该学会顺命安时，不做无谓的抗争。同时，他还认为应该重命轻力、顺随天命、因势而定等，这所有的看法，最终其实还是归于顺其自然之道。我们在看待这种思想的时候，要有自己的判断，全面考虑，这样才能得其精髓。

融于万物，知命安时

我：夫子，在您的著作《力命》篇中，您讲了这样一个观点，原文是佁佁成者，俏成也，初非成也。佁佁败者，俏败者也，初非败也。故迷生于俏，俏之际昧然。于俏而不昧然，则不骇外祸，不喜内福；随时动，随时止，智不能知也。信命者于彼我无二心。于彼我而有二心者，不若揿目塞耳、背权面隍亦不坠仆也。故曰：死生自命也，贫穷自时也，怨夭折者，不知命者也，怨贫穷者，不知时者也。当死不惧，在穷不戚，知命安时也。其使多智之人量利害，料虚实，度人情，得亦中，亡亦中。其少智之人不量利害，不料虚实，不度人情，得亦中，亡亦中。量与不量，料与不料，度与不度，奚以异？唯亡所量，亡所不量，则全而亡丧。亦非知全，亦非知丧。自全也，自亡也，自丧也。这个故事虽然不长，但理解起来还是有些难度，现在，您能用通俗的语言再讲讲这个故事吗？

列子：好的，这其实很好理解，用你们的话来说，这样的因偶然而成功的，好像是成功了，实际上并没有成功。因偶然而失败的，好像是失败了，实际上并没有失败。所以迷惑发生在相似上，近似的时候最容易糊涂。在近似的时候若不糊涂，就不惧怕外来的灾祸，不庆幸内在的幸福；顺应时势而行动，顺应时势而停止，靠聪明才智是无法明白的。相信命运的人对于成功与失败没有不同的心情。对于成功与失败有不同心情的人，比不上捂住眼睛、塞住耳朵、背对着城墙、面朝城壕也不会坠落下来的人。所以说，死亡与生存来自命运，贫苦与穷困来自时势。埋怨短命的，是不懂得命运的人；埋怨贫穷的，是不懂得时势的人，碰上死亡不惧怕，身居贫穷不悲伤，这是懂得命运、安于时势的人。如果叫足智多谋的人计算利害，估量虚实，揣度人情，他所得到的有一半，失去的也有一半。

那些缺智少谋的人不计算利害，不估量虚实，不揣度人情，他所得到的有一半，所失去的也有一半。这样看来，计算与不计算，估量与不估量，揣度与不揣度，又有什么不同呢？只有无所计算，才是无所不计算，才能完全成功而没有丧失，并不是心中知道要完全成功，也不是心中知道要丧失。一切都是自己完成，自己消亡，自己丧失。

我：夫子，您这段论述主要是对认命观点的理论阐述，您能概括性地说说吗？

列子：好的，这段话主要说了两点，概括起来就是：第一，事物都是一样的，用不着追求；第二，事情总是那样的，追求也无用。总起来说，对待命运要顺其自然，舍弃人为的抗争。

【顺命安时解读】　　　列子对知命安时的认识

从列子对命运的一系列论述中，我们发现，列子认为人们对事物的判断都是不真实的。看见一件事情成功了，仅仅是好像成功了，而实际上并没有成功；看见一件事情失败了，仅仅是好像失败了，而实际上并没有失败。之所以说它是好像，是因为事物的发展变化都是事物自身自然而然的变现形式，无所谓成功，也无所谓失败。从事物自然而然发展变化的观点看问题，变成这样或变成那样，都是一样的，没有什么差别，都是它自身而已。不仅如此，列子还认为，表面上事情好像有成有败，而是成是败，其结果是人所难以预测的。不管是智能高的人还是智能低的人，不管是测还是不测，事情的结果不外乎两种可能，或许成，或许败，人对事情的认识也不外乎两种，或许对，或许错。成败、对错都是自然而然、各占一半，不是人智所能得知、所能改变的。

既然事物都是一样的，那么唯一的出路就是承认"一样"，跳出好像成功、好像失败的迷宫，舍弃人为的努力，将自己融于天地万物之中，顺其自然，这就是知命，这就是安时。

在这段论述中涉及两个需要指出的问题：一个是"时"的问题，一个是对错各占一半的问题。列子提出：是死是生，都是自己命运的展现；是富是穷，都是自己时机的展现。埋怨夭折的人，是不懂得命运；埋怨贫穷的人，是不懂得时机，这里谈到的"时机"就是所谓的"时"。在列子的学说里，"时"与"势"是对应的两个概念。"势"展现的是事物在一段时间内将是这样而不是那样的必然趋向，"时"展现的是事物在一瞬之间可能是这样也可能是那样的偶然遭遇。所以，"时"和"命"是同义词，都是指人们难以预测的、事物自身偶然出现的情况。正因为如此，所以列子将"命运"和"时机"前后并举。

列子说，多智多能的人合计、推断、揣度，少智少能的人不合计、不推断、不揣度，行为的结果都是正确的和错误的各占一半。这里有两层意思：一层是说，不是正确就是错误，这是从质上说的，不存在量的关系。一层是说，正确的比例占一半，错误的比例占一半，这是从量上说的。从质上说易于理解，从量上说不易理解。实际上，从量上说各占一半是有根据的，在一种事情只有对错两种可能的情况下，如果这种事情重复出现千万次，那么它的结果，对的与错的相比，大体上会是一半比一半。比如将一个硬币向上抛，让它自由落地，抛上千万次，落地的结果，正面向上与反面向上的次数大体是各占一半，这就是概率。列子在两千多年前提出这样的论点，可以说是相当惊人的。

修身智慧

◇于俏而不昧然，则不骇外祸，不喜内福；随时动，随时止，智不能知也。

◇死生自命也，贫穷自时也，怨夭折者，不知命者也，怨贫穷者，不知时者也。当死不惧，在穷不戚，知命安时也。

◇用不着追求，追求也无用，将自己融于天地万物之中，顺其自然，这就是知命，这就是安时。

力命之辩，重命轻力

我：夫子，在《力命》中，您曾经记载着一段对话，是对力和命的辩论。力谓命曰："若之功奚若我哉？"命曰："汝奚功于物而欲比朕？"力曰："寿夭、穷达，贵贱、贫富，我力之所能也。"命曰："彭祖之智不出尧舜之上，而寿八百；颜渊之才不出众人之下，而寿十八。仲尼之德不出诸侯之下，而困于陈蔡；殷纣之行不出三仁之上，而居君位。季札无爵于吴，田恒专有齐国。夷齐饿于首阳，季氏富于展禽。若是汝力之所能，奈何寿彼而夭此，穷圣而达逆，贱贤而贵愚，贫善而富恶邪？"力曰："若如若言，我固无功于物，而物若此邪，此则若之所制邪？"命曰："既谓之命，奈何有制之者邪？朕直而推之，曲而任之。自寿自夭，自穷自达，自贵自贱，自富自贫，朕岂能识之哉？朕岂能识之哉？"这段理论要理解还是有一定难度的，您能用通俗的话来解释一下这段对话所要说的意思吗？

列子：好的。正像你所说的，这段话是对力和命的辩论。力量对命运说："你的功劳怎么能和我相比呢？"命运说："你对事物有什么功劳而要和我相比？"力量说："长寿与早夭，穷困与显达，尊重与下贱，贫苦与富裕，都是我的力量所能做到的。"命运说："彭祖的智慧不在尧之上，而活到了八百岁；颜渊的才能不在一般人之下，才活了四十八岁。仲尼的仁德不在各国诸侯之下，反而被围困在陈国与蔡国之间；殷纣王的行为不在微子、箕子、比干之上，却位居天子。季札在吴国没有官爵，田恒却在齐国专权。伯夷和叔齐在首阳山挨饿，季氏却比柳下惠富有得多。如果是你的力量所能做到的，为什么要使坏人长寿而使好人早夭，使圣人穷困而使贼人显达，使贤人低贱而使愚人尊贵，使善人贫苦而使恶人富有呢？"力量说："如果像你所说的那样，我原来对事物没有功劳，而事物的实际状况如此，这难道是你控制的结果吗？"命运说："既然叫作命运，为什么要有控制的人呢？我只不过是对顺利的事情推动一下，对曲折的事情听之任之罢了。一切人和事物都是自己长寿自己早夭，自己穷困自己显达，自己尊贵自己低贱，自己富有自己贫苦，我怎么能知道呢？"

我：夫子，通过您的讲述这个理论的大概内容，我们已经知道了，您能用一两句话总结一下吗？

列子：好的，对于力命之说，我的基本思想是顺应万物之自然，以无为而达到无不为，这就是我对力和命的看法。如果想了解得更深刻，可以多看看我的著作，相信会对了解我的思想主要有帮助。

【顺命安时解读】 　　　　 列子的力命观

在大自然中，事物的发展变化具有偶然性，人的行为难以逃脱偶然事件的左右。也许很多人自己并没有用力气，由于偶然的机遇，事情成功了，也许一些人尽了自己最大的努力，由于偶然的因素，事情失败了。往往在遇到这种情况时，人们无可奈何，只好认命。于是一些人会想，在人的生活和事业上，成功与失败是经常发生的，主要是取决于"力"还是取决于"命"呢？

在这个故事中，列子采用拟人化的方式，让力量和命运进行了一场辩论，力量说：人们是长寿还是短命，是穷困还是通达，是高贵还是低贱，是富有还是贫苦，这些都是通过我来完成的，这些功劳是命运不能比的。命运则说："你既然这么说，那么请回答我的问题。尧、舜是古代两个贤明的帝王，他们要比彭祖智慧得多，可是彭祖活了八百岁，比尧舜的寿命长得多。颜渊是个有名的才子，他的道德要比常人高得多，可是仅活了十八岁。孔子是个大圣人，他的德行比各路诸侯不知道高出多少倍，却困于陈蔡，屡屡遭到磨难；殷纣王残暴无道，根本无法与徽子等相提并论，可是高居于三公之上，身为君主。季札是吴国的贤士，却没有爵位；齐桓公有狡诈之心，却掌管了国政；伯夷和叔齐是多么仁义的人呀，竟然饿死在首阳山上，而和坐怀不乱的柳下惠相比，一位在地下而一位在天上，可是季氏为什么要让有智慧的短命而让无智慧的长寿？为什么要让仁义的人贫穷而让无耻的人富有？为什么要让高尚的人失意而让残暴的人位尊？为什么要让善良的人遭难而让凶恶的人享受？"其实，是贵是贱，都是事物自己的命运而已。故事结尾并没有什么有关这场辩论是以力的认输和命的胜利而告终，而是表明了一个基本观点：在人类社会中，无论是事业的成功与失败，还是寿命的长短、遭遇的否泰，究其原因，人为的努力是次要的，自然的命运是主要的，这种观点与列子的思想一脉相承。

在这个故事中，揭示出了认命思想的社会根源和认识根源。社会根源在于，人们在社会的丑恶现象面前是无能为力的，它既不是人们努力造成的，也不是人们的努力所能矫正的，既然如此，对于人来说也就只有一个办法，那就是顺其自然，认命而已。

我们知道，认识的根源在于世界上的事物是繁杂多样、无穷无尽的，人们很难认识它们和把握它们，既然如此，造就它们、控制它们就更是难上加难了。有鉴于此，对待客观事物最为省力、最为简便的方法就是无为，而从如上的角度看问题，列子重命轻力，有其可以理解的一个方面，但他却忽视了另一方面，这就是人是智能动物，不但能认识事物，而且能改造事物。尽管这种能力是有限的，但却能在一定的范围内决定事物的前途和命运，比如现代科学就在相当大的范围内改变着人的生活状况和人的寿命。由此看来，列子认命的观点存在着很大的局限性和片面性。

这也给了我们一个启示，在了解古人思想主张的时候，眼界要开阔一些，目光要长远周全一些，这样才不至于偏于一隅而最终无所获。

修身智慧

◇顺应万物之自然，以无为而达到无不为。

◇社会根源在于，人们在社会的丑恶现象面前是无能为力的，它既不是人们努力造成的，也不是人们的努力所能矫正的。

◇认识的根源在于世界上的事物是繁杂多样、无穷无尽的，人们很难认识它们和把握它们。

至人若死，顺随天命

【聊天实录】

我：夫子，我曾经在您的著作《力命》篇中，看到一篇有关杨朱和杨布讨论人与人之间异同的文章，现在，您能亲自给我们说说吗？

列子：杨布问曰："有人于此，年兄弟也，言兄弟也，才兄弟也，貌兄弟也，而寿夭父子也，贵贱父子也，名誉父子也，爱憎父子也，吾惑之。"杨子曰："古之人有言，吾尝识之，将以告若：不知所以然而然，命也。令昏昏昧昧，纷纷若若，随所为，随所不为，日去日来，孰能知其故？皆命也夫。信命者，亡寿夭；信理者，亡是非；信心者，亡逆顺；信性者，亡安危。则谓之都亡所信，都亡所不信。真矣悫矣，奚去奚就？奚哀奚乐？奚为奚不为？《黄帝》之书云："至人居若死，动若械。亦不知所以居，亦不知所以不居；亦不知所以动，亦不知所以不动。亦不以众人之观易其情貌，亦不谓众人之不观不易其情貌。独住独来，独出独入，孰能碍之？"

我：夫子，为了方便我们更好地了解您的思想主张，请您用通俗的语言再给我们讲讲好吗？

列子：用你们现在的语言来说，这篇文章的大致内容就是杨布与他的哥哥杨朱讨论人与人之间的同异问题，杨布问："有这样的两个人，从年龄、言语、才能、相貌上看，都像兄弟一样接近，可是一个寿命很长而一个寿命很短，一个地位很高而一个地位很低，一个名誉很好而一个名誉很坏，一个喜欢接近善人而一个喜欢接近恶人，像父子两代人一样相距很远。这究竟是什么原因呢？我一直很迷惑。"杨朱说："古人曾经谈到这个问题，我听说过，现在转告你——不知所以然而然，这就叫作'命'。现在我们昏昏昧昧，只见世界上的事物纷繁杂乱，一会儿是这个样子，一会儿是那个样子，今天这个东西出现了，明天那个东西消失了，谁能知道它们来来去去的原因呢？这些都是命啊！你说的这种现象就是这样：年龄、言语、才能、相貌一样，而寿夭、贵贱、地位、好恶却不一样。你不知道其中的原因，我也不知道其中的原因，谁都不知道其中的原因，这就是命。人们弄不清其中的原因，也不用追究其中的原因，命就是如此！"

我：夫子，听过您的讲解，我们对这篇文章的主旨了解的更深刻了一些，您能说得更简洁一些吗？

列子：好的，这篇文章的主要思想就是客观世界中的偶然事件是难以预见的，而站在宇宙总体的角度考虑问题，也用不着去预见，因为说到根本上，万物都是一样的。懂得万物一样的道理，就用不着管它结果如何了，只要自己像枯木死灰一样，对周围一切无知无觉，顺水而流，也就可以了。说白了就是人的命和运要顺应自然。

【顺命安时解读】　　　　　　神意说和自然说

道家认为人的寿夭、贫富、贵贱、祸福是命中注定的，人智很难预知也无法改变，这种观点学术界称之为命定论。命定论在中国古代很流行，但对命的解释却不一致，有时还截然相反。从大的方面分，可以分为两类：一类是神意说，一类是自然说。神意说认为，人的命运是神意的体现，或者说是一种神秘意志的体现。自然说认为，人的命运是自然界某种因素的体现，或者说是自然界某种力量的体现。

在这个故事中，列子的主张可以看作是自然说，他把命运归于事物自身的自然而然，但是并不认为凡是事物自身的自然而然都叫作命运。在他看来，所谓"命运"只是事物自身自然而然运动的一种状况。他把事物自身的自然而然分成两个部分：一部分带有必然性，显示出来的是事物运动的轨道和法则，这个部分，相对来说被人认识和掌握的可能性较大，因为它表现为一种只能这样而不能那样的必然趋势，所以列子称之为"势"。另一部分带有偶然性，显示出来的是事物的偶遇和随机变化，这个部分，相对来说被人认识和掌握的可能性较小，因为它出现于人们的预料之外，人们很难控制它，所以给了它一个无可奈何的名字，这就是"命"。也就是说，列子所说的"命"，指的是事物自然变化中那部分偶然出现的、人们不知所以然的状况。

故事中，杨朱给"命"下了一个定义，这就是"不知所以然而然"。也就是说，凡是人们不知道原因是什么而事物自然成了这个样子，那就是命。

"命"与"势"既有联系，也有区别。它们的联系是，都属于客观事物自身的变化状况，都属于事物的自然而然。它们的区别是，"势"体现出的是事物的必然性，人们可能认识，可以遵行；"命"体现出的是偶然性，人们难以认识，难以遵行，也就是上面所说的"不知所以然"。两者的区别也反映出了各自的特点："势"虽然是客观事物的自然而然，但由于它具有必然性及可知性，所以可以转化为人的主动性，也就是说，人在认识了它之后，可以主动地顺应它。而"命"则不可，它是客观事物的自然而然，由于它是偶然的，难以认识的，所以人们难以主动地顺应它，只能处在被动的、无可奈何的地位，听任它的变化。

这个故事说明了一个问题，就是什么叫"命运"。故事告诉我们，命运就是天给予的奖赏或惩罚。而所谓"天"，不是指的天神，也不是指的某种有意识的力量，而是指的自然而然。自然而然就是不受任何外力干扰、事物自身的存在和运动。所以，所谓天的奖赏和惩罚，也就是事物自身自然存在、自然运动所呈现出来的两种结果，即和谐的结果和险恶的结果。由此可见，所谓命定，也就是事物自己决定自己。

为了更清楚地说明这点，列子还举了一些例子，比如说农民要赶着季节下种，商人要有利可得才行，工匠追求技艺的高超，官员追求职位升高，这些都是因事物的趋势所迫造成的，都是势的体现。然而，趋势是否能够畅行无阻，则会受到种种偶然因素的制约。比如，农民有时会遇到旱，有时会遇到涝；商人有时会遇到得，有时会遇到失；工匠有时会遇到成，有时会遇到败；官员有时会遇到升，有时会遇到降。这些都是偶然的机遇造成的，都是命的体现。将上述内容概括一下可知"势"与"命"的主要区别有两点：前者是必然的，后者是偶然的；前者是可知的，后者是不可知的。而这所有的观点，最后的落脚点都是顺其自然，这正是列子的基本思想。

修身智慧

◇信命者，亡寿夭；信理者，亡是非；信心者，亡逆顺；信性者，亡安危。则谓之都亡所信，都亡所不信。

◇至人居若死，动若械。亦不知所以居，亦不知所以不居；亦不知所以动，亦不知所以不动。

◇命运就是天给予的奖赏或惩罚，所谓命定，也就是事物自己决定自己。

管鲍之交，因势而定

我：夫子，在《力命》篇中，您记载了"管鲍相交"的一段故事，您对此还有印象吗？能不能给我们讲讲呢？

列子：管夷吾、鲍叔牙二人相友甚戚，同处于齐，管夷吾事公子纠，鲍叔牙事公子小白。齐公族多宠，嫡庶并行。国人惧乱，管仲与召忽奉公子纠奔鲁，鲍叔奉公子小白奔莒。既而公孙无知作乱，齐无君，二公子争入。管夷吾与小白战于莒，道射中小白带钩。小白既立，胁鲁杀子纠，召忽死之，管夷吾被囚。鲍叔牙谓桓公曰："管夷吾能，可以治国。"桓公曰："我仇也，愿杀之。"鲍叔牙曰："吾闻贤君无私怨，且人能为其主，亦必能为人君。如欲

管鲍之交图

霸王，非夷吾其弗可，君必舍之！"遂召管仲。鲁归之，齐鲍叔牙郊迎，释其囚。桓公礼之，而位于高、国之上，鲍叔牙以身下之。任以国政，号曰仲父。桓公遂霸。管仲尝叹曰："吾少穷困时，尝与鲍公贾，分财多自与，鲍叔不以我为贪，知我贫也。吾尝为鲍叔谋事而大穷困，鲍叔不以我为愚，知时有利不利也。吾尝三仕，三见逐于君，鲍叔不以我为不肖，知我不遭时也。吾尝三战三北，鲍叔不以我为怯，知我有老母也。公子纠败，召忽死之，吾幽囚受辱，鲍叔不以我为无，知我不羞小节而名不显于天下也。生我者父母，知我者鲍叔也！"此世

称管鲍善交者，小白善用能者。然实无善交，实无用能也。实无善交、实无用能者，非更有善交，更有善用能也。召忽非能死，不得不死；鲍叔非能举贤，不得不举；小白非能用仇，不得不用。及管夷吾有病，小白问之，曰："仲父之病病矣，可不讳，云至于大病，则寡人恶乎属国而可？"夷吾曰："公谁欲欤？"小白曰："鲍叔牙可。"曰："不可。其为人也，洁廉善士也，其于不己若者不比之人，一闻人之过，终身不忘。使之理国，上且乎君，下且逆乎民。其得罪于君也，将弗久矣。"小白曰："然则孰可？"对曰："勿已，则隰朋可。其为人也，上忘而下不叛，愧其不若黄帝而哀不己若者。以德分人谓之圣人，以财分人谓之贤人。以贤临人，未有得人者也；以贤下人者，未有不得人者也。其于国有不闻也，其于家有不见也。勿已，则隰朋可。"然则管夷吾非薄鲍叔也，不得不薄；非厚隰朋也，不得不厚。厚之于始，或薄之于终；薄之于终，或厚之于始。厚薄之去来，弗由我也。

我：夫子，通过您的讲述我们对这个故事有一些了解，您能用现在的话为我们讲解一下吗？

列子：当然可以。这个故事用你们的话来说，就是管夷吾、鲍叔牙两人交朋友十分亲近，都在齐国做事，管夷吾帮助公子纠，鲍叔牙帮助公子小白。当时齐国公族的公子被宠幸的很多，嫡子和庶子没有区别。大家害怕发生动乱，管仲与召忽帮助公子纠逃到了鲁国，鲍叔牙帮助公子小白逃到了莒国。后来公孙无知发动兵乱，齐国没有君主，两位公子抢着回国。管夷吾与公子小白在莒国境内作战，路上射中了公子小白的衣带钩。公子小白立为齐君以后，威胁鲁国杀死公子纠，召忽也被迫自杀，管夷吾被囚禁，鲍叔牙对桓公说："管夷吾很能干，可以治理国家。"桓公说："他是我的仇人，希望能杀了他。"鲍叔牙说："我听说贤明的君主没有个人怨恨，而且一个人能尽力为主人做事，也一定能尽力为国君做事，您如果想称霸为王，非管夷吾不可，请您一定赦免他！"于是齐桓公召管仲回国。鲁国把他送了回来，齐国鲍叔牙到郊外迎接，释放了他的囚禁。桓公用厚礼对待他，地位在高氏与国氏之上，鲍叔牙也把自己置于管仲之下。不仅如此桓公还把国政交给管仲，称他为"仲父"，桓公终于称霸于诸侯。管仲曾感叹说："我年轻穷困的时候，曾经与鲍叔一道做买卖，分配钱财时他总是多给自己，鲍叔牙不认为是我贪婪，知道我贫穷。我曾替鲍叔出主意而非常失败，鲍叔牙不认为是我愚笨，知道时机有时顺利有时不顺利。我曾三次做官，三次被国君驱逐，鲍叔不认为是我不好，知道我没有碰到机会。我曾三次作战三次败逃，鲍叔不认为是我胆小，知道我有老母要人照顾。公子纠失败了，召忽自杀了，我也被囚禁而受耻辱，鲍叔不认为是我无耻，知道我不在乎小节而以不能扬名于天下为耻辱。生我的人是父母，了解我的人是鲍叔。"这就是人们称道的管、鲍善于结交朋友的事，小白善于任用能人的事。然而实际上无所谓善于结交朋友、实际上无所谓善用能人，说他们实际上无所谓善于结交朋友、实际上无所谓任用能人，并不是说世上有比他们更善于结交朋友、更善于任用能人的事，而是说召忽不是能够自杀，而是不得不自杀；鲍叔不是能够推举贤能，而是不能不推举贤能；小白不是能够任用仇人，而是不得不任用仇人。到管夷吾生了重病的时候，小白问他，说："仲父的病已经很重，不能再瞒着你了，如果你的病治不好，那我把国家政事交给谁呢？"管夷吾问："您想交给谁呢？"小白说："鲍叔牙可以。"管仲说："不行，他的为人，是一个廉洁的好人，但他不把比自己差的人当人看待，一听到别人的过错，终生也不会忘记。用他来治理国家，在上面会困扰国君，在下面会违背民意。他得罪了您，也就不会太久了。"小白问："那么谁行呢？"管仲回答说："不得已的话，隰朋可以。他的为人，在上面能忘掉自己，在下面能使下属不卑不亢，对于自己不如黄帝而感到惭愧，对于别人不如自己表示同情。而把仁德分给别人的叫作圣人，把钱财分给别人的叫作贤人。以为自己贤能而瞧不起别人的人，是没有能得到别人拥护的；自己虽贤能而能尊重别人的人，是不能得到别人拥护的。他对于国事有所不闻，对于家事也有所不见。不得已的话，隰朋还可以。"可见管夷吾并不是要轻视鲍叔，而是不得不轻视他；同样并不是要重视隰朋，而是不得不重视他。开始时重视，有可能后来要轻视；开始时轻视，有可能后来要重视，重视与轻视的变化，并不由我自己来决定。

我：夫子，您在故事的最后说道开始时重视，有可能后来要轻视；开始时轻视，有可能后来要重视，重视与轻视的变化，并不由我自己。您的意思是不是说，人的观点的转变并不是自己改变的，而是随着外界的变化而变化的，这样理解对吗？

列子：你说得很对，有的事情我们不能违背，这就是"命"，在我看来，命运的终结点都是顺其自然，人要认命，顺命。

【顺命安时解读】 　　🙟 **列子对命运的看法** 🙝

当今社会，很多人都会对自己的命运非常关注，而对于这种说法，列子早有自己的观点。我们看到，在这个故事中，列子借助于管鲍之交这个千古流传的佳话，来给我们讲了他对命运的看法。或许，这点和人们以往的理解是非常不一样的。在我们的意识里，对这个故事，普遍认为这是讲人的胸怀的，然而，在这里却并非如此。

在这个故事中，列子认为，人做什么与不做什么，不是个人的意愿所能决定的，而是客观事物自身内在的因素在起作用，在这种客观因素中有一种只能这样而不能那样的趋势。这种趋势不以个人的好恶而改变，认识了它，顺着它去行事，就能带来好的结果；不认识它，不顺着它行事，就要带来坏的结果，列子将这种人意不能违背的趋势称为"命"。鲍叔牙认识了称霸诸侯必用管子的势，推荐了管子，所以成功了；齐桓公认识了称霸诸侯必听鲍叔牙之言的势，重用了管子，所以成功了；管子认识了维护齐国霸主地位、保持鲍叔牙安稳生活必不能让鲍叔牙执政，所以推荐了隰朋，而不推荐鲍叔牙。

列子讲命运，归结点是"顺其自然"。而"顺其自然"在道家那里不是被动的行为，而是一种与天地万物和谐一体的精神境界，有在总体上体验到宇宙脉搏而随风起舞的意味。因此，他所说的任命、顺命，不具有一般意义上的被动性，却具有潜意识状态下的主动性。在《大道篇》中有在险水恶浪中自由游泳的故事，在《巧术篇》中有伸手捉蝉犹如拾物的故事，都讲的是这种境界和状态。而这种状态和境界又是经过持久的磨炼才能达到的，所以列子把达到这种境界和状态的人称为圣人。由此看来，列子讲命是与他的整个思想体系一的。

修身智慧

◇以德分人谓之圣人，以财分人谓之贤人。以贤临人，未有得人者也；以贤下人者，未有不得人者也。其于国有不闻也，其于家有不见也。

◇非薄鲍叔牙也，不得不薄；非厚隰朋也，不得不厚。厚之于始，或薄之于终；薄之于终，或厚之于始。厚薄之去来，弗由我也。

◇实无善交、实无用能者，非更有善交，更有善用能也。召忽非能死，不得不死；鲍叔牙非能举贤，不得不举；小白非能用仇，不得不用。

异人相交，所遵一道

【聊天实录】

我：夫子，在《力命》篇中，您曾经记载了一篇论断，原文是墨尿、单至、啴咺、憋懯四人相与游于世，胥如志也。穷年不相知情，自以智之深也。巧佞、愚直、婩斫、便辟四人相与游于世，胥如志也。穷年而不相语术，自以巧之微也。獝伢、情露、謇极、凌谇四人相与游于世，胥如志也。穷年不相晓悟，自以为才之得也。眠娗、謰謱、勇敢、怯疑四人相与游于世，胥如志也。穷年不相遣发，自以行无戾也。多偶、自专、乘权、只立四人相与游于世，胥如志也。穷年不相顾眄，自以时之适也。此众态也，其貌不一，而咸之于道，命所归也。在这篇论断里面，您一定想表达自己对命运的看法。现在，您能不能用现在的话将这个论断解释一下呢？

列子：当然可以，这个论断用你们现在的话说，大意就是木立、勤摇、迟缓、急躁是四位非常要好的朋友，大家在一起都感到心情特别舒畅，可是相处了许多许多年，相互之间谁都不知道其他人的智能，他们的共同点仅仅在于各自都以为自己的智慧很深奥。

逢迎、愚直、呆滞、恭顺是四位非常要好的朋友，大家在一起都感到心情特别舒畅，可是相处了许多许多年，相互之间谁都不知道其他人的技巧，他们的共同点仅仅在于各自都以为自己的技巧很高明。

冷漠、情露、木讷、诡辩是四位非常要好的朋友，大家在一起都感到心情特别舒畅，可是相处了许多许多年，相互之间谁都不知道其他人的情趣，他们的共同点仅仅在于各自都以为自己的才能很出众。

腼腆、推诿、勇敢、怯疑是四位非常要好的朋友，大家在一起都感到心情特别舒畅，可是相处了许多许多年，相互之间谁都不知道其他人的毛病，他们的共同点仅仅在于各自都以为自己的行为很得体。

随和、自专、乘势、独立是四位非常要好的朋友，大家在一起都感到心情特别舒畅，可是相处了许多许多年，相互之间谁都不知道其他人的性格，他们的共同点仅仅在于各自都以为自己的举止很适时。

这么多的人，各有各的形态，各有各的相貌，各有各的性格，各有各的才能，很不相同，却能聚在一起，成为朋友，那是因为他们都在顺应自己的命。

我：夫子，在这篇文章中，我们最应该关注的是不是最后一段，也就是说不同形态、相貌、性格、才能的人，之所以能够聚在一起，成为朋友，就是因为他们都在顺应自己的命，您强调的也是这点，对吗？

列子：你说得很对，事物发展变化的最后决定者是命，而命又是人的能力无法控制的，所以最好的办法是认命、顺命。

【顺命安时解读】　　　　认命顺命才能自由安心

这个故事谈到了五组朋友，每组四人，共二十个人。他们的名字分别代表了他们各自的特征：木立，呆立无知的样子；勤摇，摇动不停的样子；迟缓，行动不敏的样子；急躁，性情不稳的样子。

逢迎，阿谀献媚的样子；愚直，耿直不曲的样子；呆滞，反应不捷的样子；恭顺，恭敬顺从的样子。

冷漠，冷淡无情的样子；情露，热情洋溢的样子；木讷，言语不畅的样子；诡辩，口齿伶俐的样子。

腼腆，见人含羞的样子；推诿，责任旁推的样子；勇敢，胆大无畏的样子；怯疑，胆怯疑虑的样子。

随和，顺随人意的样子；自专，个人专断的样子；乘势，借助外力的样子；

独立，无依无靠的样子。

在列子的思想体系中，一直尊崇自然之道。对于命运，他则主张认命、顺命，不祈求通过人的努力改变命运，这样，客观世界对自己来说也就不存在什么好坏、善恶的问题了。既来之则安之，万物自然，自己也自然，最后的结果是与万物合为一体。这种境界是懂得一切皆命的道理后，即便吃野菜、住草棚，也感到非常安适、愉快。因为在列子看来，只要认命、顺命，也就无所谓穷，无所谓苦了，一切都能适应。

在整个故事中，二十个人二十种特征，可是却能四四为伍，亲密相处。为什么？就是因为他们各随自性，各顺自命，互不妨碍。正像故事中所说的那样，只知道自己的特长而不知道其他人的情况。既不知道，也不过问，更不干涉，只管自己按照自己的特征自然动止，这就是顺其自然，这就是认命。各自都顺其自然而行，各自都认命，这就是他们的共同点，这就是不同中的相同，这就是他们融为一体、共同组成一个统一世界的基础。这个故事的基本道理就是如此，概括成一句话，认命即归万为一，顺其自然。

《列子》的形上价值追求师承老庄，寻求至人至道的超脱境界，但落至现实社会，它却以"且趣当生"为其人生价值取向，尤重肉体的逸乐；要求得当生的快乐，顺随人性是生命现实存在的自然形式，顺依人之自然本性。重生贵己、任性纵欲、顺命安时、虚己顺物、非名去智以求虚静处世，方能真正获得得当生之乐。《列子》以其对生命的独特理解，给我们呈现了另一种生命的存在方式。

顺命安时，长寿、名望、权位、财富，人生于世，无法逃避这四者的考验，而且很多人为此奔波一生，忙忙碌碌。正如杨朱所说，有了他们，人会畏惧鬼神，怕人非议，谄媚权贵，害怕刑罚，而且这些并非人力所能完全决定的。在杨布问难中，杨朱认为寿夭、贵贱、名誉、爱憎一切皆命，人是无法把握的。既然一切由命所定，人的努力也就无用了。不仅人的努力无用，而且人的好恶也无用。既然如此，与其每天怨命，不如认命、顺命。认命、顺命，就是不分贫富、贵贱、荣辱、是非，既来之则安之，这样才能无忧无虑，自由安心。

修身智慧

◇此众态也，其貌不一，而咸之于道，命所归也。

◇重生贵己，任性纵欲，顺命安时、虚己顺物、非名去智以求虚静处世，方能真正获得生之乐。

◇与其每天怨命，不如认命、顺命。认命、顺命，就是不分贫富、贵贱、荣辱、是非，既来之则安之，这样才能无忧无虑，自由安心。

第五章
列子与我聊重生贵己

　　"重生"是杨朱的一个基本主张，他以"轻杨重生"作为一种处世原则。"贵己"则是杨朱的又一个思想主旨，"阳生贵己""杨子取为我""杨氏为我，是无君也"。"杨之道，不肯拔我一毛而利天下"等观点，都是这种思想主旨的体现。要想更深刻地了解列子此种思想在修身方面的运用，就走进本章吧，相信你一定会从中有所收获。

晏子问生，随其所去

我：夫子，在《杨朱》篇中，您曾经记载着这样的一个故事，杨朱曰："古语有之：'生相怜，死相捐。'此语至矣。相怜之道，非唯情也；勤能使逸，饥能使饱，寒能使温，穷能使达也。相捐之道，非不相哀也；不含珠玉，不服文锦，不陈牺牲，不设明器也。"

"晏平仲问养生于管夷吾。管夷吾曰：'肆之而已，勿壅勿阏。'晏平仲曰：'其目奈何？'夷吾曰：'恣耳之所欲听，恣目之所欲视，恣鼻之所欲向，恣口之所欲言，恣体之所欲安，恣意之所欲行。夫耳之所欲闻者音声，而不得听，谓之阏聪；目之所欲见者美色，而不得视，谓之阏明；鼻之所欲向者椒兰，而不得嗅，谓之阏颤；口之所欲道者是非，而不得言，谓之阏智；体之所欲安者美厚，而不得从，谓之阏适；意之所欲为者放逸，而不得行，谓之阏性。凡此诸阏，废虐之主。去废虐之主，熙熙然以俟死，一日、一月、一年、十年，吾所谓养。拘此废虐之主，录而不舍，戚戚然以至久生，百年、千年、万年，非吾所谓养。'"

"管夷吾曰：'吾既告子养生矣，送死奈何？'晏平仲曰：'送死略矣，将何以告焉？'管夷吾曰：'吾固欲闻之。'平仲曰：'既死，岂在我哉？焚之亦可，沉之亦可，瘗之亦可，露之亦可，衣薪而弃诸沟壑亦可，衮衣绣裳而纳诸石椁亦可，唯所遇焉。'管夷吾顾谓鲍叔、黄子曰：'生死之道，吾二人进之矣。'"现在，请您用通俗的语言亲自讲讲这个故事好吗？

列子：好的，这个故事的大致情节是杨朱对如何度过人生和如何安排后事的问题发表过这样的评论："古代有一句话，'生相怜，死相捐'。意思是说，人生在世，要相互体贴；一旦死了，则抛掉了事。所谓活着要相互体贴，并不仅仅是互有情感，而是要在实际上有所帮助，劳累了能使他得到歇息，饥饿了能使他获得饮食，寒冷了能使他得到温暖，穷困了能使他走向通达。所谓死了则抛掉了事，并不是无所悲哀，而是葬时不给他口含珠宝，不给他身穿锦衣，不给他杀生祭祀，不给他摆设用具。"

后来，他举了一个春秋时期的例子，这就是"晏子问养生，管子问送终"。晏子曾经向管子请教如何养生的问题，管子说："养生没有什么好说的，放开自己的性情就是了，不要去堵塞它，不要去遏制它。"晏子说："请您说得具体一些。"

管子说："所谓放开自己的性情，那就是耳朵想听什么就让它尽情地听，眼睛想看什么就让它尽情地看，鼻子想嗅什么就让它尽情地嗅，口舌想说什么就让它尽情地说，身体怎样舒服就让它怎样待着，心意打算如何就让它随意去行。耳朵想要听到的声音，不让听就是塞聪；眼睛想要看到的是美色，不让看就是闭明；鼻子想要嗅到的芳香，不让嗅就是制灵；口舌想要说的是非，不让说就是禁智；身体想要享受的安逸，不让享受就是逆情；意念想要得到的放纵，不让得到就是背性。以上种种限制，是养生的主要障碍，去掉这些障碍，让人的各种器官尽其所欲，欢欢乐乐，一直到死，不管是活一天也好，一月也好，一年也好，十年也好，都叫作养生。不消除这些障碍，而是每天拿它们约束人生，拘拘束束地长久活着，哪怕是活百年也好，千年也好，万年也好，都不是我说的养生。好了，先生要问的养生我已经说完了，送终应该怎么办，还望先生多多指教。"

晏子说："送终是很简略的，有什么好说的呢？"管子说："即使很简略，我也想听听。"晏子说："既然你想听，我就给你说说吧！我既然已经死了，还管那么多事干什么？把我烧了可以，抛在水中可以，埋在土里可以，扔在野外可以，拿柴草裹住抛在山谷里可以，穿上锦衣装在棺木之中也可以，随便怎么都可以，遇到什么算什么。"管子把这些话讲给了他的好友鲍叔牙，并很自得地说："生死的道理，让我们二人给说尽了！"

我：夫子，在这个故事中，您主要说的是对生死的看法，对此，您能用简洁的语言总结一下吗？

列子：你说得很对，对于生死，每个人都有自己的看法。这个故事中体现的生死观就是顺随自然，不去人为地干扰，遂其所欲，遂其所去。

【重生贵己解读】　　　　随其所欲，随其所去

在这个故事中，我们仿佛看到了道家思想的一些极端。故事中所说的多多少少有些纵欲的因素，但更向列子关于生死随其自然的观点靠近。说它有纵欲的因素，是因为它主张放开自己的性情，无须节制和堵塞。说它向生死随其自然的观点靠近，是因为它主张生则随其所欲，死则随其所去，不加人为的干扰和增损。

然而，这其中包含的纵欲因素只是因素而已，与纵欲主义有很大的区别。纵欲主义有人为追求在其中，得寸而进尺，得尺而进丈，无所终极，而这里的放开性情只是满足人生自然性情的需要，既无人为的限制，也并没有超越自然性情的要求。这个故事也含有死后一无所有的含义，主张死后任随处置、与"我"无干的思想。

我们应该了解到，道家与道教的人生观，以重视个体生命（重生贵己）的价值观为本，探讨如何使个人精神快乐和生命永恒的问题。"重生贵己"思想源于先秦杨朱学派，杨朱派的思想纲领是"全性保真，不以物累形"。他们认为：人所追求的首先是个人自身的生存，一切客观事物的意义仅仅在于其是否有利于保全自身生命的存在。如果拿外在的"物"或"天下"与自身相比，论其轻重，则自身的生命为重，而身外之物和天下为轻。因此保全自身生命，使之不受名利物欲的牵累和损害，这是首要的行为准则。显而易见，这种"贵己为我""轻物重生"的思想是个人主义的人生价值观。

　　杨朱派公开宣扬个人利己主义的学说，提出"拔一毛利天下而不为"的口号，与儒家的仁爱说和墨家的兼爱说截然不同，因此受到孟子的严厉批评。但这种思想并非损人利己的极端个人主义，也不是放纵自我感官情欲的享乐主义，而是一种合理的个人主义。杨朱派的人生观是利己而不损人，所谓"我不爱天下，未云贼也"。不仅不损害他人，而且对自我的感官欲望也要节制，使之不伤生。所谓"耳目鼻口（之欲）不得擅行，必有所制，此贵生之术也"，不仅要节制感官享乐，而且要重视生命的完全和尊严感，不要苟且偷生。《吕氏春秋·贵生篇》载杨朱派学者子华子说："全生为上，亏生次之，死次之，迫生为下。"所谓迫生，就是人的情感欲望都不能得其所宜，被迫屈服含辱而生。这样的"迫生不如死"，只有保全自我本性不受污辱，才是对生命真正的尊重。迫生不如死是子华子的思想，杨朱本人可能没有这样说过，杨朱派的基本观点还是要保全个人的生命。这种轻物重生思想的流行，有其历史背景。

　　杨朱派处于诸侯剧烈兼并的战国时代，当此战乱之世，少数权势者称雄争霸，而多数弱小民众的个人权益乃至生命则随时可能被无端剥夺。人们的思想因此而迷惘，人生的意义究竟是什么，怎样才能保证个人的生命和本性不受外来的侵害？杨朱学说代表了当时的隐士阶层，即下层知识分子对这些问题的想法。他们虽有知识而无权势财富，不满战乱争夺的现实，但又无可奈何，因此要退避自保。他们要求维护个人自然的生存权利和真实本性，在乱世中苟全性命，既不想为谋取名利和身外之物而危害自身，也不肯为了"天下"人的利益而牵累自我。为了全性保真，必须清虚自守，不去参与权势名利的争夺，尤其不能受统治者所悬赏的名位和物利的诱惑。这种个人主义人生观虽有自私狭隘和消极保守的局限性，但与损人利己的极端个人主义却是不同的。

　　道家所谓的"天道自然"，含义很复杂，但至少有两种不同的解释：其一是将自然看作纯粹客观的天地万物演化过程，人类只能随顺自然变化而无所作为；其二是在自然的演化过程中，人类可以主动地适应自然变化，掌握其变化法则，参与物化。自庄子以来的道家学者中，有片面理解自然无为的倾向，消极因顺随自然而看不到人的智慧和力量，然而人类之所以能够在不利的客观环境中生存下来，并创造出灿烂的文明，不正因为人类具有不屈服于命运安排，敢于向自然挑战的精神吗？以葛洪为代表的神仙道教徒，纠正了对道家自然观的片面理解，他们从爱惜生命的立场出发，坚信"我命在我不在天"，长生可为，方术有效，主张为追求长生而积极探索自然和生命的秘密。葛洪所追求的长生成仙固然是虚幻的，即便是人类如今的技术条件也还远不能克服生老病死的自然法则，将生命延至永恒。但是葛洪反对消极顺应自然，敢于向世俗认定的常理挑战，并认真总结和研究秦汉以来神仙家的养生长寿方术。这种积极进取的精神，不正是真正的科学家所应具备的品质吗？在中国历史上，葛洪及后来的许多道教学者之所以能在医药养生、化学和工艺技术等方面取得许多重要的成就，是与他们对人生执着眷恋，对生命奥秘的不断探索分不开的。

修身智慧

◇生相怜，死相捐。

◇肆之而已，勿壅勿阏。

◇焚之亦可，沈之亦可，瘗之亦可，露之亦可，衣薪而弃诸沟壑亦可，衮衣绣裳而纳诸石椁亦可，唯所遇焉。

死生皆道，理性看待

【聊天实录】

我：夫子，在《仲尼》篇中，您记载着这样的一段话，无所由而常生者，道也。由生而生，故虽终而不亡，常也。由生而亡，不幸也。有所由而常死者，亦道也。由死而死，故虽未终而自亡者，亦常也。由死而生，幸也。故无用而生谓之道，用道得终谓之常；有所用而死者亦谓之道，用道而得死者亦谓之常。季梁之死，杨朱望其门而歌。随梧之死，杨朱抚其尸而哭。隶人之生，隶人之死，众人且歌，众人且哭。这段话讲的也是对生死的看法，您能针对这点再详细地说说吗？

列子：好的，这段话理解起来其实并不难，大意是没有什么缘由而常常处于生境的，是道；由生而处于生境，故而能虽到终结时也不失其道，是常态。由生而失去其道，是不幸。有所缘由而常常处于死地的，也是道。由死而处于死地，故而虽不到终结之时就失去其道，也是常态。由死而进入生境，是幸运。所以无所作用的生便是道，用这种道生存直至终结便称之为常态；有所作用的死也是道，用这种道直接得到死亡也是常态。季梁死了，杨朱望着他家大门唱歌。随梧死了，杨朱抚摸着他的尸体痛哭。普通人出生了，普通人死亡了，大家唱歌，大家痛哭。

我：夫子，您通过这个故事是想说要简单自然地看待生死，当生死到来时，坦然接受而不去恐慌，对吗？

列子：对，这个寓言故事其实就是告诉人们，要理性清醒地看待生死，而不要掺杂太多的情绪在里面。

【重生贵己解读】 ☙ **道家对生死的另类看法** ☙

在这里，我们再次提到杨朱对生死的看法。杨朱从"贵己"或者说"为我"出发，构成了他的学说，归纳起来有三条，一是论生死：有生便有死，人人皆如是。生有贤愚、贫贱之异，而所同者为死，均为腐骨，尧舜与桀纣没有什么不同。二是贵己：己身之最贵重者莫过于生命，人身难得，加上人生短暂，故该万分珍惜与贵重，要乐生，一切以存我为贵，无我，则一切无从谈起。三是全性保真：所谓全性，就是要顺应自然之性，既然有生，便当全生，不可逆命而羡寿，聚物而累形，只要有"丰屋美服，厚味娇色"满足就够了，不要贪得无厌，更不要为外物所伤生。所谓保真，就是保持自然赋予人的真性，自纵一时，勿失当年之乐；纵心而动，不违自然所好；纵心而游，不逆万物所好；勿矜一时之毁誉，不要死后之余荣；不羡寿、不羡名、不羡位、不羡货，只要做到这四点，就能够不畏鬼、不畏人、不畏威、不畏利，保持和顺应自然之性，自己主宰自己的命运。

在大自然中，生和死原本是简单得不能再简单的事，但人之常情中总以为它如何如何得重要，于是简单的事就变得复杂了。口渴的人想喝水，一时找不到水，只得忍着，如果不幸身处沙漠，忍得太久恐怕要出大事；掉进河里的人不想喝水，奈何不识水性，不得不喝了一肚子水，有幸被人救上岸来还要往外倒。

生死又何尝不是如此？秉承"好死不如赖活着"的原则，一味求生的固然大有人在，自觉"活着好累好没劲"的也不乏其人，被什么情绪或事情逼急了自杀拼命的也不算稀奇。但这些都是人的意愿而已，有意愿还得有合适的方式去实现，方式就算对头了还要看一看运气。意愿、方式合拍了，运气也没有出来捣乱，那就是常态；意愿、方式合拍了，运气出来捣乱，最终无法如愿，这是非常态。不管是常态还是非常态，都属于自然之道的范围。从这一点来说，生死跟喝水没什么区别。嘴上说自己想活得长久一点，却放任自己的身体被酒色财气不停地戕伐，早早丢了性命，这样的人也就不值一提了。可偏有不少人在生活工作、营养卫生、心情环境方方面面都安排得妥妥帖帖，任谁看来别人都活不长他也得长寿，结果遭遇飞来横祸，死了，这样的人只能说倒霉。总之，一般人太在意生死了，所以每每看不懂、想不通。想活的人有倒霉而死的，想死的人照样有求死不得的。有一篇日本小说名叫《敦厚的诈骗犯》，说一个了无生趣的人想通过死亡获取一笔寿险，但保险业的行规是他必须不能是自杀身亡。于是，这个人想了许多自杀之外的死法，却屡屡失败，甚至想用自己的生命从车轮下救一个孩子，让他哭笑不得的是，这个举动不仅没把命送掉，反而让他成了见义勇为的英雄。最后，他用了一个极端复杂的办法：去理发店反复敲诈一个被他偶然抓住把柄的理发师，最终把这个理发师逼得近乎崩溃，终于在替他刮脸时割断了他的喉咙。小说构思自有其用意，我们姑且不论，单就情节而言，主人公屡屡求死不能的时候读者的心情是轻松的，甚至带有笑意。相反，如果面对他人意外的死亡，人们总会产生怜悯、悲伤之类的负面情绪。一生一死，一彼一此，本来跟喝水一样，有想喝的也有不想喝的，仅此而已，哪有什么本质的区别？可人的情绪为什么在谈到生死时就不能像谈喝水问题那样淡然处之了呢？

当情绪浓厚得成为迷雾时，理性多半就会迷失方向，道家面对生死问题，第一要做的便是扫去这层迷雾。然而，个人的一时一事的情绪容易驱除，千万人的与生俱来的情绪却很难打消。解决非常之事，需要非常手段，必要时大可用古怪悖谬的方式来刺激一下人们愚蠢而麻木的精神。庄子死了老婆却愉快地歌唱，杨朱则一歌一哭相反相成，后来的陶渊明干脆明明白白地说：亲戚或余悲，他人亦已歌。死去何所道，托体同山阿。

人是有情的动物，亲情、友情、爱情，还有许多莫名其妙的情愫、情结、情缘，把本来挺明白的万物之灵搞得冥顽不灵，把简单清晰的事情搞得一团乱麻。道家常常很清醒，这种清醒却总被身处情雾之中的人看作冷酷。不仅是生死问题，很多问题往往都是这样：实情是残忍的，幻象是温柔的。太多的人情愿让温柔的幻象一直欺骗着自己，直到最后一刻，实情露出狰狞的面目，片刻的痛苦之后就一了百了了。对这样的人们说来，道家早早地打破幻象，让人去感受痛苦，的确是够冷酷的。

这种对生死的看法，对后世也产生了深远的影响。道教重"生"，反复演说求生、好生、乐生、重生、贵生、养生、长生之道，"生"字是道教义理的中心。道教阐述"生"之义理时，与杨朱之思想极为相似，如道教早期的经典《太平经》、《老子想尔注》等便强调重生与贵生。《太平经》有言曰："人最善者，莫若常欲乐生，汲汲若渴，乃后可也。"又《老子想尔注》载"公乃生，生乃大""道大、天大、地大、生亦大，域中有四大，而生居其一焉……不如学生"。《妙真经》亦说："道人谋生，不谋于名。"《坐忘论序》则说："人之所贵者生也，生之所贵者道也。"

很明显，道教的"贵生"教义，大多吸取了杨朱的思想，而"全性保真"则是道教清修派别的基本守则，也是道教全真派的宗旨。金代王重阳创立的全真派，是非常讲究性命修炼的。《钟吕传道集·论大道》中说道："惟人也，穷万物之理，尽一己之性，穷理尽性以至于命，全命保生，以合于道。当与天地齐其坚固，而同得长久。"总而言之，全真道的教义实际上阐发了杨朱的"全性保真"思想，是杨朱思想的再现。

修身智慧

◇隶人之生，隶人之死，众人且歌，众人且哭。

◇丰屋美服，厚味娇色。

◇人最善者，莫若常欲乐生，汲汲若渴，乃后可也。

◇人之所贵者生也，生之所贵者道也。

景公忧死，徒费心神

【聊天实录】

我：夫子，在《力命》篇中，您记载着这样的一个故事，齐景公游于牛山，北临其国城而流涕曰："美哉国乎！郁郁芊芊，若何滴滴去此国而死乎？使古无死者，寡人将去斯而之何？"史孔、梁丘据皆从而泣曰："臣赖君之赐，疏食恶肉可得而食，驽马车可得而乘也，且犹不欲死，而况吾君乎！"晏子独笑于旁。公雪涕而顾晏子曰："寡人今日之游悲，孔与据皆从寡人而泣，子之独笑，何也？"晏子对曰："使贤者常守之，则太公、桓公将常守之矣；使有勇者而常守之，则庄公、灵公将常守之矣。数君者将守之，吾君方将被蓑笠而立乎畎亩之中，唯事之恤，行假念死乎？则吾君又安得此位而立焉？以其迭处之迭去之，至于君也，而独为之流涕，是不仁也。见不仁之君，见谄谀之臣。臣见此二者，臣之所为独窃笑也。"景公惭焉，举觞自罚，罚二臣者各二觞焉。现在，您能根据您对生死的看法，来给我们讲解一下吗？

列子：好的，这个故事的大意是有一次，齐景公到牛山游览，站在山上向北而望，只见国都一片茂绿，非常感慨，他叹了一口气说："我的国家多么美丽呀！人为什么随着时间的流逝就会死去呢？假如人生自古就无死，我怎么会离开这美丽的国都而到另一个地方去呢？"说完泪流满面，他的两个随从史孔梁和丘据也跟着他流泪，说："君主说得对呀！臣下依赖君主的俸禄生活，吃的是粗米淡饭，乘的是瘦马旧车，也还不想死呢，何况君主如此富有、如此享福呢？"这时只有站在一旁的大臣晏子在笑。齐景公擦干了脸上的泪水责问他："寡人今日在这里忧伤，史孔梁和丘据都能体察寡人的心情，跟着寡人一起忧伤，为什么你却笑呢？"晏子回答说："假如贤明的君主能长久活在人间，那么太公与齐桓公将会长久活在人间；假如英勇的君主能长久活在人间，那么庄公、灵公将会长久活在人间。如果这些君主都还活在人间，君主您只能披着蓑笠、立在田间耕作土地了，怎么会身居君位而拥有国家呢？因为前代的君主相继去世了，所以您才有可能得到国家、成为君主的呀，可是您却因为人都要死而忧伤，这不是很可笑吗？不仅如此，还有您手下的这两位大臣，见到君王办了可笑的事，不去矫正，反而逢迎献媚，跟着忧伤，这不是更可笑吗？"景公听了很惭愧，举起酒杯自己罚了自己一杯，又罚了史孔梁和丘据各一杯。

我：夫子，通过这个故事，您是不是想告诉我们，每个人都会面对生死，在生死面前，我们没有必要害怕，因为这也是自然规律，这样理解对吗？

列子：你说得不错。人生在世，面对生死，忧伤是没有任何作用的，我们既不必为自己的在世而欣喜，也不必为自己的离世而忧伤。既来之则安之，将去之则顺之，这样，内心才能安然。

【重生贵己解读】　　　活得轻松，死得自然

齐景公忧死，是因为他怕丢失已有的国家。他没想到，正是因为人皆有死，他才得到了国家，这种只见一方面而不见另一方面的思维方法自然会引人发笑。

在这个故事中，我们看到，人皆有死这种对生死的认识，给齐景公带来了可怕的前景，人皆有死也给齐景公带来了优越的现世。也就是说齐景公之所以成了君主，是人皆有死这个规律赐予的，齐景公之所以将要离开君位，也是人皆有死这个规律决定的。齐景公做君主只不过是人皆有死这个规律展现的过程而已，它不为让齐景公继承君位而不让先君去世，也不为齐景公担心离开君位而让景公长存。齐景公的忧伤不但是片面的，而且是无用的。人不会永久活着，因此既不必为自己的在世而欣喜，也不必为自己的离世而忧伤。

不管是古代的人还是当今的人，大都害怕死，这是可以理解的。因为死将改变人生的一切，丢掉生时的家财，抛弃亲友与家人，割断情丝和爱恋，把人带入一个陌生的世界；因为生与死的中间隔着一道不可捉摸的分界线，是痛？是苦？是惊？是惧？谁都不知道，而别人临死时那种难受的样子却给人留下了可怕的印象；死后的世界是个什么样子，人们全然不知道，加上一些鬼怪传说的渲染，那里十分可怕便成了一般人对死的心理预感。不过怕有什么用呢？怕也得死，不怕也得死。既然如此，与其害怕，不如正视它，研究它，以顺随客观规律的态度对

待它，这才是最正确的态度。之所以说它正确，是因为它是对人的生活和身心最为有益的态度，列子生死顺其自然的观点与这样的态度是基本吻合的。

在自然界中，死是必然要来临的，拒之亦来，迎之亦来，这是人生的客观规律。列子正是立足于此提出了拒之无用而迎之不必，未来之则安于生而既来之则安于死的观点，由此可见列子的观点不是妄言，它是建立在对生死规律正确认识的基础上的。

列子认为，死是一种乐事，因为它是劳累之后的休息、烦恼之中的解脱，所以死不应拒之，亦不必惧之，随其自然而应之。这种观点不能说是科学的，因为死后无知无觉，既谈不上苦，也谈不上乐，然而这种乐观的态度却扫除了人们对死亡的恐惧心理，而且以劳累后的休息、烦恼之中的解脱打比喻，也并非完全没有道理。生前一无所有，死后也一无所有，人从无而变有，又由有而归无，据此列子提出生前无忧、死后亦无所忧的观点。在这里，首先列子确立的前提是真实的、科学的，他客观地展示了人在生前死后的真实世界；其次他的眼光是深邃的，思维是非凡的，他把人的视野从有限的现世拓展到了不可目视的彼岸，将人的视角从人的生命体调整到了宇宙空间，使之具有了高度的洞察功能和透视功能。可以说他得出的结论是脱俗的，显得那么沉静、泰然、洒脱、自在，一派圣哲风度，使人仰而观之。

生死是大自然永恒的主题，也是人们始终会思考的问题。在这里，列子生死随其自然的观点是中国古代的一面明镜，大可照亮人的心田，使人活得轻松，死得自然。不过有些人并不同意这个结论，说列子的观点导向颓废、放纵、享乐主义、利己主义，这倒是一个值得讨论的问题。对生命以及对其他事物的认识，都会随着时间的推移而不断地变化和改进，这是一种探索，也是人类不断进步的动力。

修身智慧

◇既来之则安之，将去之则顺之。

◇生前一无所有，死后也一无所有，人从无而变有，又由有而归无。

◇怕也得死，不怕也得死。既然如此，与其害怕，不如正视它，研究它，以顺随客观规律的态度对待它。

阳生贵己，理无久生

【聊天实录】

杨朱画像

我：夫子，在《杨朱》篇中，您记载了这样的一个故事，孟孙阳问杨朱曰："有人于此，贵生爱身，以蕲不死，可乎？"曰："理无不死。""以蕲久生，可乎？"曰："理无久生，生非贵之所能存，身非爱之所能厚。且久生奚为？五情好恶，古犹今也；四体安危，古犹今也；世事苦乐，古犹今也；变易治乱，古犹今也既闻之矣，既见之矣，既更之矣，百年犹厌其多，况久生之苦也乎？"孟孙阳曰："若然，速亡愈于久生，则践锋刃，入汤火，得所志矣。"杨子曰："不然。既生，则废而任之，究其所欲，以俟于死。将死，则废而任之，究其所之，以放于尽。无不废，无不任，何遽迟速于其间乎？"现在，您能通俗的语言亲自讲一讲吗？

列子：好的，这段对话是针对生死的问题而言的，大意是孟孙阳问杨朱说："这里有个人，崇尚生命，爱惜身体，以祈求不死，可以吗？"杨朱说："没有不死的道理。"孟孙阳又问："以祈求长寿，可以吗？"

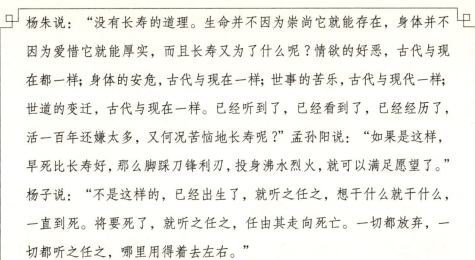

杨朱说："没有长寿的道理。生命并不因为崇尚它就能存在，身体并不因为爱惜它就能厚实，而且长寿又为了什么呢？情欲的好恶，古代与现在都一样；身体的安危，古代与现在一样；世事的苦乐，古代与现代一样；世道的变迁，古代与现在一样。已经听到了，已经看到了，已经经历了，活一百年还嫌太多，又何况苦恼地长寿呢？"孟孙阳说："如果是这样，早死比长寿好，那么脚踩刀锋利刃，投身沸水烈火，就可以满足愿望了。"杨子说："不是这样的，已经出生了，就听之任之，想干什么就干什么，一直到死。将要死了，就听之任之，任由其走向死亡。一切都放弃，一切都听之任之，哪里用得着去左右。"

我：夫子，听您解释了这段话，我有些明白了，您是不是通过这段对话，想告诉我们在大自然中，任何人都会面对死亡，我们不必追求长寿，也不必追求速死，而是要遵循自然生死的规律，这样理解对吗？

列子：对，你说得很对。一个人不管怎样对待自己的生命，总会有死去的一天。生死没有好与不好之分，这是大自然的规律，是我们无法改变的，也是我们必须面对的。

【重生贵己解读】　**生死没有好坏之分**

在道家中，"阳生贵己""为我"的思想意在"重生"，就是杨朱和杨朱一派思想的主旨。杨朱一派认为，对于个人来说，利益是多方面的，而其中最大和最可宝贵的是生命，别的利益只能服务于而不应有损于"生"。就是说，保全我的生命是我个人利益中之最大者。杨朱一派还用"所为"与"所以为"的道理来论证"轻物重生"的原则，他们认为，生命是"所为"者，是主体；"物"或"利"是"所以为"者，是服务于"生"的。

杨朱一派还认为，为了"全生"，不能没有欲望的满足，不然的话，"与死无择"，也就是说与死没有区别了。但是，根据"轻物重生"原则，欲望的满足必须以是否有利于"全生"为限度，因而又提出了"制欲"或"适欲"的"全生之道"，要求及早地克制欲望，爱惜自己的生命，使"精不尽"，从而使"生以寿长"。

这个故事首先讲人生必有死，这个道理前面的故事已经谈到了；其二是讲长寿没有意义，那会很苦很累，暗含着死后可以得到休息，这在前面的故事中也有涉及；其三是讲，不必追求长寿，也不必要追求速死，是生是死随其自然，这是故事的主旨，也是道家最基本的生死观。

当然，如果真的有轮回，阴阳两世应该都是痛并快乐着，只有那生死的转换才是最可恶的。对这样的感言我们大可自己去品味思考，同意不同意都不要紧，但关键是这番话道及了一个心态问题。孟孙阳想不明白的是到底活着好还是死了好，杨朱告诉他的是，这个问题没什么好不好。杨朱这人比较另类，他是战国诸子中的一代高手，也是以雄辩著称的大家，孟子把他和墨子同时列为主要对手，声称"杨墨之道不息，孔子之道不著"，似乎别人不听孔子的话都是因为被这两人蛊惑的。这两个人在主要思想倾向上分处两个极端，墨子讲兼爱，他说人应该去无条件地爱每一个人，应该全身心地、无私地为别人奉献；杨朱讲为我，说得难听点就是自私，拔一毛以利天下的事是断不肯做的。他们之间的是非恩怨我们姑且不去管它，墨子的书也流传至今，有兴趣大可去读一下。只是杨朱的著作已经失传，不知为什么《列子》中出现了很多。不管《列子》是真是假，它总还是以道家著作的面目出现的，那么这些杨朱的言论是否真是出自杨朱其人、杨朱的这些论调是否能体现道家的思想便都是问题了。

我们知道老子、庄子一系是看淡生死的，我们习惯称之为超脱，他们只是不刻意去关注生和死，就如有些人不在乎吃什么、不在乎穿什么一样——不在乎吃什么不是绝食，不在乎穿什么也不等于裸体，这一层意思，杨朱的话中有所体现。然而，杨朱的怪气在于，说到生，他似乎觉得非常无趣，这才有了孟孙阳的下一个问题：那是不是说干脆自杀了拉倒呢？道家虽不如儒家那样积极入世，对建功立业、治国安邦之类的事并不感兴趣，但并非是这么一副了无生趣、愁眉苦脸的样子。就拿庄子来说，其实他是个很快乐的人，这一点只要读一读他写的那些寓言故事就很清楚了。而世世代代受道家思想影响的人物，也总是以一种聪明、豁达而不是痛苦、绝望的形象出现，所以，杨朱的这样一段高论为什么会被拉到《列子》中来确实有些奇怪。

尽管杨朱的这一通牢骚不太符合道家的一贯风格，却同样揭示了人们看待生死的一种普遍方式，那就是以苦和乐作为取舍的标准。一般人总莫名地认为生是乐，自然相应地把死看作苦，而哲学家的任务就是把人们这一类奇奇怪怪的"常识"重新验算一遍——人们有着太多错误的"常识"。当然，生死问题比一般问题来得更为复杂，如果你要颠覆一般人的看法，说生苦而死乐，那么马上会有人问你：那你为什么还活着？是的，按照这个逻辑，你早该死了，但如果你死了，又不可能去颠覆人间"生乐死苦"的法则，如此，这个法则就看似是无可颠覆的。但是，哲学家如何肯放弃这样重要而有趣的话题呢？所以，大量的哲学或宗教往往都用他们自己的方式在宣扬着"生并不那么快乐"，而如杨朱这样的说法自然也是一个套路，他说生不快乐，理由是"古犹今也"，你字识得多便去读书，字识得少便去看电视剧，等你把诸般往事了解得差不多了，人世间的一切就都不再新鲜，那还有啥活头？这样的意思多数人不会反感，但也很难完全接受，到头来还是孟孙阳提的那个问题，所以，还是需要为活着找个借口。这个借口，杨朱找得很奇怪，也很别扭，事实上他说的不是活着的理由，而是在声明一种人生态度：既然已经生身为人了，那就活吧。也正是这样一个环节，让杨朱愈发显得不像道家一路的样子。

对于生死观，各家自有其论调，有的强调生的苦恼，但为了离苦得乐便须有智慧的追求，这是佛家的大概思路。不管生不强调生死的苦乐，只是把注意力放在生存的价值之上，比如儒家；有的也存是一种什么样的体验，总之，人们既然生存着，便须找到一个靠得住的借口，可以叫它价值、意义或别的什么。杨朱一脸无奈地说，活着，那就活着吧。其实，他没有任何关于生存意义的表述，如果要说杨朱还有什么和道家相似的地方，那或许就是表述方式。道家常常劝告人们不要太留恋生，不要太害怕死，因为一切都是自然大道，道家把生命看作是至高无上的道的一个组成部分，所以道家不再需要另找什么生命的意义，道本身就是一切。道家并不是杨朱这样吵嚷"活着真没劲"的，只是他们不大谈特谈生命的意义罢了。

修身智慧

◇理无久生，生非贵之所能存，身非爱之所能厚。

◇既生，则废而任之，究其所欲，以俟于死。将死，则废而任之，究其所之，以放于尽。

◇杨墨之道不息，孔子之道不著。

黄帝谈鬼，精形合一

【聊天实录】

我：夫子，在《天瑞》篇中，您记载了这样的一个故事，《黄帝书》曰："形动不生形而生影，声动不生声而生响，无动不生无而生有。"形，必终者也。天地终乎？与我偕终。终进乎？不知也，道终乎本无始，进乎本不久。有生则复于不生，有形则复于无形。不生者，非本不生者也；无形者，非本无形者也。生者，理之必终者也。终者不得不终，亦如生者之不得不生。而欲恒其生，画其终，惑于数也。精神者，天之分；骨骸者，地之分。属天清而散，属地浊而聚。精神离形，各归其真，故谓之鬼。鬼，归也，归其真宅。黄帝曰："精神入其门，骨骸反其根，我尚何存？"现在，您能用通俗的语言讲讲吗？

列子：好的，这个故事的大意是《黄帝书》中记载着黄帝的一段话：形体运动不产生形体，而产生影子；声音传播不产生声音，而产生回响；无形的东西运动不产生无形的东西，而产生有形的东西；有形的东西运动的结果不能永远保持有形，一定会变成无形的东西。按照这样的法则推下去，那天地不是也会终了吗？我看它们与我一样，也是会终了的。

"终了"是否会有完结呢？然而，宇宙的大道是没有尽头的，由一无所有的状态产生出天地万物来，又让天地万物顺着这条大道走向一无所有。来来去去，说不清到底是从哪里开始的，也说不清到底到哪里终止，所以只能说有生命的东西会回归为无生命的东西，有形的东西会回归为无形的东西。无生命的东西不是原来就是无生命的，无形的东西不是原来就是无形的。有生命的东西，按照法则，那是必定会终结的，要终结的东西是不得不终结的，就像有生命的东西不得不呈现出生命一样。想要永久保有生命，避免生命的终结，那就是不懂得宇宙法则。

精神是什么？是天上的东西。形体是什么？是地下的东西。天上的东西都是轻清型的，可以飘散；地下的东西都是重浊型的，易于凝聚。精神和形体融合在一起，则成为人；精神与形体分离开来，则成为鬼。为什么叫作"鬼"？因为精神与形体分离开来，前者回归于天，后者回归于地，各自都回了自己原本的家。回了家就是归了家，所以人们称之为"归"，"归"就是"鬼"。精神入了它老家的门，形体归了它原本的根，"我"还依靠什么东西存在呢？

我：夫子，听完您的解释，我好像更明白了一些。通过这个故事，您想告诉我们，人的最后归宿是死亡，死亡是正常的，不可避免的，可以这样理解吗？

列子：你理解得很对。在宇宙中，人是宇宙演化的产物，人的生命是精气与形体结合的产物，天出其精，地出其形，合此以为人。精气与形体和谐，人就能生存；不和谐，人就不能生存。

143

【重生贵己解读】 　　列子的精神与形体论

　　列子认为，人的最后归宿是死亡，而向相反方面回归是一切事物的普遍法则。人生在世，有形有声，最后必然回归于无形无声，所以死是必然的。上天赋予精神，大地赋予形体，由此才有了人。人死之后，精神归天，形体归地，各自回归，无可悲怜，无可畏惧。精神归天，形体归地，作为生命主体的"我"也就什么都不存在了。既不存在游于天地之间的鬼，也无须牵挂"我"死之后的苦乐。

　　先秦时期管子学派也有一种类似的说法，认为宇宙是由气组成的，气中有特别精微的部分，叫作精气。精气在下产生五谷，在上产生列星，流于天地之间叫作鬼神，藏在人的胸中造就圣人。人的生命是精气与形体结合的产物，天出其精，地出其形，合此以为人。精气与形体和谐，人就能生存；不和谐，人就不能生存。

　　这种说法回答了有关生命的三个问题。其一人是从哪里来的，认为是由宇宙中的气变化而来的。其二人是由何物构成的，认为是由天地的成分构成的，天出其精，地出其形，合此以为人。其三人为什么有智慧，认为人接受了天的精气，精气是带有灵性的气，对外物的刺激会产生快速的反应，所以说它流于天地之间叫作鬼神，藏在人的胸中造就圣人。人得到了精气，所以才有智慧。

　　列子在有关人生的问题上与管子学派的观点基本上是一致的，他的独特之处在于有关人死的观点。有关人死的问题比有关人生的问题更难解决，因为活着的人虽然很难说出自己出生之前是什么样的、自己是从哪里来的，但也正因为这样，人才有权利说人是由其他东西演化来的，生前没有知觉，这起码可以拿自己的亲身体验来说明，因为人都是从那里过来的。人死则不然，因为活着的人谁都没有死的经验，而死了的人却永远不可能出来谈自己的经验。在这里列子跳出了经验的方式，采用了人类思维的最高形式，以逻辑论证的方式做出了推断，并得出了人死为归、回归无有的结论，这也是他高人一筹的地方。

从现代科学的高度来看，应当说列子的观点在宏观方面、在大的趋势上含有相当大的合理成分。首先，人的确是由其他东西演化而来的，不过不是直接由气演化而来的，虽然人具有精神和形体，但却不是直接由精神和形体组合成的，而是由好多物质元素结合在一起、经过无数的中间环节演化来的。其次，人的智慧也的确是物质对外界刺激的一种反应，说到基本的原理，正像一块石头在受到敲打时会发出声响一样，不过不是精气对外界刺激的反应，而是人的大脑对外界刺激的反应。大脑不是一般的物质，它是物质发展的高级形式，它的反应也不像一般物质那样死板、单一，而是具有很大的能动性。最后，人死之后的确什么也没有了，构成人的各种物质成分都分解开来，回归于天地之中，不过不像列子说的那样形体回归大地而精神回归于天，因为精神只是大脑的一种功能，大脑一旦停止运动，精神便立刻消失，正像人的口舌一旦无法运动，说话的功能便立刻消失一样。

列子对生死的认识本来不属于科学探测的范畴，仅仅是一位哲人头脑的思考，因此越是具体便越是远离实际。不过他能在宏观上和大的趋势上与科学结论相吻合，这点是非常难得的。同时，列子的这些生死理论对后世人们对生命的探索也有着非常重要的意义。

修身智慧

◇形动不生形而生影，声动不生声而生响，无动不生无而生有。

◇不生者，非本不生者也；无形者，非本无形者也。

◇人的生命是精气与形体结合的产物，天出其精，地出其形，合此以为人。精气与形体和谐，人就能生存；不和谐，人就不能生存。

季梁问医，两者兼顾

我：夫子，在《力命》篇中，您记载了这样的一个故事，杨朱之友曰季梁，季梁得病，七日大渐。其子环而泣之，请医。季梁谓杨朱曰："吾子不肖如此之甚，汝奚不为我歌以晓之？"杨朱歌曰："天其弗识，人胡能觉？匪祐自天，弗孽由人。我乎汝乎！其弗知乎！医乎巫乎！其知之乎？"其子弗晓，终谒三医。一曰矫氏，二曰俞氏，三曰卢氏，诊其所疾。矫氏谓季梁曰："汝寒温不节，虚实失度，病由饥饱色欲，精虑烦散，非天非鬼。虽渐，可攻也。"季梁曰："众医也，亟屏之！"俞氏曰："女始则胎气不足，乳湩有余，病非一朝一夕之故，其所由来渐矣，弗可已也。"季梁曰："良医也，且食之！"卢氏曰："汝疾不由天，亦不由人，亦不由鬼，禀生受形，既有制之者矣，亦有知之者矣，药石其如汝何？"季梁曰："神医也，重贶遣之！"俄而季梁之疾自瘳。现在，您能再结合您对生死的看法用通俗的语言给我们讲讲吗？

列子：好的，这个故事的情节大致是杨朱有个朋友叫季梁，季梁病了，到第七日已经很危急了。他的儿子们围着他哭泣，请医生给他医治。季梁对杨朱说："我儿子不懂事到了这样的程度，你为什么不替我唱个歌来使他们明白呢？"杨朱唱到："天尚且不认识，人怎么能明白？并不是由于天的保佑，也不是出自人的罪孽。我呀你呀，都不知道呀！医啊巫啊，难道就明白了？"他的儿子们还是不明白，终于请来了三位医生。一位叫矫氏，一位叫俞氏，一位叫卢氏，诊治季梁的病。矫氏对季梁说："你体内的寒温二气不协调，虚实失去了应有的节度，病由于时饥时饱和色欲过度，使精神思虑烦躁散乱，不在于天，也不在于鬼。虽然危急，仍然可以治疗。"季梁说："这是庸医，快叫他出去！"俞氏说："你开始在娘肚子里就胎气不足，生下来后奶水就吃不完，这病不是一朝一夕的原因，是慢慢积累起来的，已经治不好了。"季梁说："这是一位好医生，暂且请他吃顿饭吧！"卢氏说："你的病不是由于天，也不是由于人，也不是由于鬼，从你秉受生命之气而成形的开始就有控制你命运的主宰，也有知道这一切的，药物针石能对你怎样呢？"季梁说："这是神医，重重地赏赐了再送他走！"不久，季梁的病自己好了。

　　我：夫子，通过这个故事，您是不是想告诉我们对待生命，要顺应自然，也要注意养生呢？

　　列子：你说得对，人生病了，在于自己的生命之气，这是自然的。而同时，我们也要注意自己养生，只有将自然和养生结合起来，才是最合理的。

【重生贵己解读】　　　　～ **对待生命要养生与自然兼顾** ～

　　这个小故事里人物很多，要表现的是对生命不同层次的理解。从故事的对话来看，季梁所认同的显然是杨朱和卢氏的说法。矫氏在季梁的儿子们看来一定是个深通医理的好大夫，在季梁看来，他却是庸医。

　　从一般的角度来看，在这个故事中，到底谁的话最中听？不用怀疑，当然应该是矫氏，因为他有充分的理论分析，而且愿意尽力而为，不管从业务能力还是工作态度来说，都符合一般人对医生的要求。但是，在季梁的评价体系中，他却得了一个最低分。再看看说话最不中听的那个俞氏，他是一个彻底的悲观主义者，干脆告诉病人：你没救了。这样的做法在世俗观念中起码是严重违背医德的，当然也是我们最不喜欢的，可是季梁也没有把他列为首选。由此也可以看出，季梁这里并非是简单地与世俗观念对着干，你说往东我偏说往西，还是有自己一套评判系统的，这就要看他首选的那个神医卢氏和他的挚友杨朱说些什么了。反复读一下，我们会很惊奇地发现，他们两个人的基调居然是一句废话，不知道。你的病怎么得的，不知道；病会不会好，不知道；你会不会死，还是不知道。虽然没有给病人轻易判死刑，但至少这是一个不作为的医生，在一般人的观念中也不是好人，为什么季梁如此看重他呢？

道家认为，疾病生死本身是有其原理的，因为生身为人就意味着已经成为自然万物的一分子，必然受到自然之理的制约。这样的道理本来并非很难理解或接受，只是应了那句俗话：关心则乱。没人会关心路边的一条小虫，正因为不关心，见理也就明白：它不久就会死，但究竟在什么时候、以什么方式死却不清楚，或许老天爷知道，可我不知道。可是，一旦自己生病了，就不再洒脱了，拼命地要去追问：我究竟什么时候死？怎么个死法？有没有什么办法去改变？道家看到人性中这种荒唐，于是他们赞美杨朱和卢氏这样的清醒者。那么，为什么要把那个俞氏称作良医呢？猜想起来，大概是有某种情感蕴含其中吧。

我们先来看一个与道家几乎没有任何关系的人说的一段话：医药这一门学问对人类的毒害比它自认为能够医治的一切疾病还有害得多。虽说医生能治好身体，然而他们却消灭了勇气。即使他们能叫死尸走路，和我们又有什么关系呢？我们需要的是人，但是我们就没有看见从他们手中救出过什么人来。医学在我们这里很时髦，它应当是这样的。它是那些闲着没有事干的人的一种娱乐，这些人不知道怎样使用他们的时间，所以就把它消磨于怎样保全自己的生命。如果他们偏偏生成一个不死的人的话，他们也许就是人类当中最不幸的人了：永远不怕丢失的生命，对他们是一点价值都没有的。对于这些人，就需要医生去威胁他们，使他们感到得意，使他们每天感到自己唯一能够感到的快乐，即自己还没有死去的那种快乐。人最可怕的疾病莫过于过分地关注自己生命实体的存在，这会使人们的精神游移到毫无意义的方面，从而失去生命应有的精彩。这段话对医生和医学的态度近乎刻薄，对热衷于就医的人们也是无情的嘲讽。如果以这样的指标去评价，恐怕俞氏是理所当然的良医，天下医生皆如此，那可恶的、毒害人的医学便也不复存在了。

令人感到奇怪的是，说这段话的是法国18世纪的启蒙思想家卢梭，一个无論在時間上還是空間上都和道家對不上號的人。而他們關於生死問題的觀念，竟如此的相似，甚至可以互相進行詮釋。不僅如此這一則故事的結尾也耐人尋味，我們很清楚地知道世俗對於生死問題的心態，誰都想在自己面對死亡的時候能夠出現奇跡，而作者也讓這個奇跡出現在了季梁的身上。如果認同楊朱和盧氏的觀點，人的疾病生死不由天、不由鬼、不由人，那麼，季梁的起死回生究竟因了什麼樣的力量呢？這種奇跡對於季梁這樣的豁達生死的人是否有意義呢？安排這樣一個結尾又是不是有著某種媚俗的動機呢？不知道《列子》的作者究竟是哪一號人物，反正從道家的發展變化來看，他們在生死問題上是最矛盾的。道家的理論對生死採取了超然的態度，而後來衍生出的道教卻一心燒丹煉藥，追求長壽，對此人們一直十分困惑：在生死這個重要問題上態度截然相反，那麼應該說道家和道教只是名稱上的近似；而事實上道教不僅僅是有"道"之名，在其他所有方面都和道家有著極高的吻合度。

那麼，對待生死，究竟是任其自然，還是注重養生，或是追求長壽，在道家和道教兩個層面上就形成極其複雜的糾葛，在學術界，至今還沒有把道家和道教的關係完全整理清楚。《列子》的作者的這種兼顧式的表達方式反而顯得很聰明，一面把楊朱和盧氏這樣不在意生死的人樹為典範，一面又用一個不治自愈的結尾暗示豁達的精神可以養生，同時也表示了一種對生命的尊重與渴望，誰又能說老子、莊子他們肯定不是這樣的心思呢？

修身智慧

◇汝疾不由天，亦不由人，亦不由鬼，稟生受形，既有制之者矣，亦有知之者矣。藥石其如汝何？

◇女始則胎氣不足，乳湩有餘，病非一朝一夕之故，其所由來漸矣，弗可已也。

◇汝寒溫不節，虛實失度，病由飢飽色欲，精慮煩散，非天非鬼。雖漸，可攻也。

林类百岁，拾遗于野

我：夫子，在《天瑞》篇中，您记载着这样的一个故事，林类年且百岁，底春被裘，拾遗穗于故畦，并歌并进。孔子适卫，望之于野，顾谓弟子曰："彼叟可与言者，试往讯之。"子贡请行。逆之垅端，面之而叹曰："先生曾不悔乎？而行歌拾穗？"林类行不留，歌不辍。子贡叩之不已，乃仰而应曰："吾何悔邪？"子贡曰："先生少不勤行，长不竞时，老无妻子，死期将至，亦有何乐而拾穗行歌乎？"林类笑曰："吾之所以为乐，人皆有之，而反以为忧。少不勤行，长不竞时，故能寿若此。老无妻子，死期将至，故能乐若此。"子贡曰："寿者人之情，死者人之恶。子以死为乐，何也？"林类曰："死之与生，一往一反。故死于是者，安知不生于彼？故吾知其不相若矣？吾又安知营营而求生非惑乎？亦又安知吾今之死不愈昔之生乎？"子贡闻之，不喻其意，还以告夫子。夫子曰："吾知其可与言，果然，然彼得之而不尽者也。"现在，您能结合您对生死的看法用通俗的语言再讲讲这个故事吗？

列子：好的，用你们的话来讲，这个故事的大意是林类将近一百岁了，到了春天还穿着皮衣，在田里拾取收割后留下的谷穗，一面唱歌，一面前行。孔子到卫国去，在田野上远远看见了他，回头对学生说："那位老人值得一谈，试着去问问他。"子贡请求前去。在田埂的一头子贡迎住了林类，面对着他感叹道："先生不后悔吗？还边走边唱地拾谷穗？"林类不停地前行，歌声也没有停止。子贡不停地追问，他仰着头回答说："我后悔什么呢？"子贡说："先生少壮时不勤奋，年长后又不争取时间，到老了没有妻子儿女，现在已经死到临头了，还有什么快乐值得拾谷穗时边走边唱呢？"林类笑着说："我快乐的原因，人人都有，你却反而以此为忧。我少壮时不勤奋，年长后又不争取时间，所以才能这样长寿。到老了没有妻子儿女，现在已经死到临头了，所以才能这样快乐。"子贡问："长寿是人人所希望的，死亡是人人所厌恶的，您却把死亡当作快乐，为什么呢？"林类说："死亡与出生，不过是一去一回。因此在这儿死去的，怎么知道不在别处重新出生呢？所以，我当然知道死与生不一样，我又怎么知道忙碌于求生不是一种迷惑呢？同时又怎么知道我现在的死亡不比以前的生更好呢？"子贡听了，不明白他的意思，回来告诉了孔子。孔子说："我知道他是值得一谈的，果然如此，可是他悟得的道理并不完全。"

我：夫子，通过这个故事，您想告诉我们怎样的一个道理呢？您能用简洁的语言总结一下吗？

列子：这个故事体现出来的对生死的看法就是不勤才能长寿，死亡或许快乐。虽然这点完全颠覆了人们的基本道德观和关于生存的常识，却正是我所倡导的观念的一种展示。

【重生贵己解读】 **不富不贵，坦然生死**

对于生死，人类自古就有着大同小异的猜度，诸如鬼神、天界、轮回之类。各式各样的哲人和学派，无论如何表述自己的生死观，他们总是非常熟悉那些已有的猜度，这一点无论是儒家、道家还是印度、希腊，都无一例外。

在这个故事中，列子借着具有隐士形象的林类将这些猜度提了出来：生死是否轮回？死后究竟是怎样的？死后是否比人世间更好？不知道是作者的底气不足还是故弄玄虚，这些问题被拿来问子贡，而俨然一副智者模样的孔子却被安排在了后台。孔子回避了这些问题，事实上也是作者回避了这些问题。开始是孔子对林类产生了兴趣，而产生兴趣的原因似乎仅仅是林类有着隐士的派头。隐士是什么样的？就像庾信《小园赋》里写的"三春负锄相识，五月披裘见寻"，要简单，又要有些怪异；要洒脱，也要有些傲气，可以随意但不能肮脏，可以奇怪但不可堕落，就这样，孔子看上了林类，认为他值得一谈，看来，这个孔子既不是《论语》中那个几近真实的孔子，也不像《庄子》笔下那个为道家寓言服务的孔子。这个实在是个倒霉的孔子，他不小心撞到了关于生死的大问题，可以说是搭好了一个舞台让他自由挥洒，或道或儒或别的什么都行，偏偏最后这个孔子无力招架，含混搪塞地溜走了。

列子画像

我们看到，林类在提出疑问之余也道出了他的人生态度：不勤才能长寿，死亡或许快乐。这两条都可说得上惊世骇俗，完全颠覆了人们的基本道德观和关于生存的常识，却正是道家观念的一种展示。道家不主张孜孜不倦地追求，不管是庸俗的名利还是凡人的生活，抑或更有诱惑力的所谓高尚理想；同时他们不介意生死，生死不过是必然而已。前者和隐士的生活方式是相匹配的，而后者却和隐士没多大关系。所以，这本是一则用意很不错的道家寓言，只是场景和情节的安排上没有完全理顺，到了最后居然有些跑题，只能以"得之而不尽"草草收场。

前人多认为《列子》一书就是注者张湛一手伪造的，那么张湛必然能感觉到这一节有所欠缺，也一定会在注文中加以修饰，但他绝不会对林类的话做出任何否决，因为从道家的主旨来说，林类的话没有问题，有问题的只是孔子应答的情节设计。果然，针对孔子的回答，张湛的注玩起了文字游戏："夫尽者，无所不尽，亦无所尽，然后尽理都全耳。今方对无于有，去彼取此，则不得不觉内外之异。"这样一来，就把孔子说的"不尽"归之于林类不能达到无可无不可的浑然境界，本想把原文说通，却没想到情节设计的缺陷本不在此，这个补丁实在是越打越拙。后来唐人卢季玄做解时看得很清楚，直接指出这个"不尽"说的就是林类该肯定的不肯定，偏要用"安知"这样的不确定语气。他这话一语中的，至少是个更顺的解释。

不仅如此，故事中，孔子角色的衰败，使得林类反倒成了一个人物典型，尽管对他的描写基本以语言为主，而且这些语言也不太适合用作诗文的典故，但还是有不少人在诗文中提到他。因为在《列子》的原书中，前一节的主人公是一个叫荣启期的老头，和林类的形象十分相似，后来也有人对这两个人物分得不是很清楚，但肯定是把他们都看作贤士高人的，宋人刘敞称赞他"此意如昔贤，世人知尔否"，晋人皇甫谧编写《高士传》也把林类收入其中。这类人不富不贵，不为任何一个群体的利益服务，但是他们对名利、对生死都坦然而平静，对生命中的一切保持快乐祥和的态度，这种人便被称为高人隐士。即使是人生追求完全不同的儒家，对隐士也显示出不一般的尊重。

古往今来，聪明人多的是，能创造有价值的思想体系的也不在少数，但真能把生死的隔膜化解殆尽的却不多。孔子也曾谈论生死，在《论语》等书中也曾记载了他自己面对生死时的言行。孔子的智慧、修养和学识足以使他在这个问题上不会如普通的愚夫愚妇一般焦躁骚动，但是要和道家的高人比起来，孔子在这方面的豁达还是略有不及的。倒是后代不少读书人，虽然学问的根本立足于儒家，但也兼习道家及其他学问，于生死问题反而能更加通脱。用今天的话来说，道家学问在生死问题上更能帮助人很好地进行心理调节，而这一点早已被融入悠久的中国文化之中，与各种学术的不同门派之争没什么关系。

修身智慧

◇三春负锄相识，五月披裘见寻。

◇不勤才能长寿，死亡或许快乐。

◇夫尽者，无所不尽，亦无所尽，然后尽理都全耳。今方对无于有，去彼取此，则不得不觉内外之异。

东门丧子，不忧其死

我：夫子，在《力命》篇中，您记载有这样的一个故事，魏人有东门吴者，其子死而不忧。其相室曰："公之爱子，天下无有。今子死不忧，何也？"东门吴曰："吾常无子，无子之时不忧。今子死，乃与向无子同，臣奚忧焉？"这是一个关于生死的故事，您能用通俗的语言再讲讲吗？

列子：好的，这个故事大致的情节是魏国有一个名叫东门吴的人，很喜爱他的儿子，可是当他儿子不幸夭折之后他却没有一点点忧伤的样子。他的管家觉得很奇怪，问他："先生爱儿子可以说是天下少有的了，可是现在您的儿子死了，却不见您悲哀和忧伤，这是为什么呢？"东门吴回答说："我原先就没有儿子，没有儿子的时候并没有感到悲哀和忧伤。现在儿子死了，不是与原先没有儿子一样吗？既然与原先没有儿子是一样的，那为什么要悲哀和忧伤呢？"

我：夫子，这个故事您主要是从演变的角度来看待生死，人本来就不存在，死后也不存在，所以生前与死后没有什么区别。既然他在生前并没有引起人们的哀伤，那么死后也就不应该有什么哀伤了，我这样理解，对吗？

列子：你说得很对，人生在世，生死随其自然。人，生不值得追求，死也不必要回避。

　　　　平静看待生死

在列子看来，生死应该随其自然，而立足点在于人是自然界发展变化的一个过程。说它是自然界发展变化的一个过程，其意义有两点：首先，人是自然而生的，也是自然而死的，非但自然生死，而且既已出生则必然要死，因为这是自然界发展变化的规律，任何人都不可能违背，所以人在生死面前是无可选择的。在这种认识的基础上，则应抱有生死随其自然的态度，这是明智的。反之，明知生不可求而强求，明知死不可免而强免，明知未至死地而趋死，明知前有生路而不行，岂非自讨苦吃？岂非愚昧？第二，人从无而至有，又从有而至无，处于无有之时无知无欲、无苦无乐，回归无有之地也会无知无欲、无苦无乐。既然如此，人生不值得追求，人死不必要回避。

客观一点说，这种观点是一种自然的、实在的、通达的、透彻的观点。之所以这样说，是因为它揭示了生死的真相，驱散了死界的迷雾，消除了对死的恐惧，进入了自若的境界，对人类有解除迷信、唤醒睡梦、启迪理智、脱俗归真的作用。

然而，将这种观点拿到现在来看，发现这是一个近似无赖的偷换概念，跨过了过程直接去比较结果，得出了一个令人啼笑皆非的结论。如果你愿意，一定可以振振有词地与之争辩，并志得意满地大获全胜——因为作者不会有所应对。如果是这样，那只能说你太老实了。道家比较喜欢玩一点小小的狡狯，犹如梁山好汉与人单挑，打得难解难分之时陡然卖个破绽，对方一旦贪了便宜立刻着道。我们读书不比与人厮杀，作者写书卖个破绽也不是为了取你性命，你若是上了当，那是你自己的损失；你若是不上当，会心一笑，则颇有收获。

我们稍一注意就会感觉到，这一段的主题是生死问题，但全然没有理论性的分析，只是一个微型小品，小品的核心就是失去儿子却并不忧愁的这个精彩的理由。这个理由是荒诞的，地球人都知道，问题是，这个行为本身荒诞吗？如果作者认为失去儿子却不忧愁这个行为本身也是荒诞的，那这个小品就没有任何深意，只是在说这么一个脑筋有点问题的怪人而已，这会出现在专门记载耳食谈资的笔记小说里，怎么会出现在颇具哲学思辨色彩的《列子》中呢？再结合全书的思想倾向，我们就不难知道，作者并不认为这个行为是荒诞的，但这样的表现是一般人难以做到的，这样的行为也是与人之常情格格不入的，更严重的是，人们很少去思考自己能接受的那个"人之常情"究竟是什么实质。

儿子死了，父亲应该忧愁，应该为儿子的不幸忧愁。真是这样吗？很少有人会想到问这个问题，但真提出来了却不算难以回答，只是要回答有点难以启齿——不是这样。父亲的忧愁多半是以自己为中心的，因为他失去了后代，因为他失去了生活的依托，在父亲眼里，儿子是有趣的、可爱的、与自己相像的、可以寄托自己未能实现愿望的……这一切哪有关乎儿子的不幸？纯然都是儿子的死带给父亲的不幸！正因为人们不能或不愿意去揭开这一层，所以便在生死问题上多了一种误会，误以为死是不幸的，而实际上像这一类例子都是死者的死给生者造成困扰，并非死者本身的不幸。这样的道理说起来很费劲，而且人们容易受情绪左右而拒绝接受，所以，干脆用开玩笑的方式加以处理，或许效果会更好。至少，已经在指示你撇开儿子那头不说，单从父亲自身的感受出发来面对这个问题。

故事里说东门吴为什么不"忧"，这似乎已经是很婉转客气的说法了。现实中的白发人送黑发人岂止是忧而已，完全是大悲，究其本质，是一种由恐惧而引发的刻骨之悲。恐惧是能严重破坏理性的不良情绪，人有很多产生恐惧的原因，其中对死亡的恐惧最常见，却也最莫名其妙。因为恐惧往往是源自可能来临的痛苦，而死亡本身并不痛苦，痛苦的只是常常会和死亡相伴的疾病和创伤。可奇怪的是，十分痛苦却显然不致命的疾病和创伤常常并不令人恐惧，而哪怕没有丝毫痛苦的自然死亡却会造成相当程度的恐惧。当人们认识自己的感情时，会根据对象分出亲情、友情之类的种种不同，而当对象面临死亡时，那些专门以生时的指标加以区分的情一下子都变得毫无意义。还有一种理解，那就是兔死狐悲。

或许，对死亡的恐惧只是因为对死后一切的无知？如果真是这样，道家也很无奈，毕竟没法给人一个真实的死亡体验，于是，只好幽默。当然，幽默要碰上懂幽默的才成为幽默，同时，幽默也是需要底气的。只有能够安详平静地看待一切自然的，才能从容应对。当死亡不再是威胁、不形成恐惧的时候，人才能气定神闲；唯有气定神闲的人，才能机智地幽上一默，把愉悦和祥和传递给更多的人。这就是魅力，而不是表演。

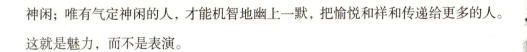

修身智慧

◇吾常无子，无子之时不忧。今子死，乃与向无子同，臣奚忧焉？

◇人生不值得追求，人死不必要回避。

◇只有能够安详平静地看待一切自然的，才能从容应对。当死亡不再是威胁、不形成恐惧的时候，人才能气定神闲。

端木散财，死无所需

【聊天实录】

我：夫子，在《杨朱》篇中，您记载着这样的一个故事，卫端木叔者，子贡之世也。藉其先赀，家累万金。不治世故，放意所好。其生民之所欲为，人意之所欲玩者，无不为也，无不玩也。墙屋台榭，园囿池沼，饮食车服，声乐嫔御，拟齐、楚之君焉。至其情所欲好，耳所欲听，目所欲视，口所欲尝，虽殊方偏国，非齐土之所产育者，无不必致之，犹蕃墙之物也。及其游也，虽山川阻险，涂径修远，无不必之，犹人之行咫步也。宾客在庭者日百住，庖厨之下不绝烟火，堂庑之上不绝声乐。奉养之余，先散之宗族；宗族之余，次散之邑里；邑里之余，乃散之一国。行年六十，气干将衰，弃其家事，都散其库藏、珍宝、车服、妾媵。一年之中尽焉，不为子孙留财。及其病也，无药石之储；及其死也，无瘗埋之资。一国之人受其施者，相与赋而藏之，反其子孙之财焉。禽滑釐闻之，曰："端木叔，狂人也，辱其祖矣。"段干生闻之，曰："端木叔，达人也，德过其祖矣。其所行也，其所为也，众意所惊，而诚理所取。卫之君子多以礼教自持，固未足以得此人之心也。"现在，您能用通俗的语言再给我们讲讲这个故事吗？

列子：好的，这个故事其实理解起来并不难，故事的大致情节就是卫国有一个名叫端木叔的人，是子贡的后代。他凭借祖上留下的产业，积累了万两黄金，从此不再从事什么事业，只管去做他所喜好的事情。凡是人生想做的事情，没有一件落下的；凡是人们想玩的游戏，没有一种不玩的。他建起了高墙阁楼、园圃池沼，吃的喝的、用的乘的、看的听的、仆从嫔妾，都与当时称霸的齐楚君王不相上下。凡是他心所喜好的、耳想听的、目想视的、口想尝的，虽然是他国异方生产而中原绝无的，不得到则绝不罢休，好像那些东西只在隔壁一样。说到出去旅游，哪怕山川阻隔，路途遥远，不入其境则绝不止步，好像那个地方只要迈上一步就到达了一样。在他家住的宾客每天不下一百，只见那厨下的炊烟终日不断，厅堂的乐音永无息时。每年的收入，除了供养家人之外，余下的则散给亲戚，再余下的则散给乡里，再余下的则散给全国。快到六十岁的时候，眼看没有什么力气了，连家里原有的财产也都散给了他人，包括金银财宝、车马服饰、仆役女佣，在一年之中全都散尽，没有给子女留下一点半毫。后来他得了病，没有看病吃药的钱；到他死的时候，没有埋葬的钱。那些受他施舍的人，无论是同乡的还是异乡的，从全国各地赶来，合力将他埋葬了，把他散给大家的财物全都归还给了他的子孙。著名学者禽滑厘听说了这件事后说："端木叔真是个狂人呀！连他祖宗的脸面都给丢光了。"著名学者段干生听说了这件事后说："端木叔真是个通达的人呀！他的德行超过了他的祖宗。他的所作所为使众人震惊，但却合于事理。只因卫国的那些所谓君子们固守礼教，所以他们都不能理解端木叔的想法。"

我：夫子，通过这个故事，您是不是想告诉人们，一个人生前应该努力做自己想做的事情，积累财富，死的时候应该多施惠于人，不必留下财富呢？

列子：你理解得不错。这个寓言故事就是告诉人们一种对待生死的态度，也就是我曾经说过的死后一无所有的思想主张。

【重生贵己解读】

列子的死无所需思想

看完这个故事，大多数人都会认为这个故事含有纵欲的色彩，吃其欲吃，视其欲视，听其欲听，玩其欲玩，但是又表现得不自私，不但不损害他人，而且还施惠于人。

在故事中，列子是贬斥儒家礼教的，所以借段干生之口批评卫国的所谓君子，说他们固守礼教，思想僵化，难以理解端木叔的思想品德；不仅如此，它所表现出的不是乐生恶死，而是以死为空，以死为无，所以故事中的端木叔生前便把家财散尽，以表死后一无所知、无牵无挂，甚至子孙也不归己所有的思想。

死后一无所有，在列子生死随其自然的理论中占有一席之地，但它并不必然导致纵欲。在这里，列子之所以将纵欲与死后一无所有的思想联系起来，是为了将生与死鲜明地对立起来。生是代表"我"的存在，死是代表"我"的消失。"我"存在着，所以有各种各样的需要，这些需要很明显，所以以纵欲来突现；"我"消失了，所以什么也不需要了，不是一般的不需要，而是无一需要，所以以散尽钱财来凸显。因此，这个故事里的纵欲情节不是为了用来宣扬纵欲主义，而是为了反衬死后一无所有的思想。正因为这样，所以故事中的纵欲行为不是贪婪无限的，只是围绕"我"的需要，只要满足了"我"的需要，则不再占有，而是散予他人。这与"我"死后一无所需，钱财全部散予他人是完全一致的。

我们还看到，这个故事中所说的观点并不都是列子的，有些观点是列子的，有些观点与列子的相近，而有些则与列子的相去甚远。之所以讲述出来，是为了说明学界对生死问题各持己说。所以故事的尾部虚构了两位学者的不同评述：一位是代表墨家思想的禽滑厘，一位是代表道家思想的段干生。不但他们二位对端木叔行为的评价大相径庭，而且段干生的话中又连带出了尊奉礼教的儒者。

"端木散财"中所表现出来的对待生死的不同态度，与列子的观点有一定联系，但又有区别。此外列子还讲到对待生死的两种观点：一种是生则枏冷，死则相捐；一种是不私公身，不私公物。

修身智慧

◇吃其欲吃，视其欲视，听其欲听，玩其欲玩。

◇奉养之余，先散之宗族；宗族之余，次散之邑里；邑里之余，乃散之一国。

◇生则枏冷，死则相捐；不私公身，不私公物。

第六章

列子与我聊说话艺术

　　说话是一种艺术，更是一门学问。在当今社会，说话艺术的重要性不言而喻。而早在列子时期，就已经有了对说话技巧的认识，比如说，至言去言、文玄结合等。当我们穿越时空和列子对话的时候，也要聊聊这方面的内容，对于想在说话方面有所提升的人来说，在这里，一定会受益匪浅。

祸从口出，至言去言

【聊天实录】

我：夫子，在《说符》篇中，您记载着这样的一段对话，白公问孔子曰："人可与微言乎？"孔子不应。白公问曰："若以石投水，何如？"孔子曰："吴之善没者能取之。"曰："若以水投水，何如？"孔子曰："淄渑之合，易牙尝而知之。"白公曰："人固不可与微言乎？"孔子曰："何为不可？唯知言之谓者乎！夫知言之谓者，不以言言也。争鱼者濡，逐兽者趋，非乐之也。故至言去言，至为无为。夫浅知之所争者末矣。"白公不得已，遂死于浴室。现在，您能用通俗的语言亲自给我们讲讲这个故事吗？

列子：好的，用你们的话来说，白公问孔子说："人可以和别人密谋吗？"孔子不回答。白公又问道："如果把石头投入水中，会怎么样？"孔子说："吴国善于潜水的人能取到它。"白公又问："如果把水投入水中，会怎么样？"孔子说："淄水与渑水混合在一起，易牙尝一尝就能分辨出来。"白公说："人本来就不能和别人密谋吗？"孔子说："为什么不可以？这只是说懂得语言的人吧！所谓懂得语言的人，是指不用语言来表达意思的人。争夺鱼的人浑身湿透，追逐兽的人一路狂奔，并不是有乐趣的。所以最高的语言是不用语言，最高的作为是无所作为，那些知识浅薄的人所争论的都是些细枝末节。"白公不能停止自己叛乱的计划，终于死在了浴室里。

我：夫子，通过您的讲解现在我们对这个故事有了更多的了解，您能用简洁的语言讲讲这个故事的主旨吗？

列子：好的，这个故事是讲说话的智慧。祸从口出，一个人在说话的过程中，一定要谨慎言语，这样才不会招致祸患，让自己陷入困境。

【说话艺术解读】　　　　**掌握说话的艺术**

春秋晚期，楚国是南方一个相对强盛的大国，但其内部也有不少矛盾。楚平王做国君时和他的继承人太子建发生了冲突，太子建流亡到了郑国，又与晋人谋划袭击郑国，结果事情败露而被杀。这里所说的白公就是太子建的儿子，名字叫胜，很多地方都称之为白公胜。太子建被郑人杀了以后，白公胜先是逃到吴国，后来楚国的令尹子西把他召回楚国，让他做了巢大夫，于是有了白公的封号。但当时的巢地已被吴国占领，所以白公真正的领地是在现在的河南息县东。白公胜回国后，采取了一系列有效的政治措施，积极争取民众。正好吴国派兵前来，被白公胜打败。于是他以献城为名，领兵进入楚国首都郢，顺势发动政变。这场政变，白公胜一度占了上风，但没有获得最终的胜利，而是被楚国的各路势力击败，白公胜也落了个自缢身亡的下场。

在这个故事中，我们仔细看他们的对话，艺术而含蓄。同样一件事，怎么让他们这么一说就如此回味无穷呢？这是我们要关注的点。说话，本来是再简单不过的事情，就是有了什么想法用语言把它表现出来，让别人也能明白。可是随着人类活动日益复杂，慢慢地，说话变得不再那么简单。人和人之间纠缠了无数的利益、矛盾、冲突、误解，语言也因此被复杂化，一句话除了它本身所表达的意思之外又附加了很多额外的含义。于是，说话时一不小心便会产生不可预料的后果，严重的甚至会因此丢掉性命，病从口入，祸从口出，一点都不夸张。

在当时的社会背景下，玄谈的风气也逐步形成，战国和魏晋都属于乱世，战国的好多人都在关心如何让天下得以治理，让百姓能够安居乐业，其中人世精神比较淡的道家也夹杂了不少超出政治范畴的哲学话题。到了魏晋南北朝，知识分子一样也要说话，但是这时他们关心的已经不再是建设社会的问题，而首先是如何保住自身。为什么呢？同样是乱世，战国时期军阀割据，虽然战乱频仍给百姓带来了很大的灾难，但是对于贵族和知识分子而言，他们面对的只是一个竞争很残酷的市场，这个老板看不中可以去投奔那个，关键是自己要有本事。这样，他们谈论政治、军事事实上也是一种有效的自我宣传，可以把自己推向市场。魏晋时期就不一样了，虽然不是秦汉时期垄断的天下一家，但也不像战国时期那么政权林立，改换门庭不再是一件容易的事，政治迫害也已经发展到极致。于是，魏晋读书人总体上追求活得潇洒，很放荡，很从容。这本不是他们愿意这样，而是适者生存的自然法则所导致的，他们愿意为社会在政治、在国家民族方面做一点事情，很有责任感；但是，这样做危险太大，动不动就会有杀身之祸，所以大家都不敢直面社会政治，不敢对现实发表意见。

于是，他们的话语就被挤压到另外一个方面：来谈一些玄的问题吧，谈宇宙，谈自然，谈人的生命，谈成什么样子也不至于得罪人掉脑袋。本来是被挤过来的，不得不谈这些东西打发闲得发慌的口舌，但是谈着谈着发现很有乐趣，很训练思维，于是慢慢就成了风气，大家对此有了比较集中的评判指标，用现代词汇说，玄谈既要有哲学素养，又要讲究语言水平。按照《晋书》的记载，有个叫阮瞻的很能言简意赅地谈论玄理，司徒王戎问他：孔子和老庄思想的主旨有什么异同？我们今天的博士、教授用这个话题能写厚厚一本书，阮瞻呢，说了三个字：将无同，意思相当于"恐怕是一样的"。王戎对这个回答赞叹不已，当即下令让他做了秘书——那时候叫作"掾"，也称"三语掾"，就是用三个字换来的秘书。他这三个字是地道的废话，王戎佩服的当然不是话的内容，而是觉得这个阮瞻很懂得说话的艺术。

说话的艺术在历代文献中都能找到活生生的案例，《左传》中几乎所有外交场合的对话都是超级含蓄婉转的，有时候不得不动脑子琢磨一下才知道其含意。在道家著作中，孔子对白公这一节也堪称典范。当时事情的细节我们已经不清楚了，想来是白公想请孔子帮忙，却又摸不准他是否愿意，于是就开始了一连串哑谜式的问答——必须是问答，这是一个巴掌拍不响的事。人可与微言乎？谈话是否达成现实中的目标，那是功利层面上的事，而谈玄者对此毫无兴趣。

修身智慧

◇争鱼者濡，逐兽者趋，非乐之也。故至言去言，至为无为。

◇病从口入，祸从口出。

◇人可与微言乎？

至为无为，文玄结合

【聊天实录】

我：夫子，我曾经在您的著作《黄帝》篇中读到这样的一个故事，海上之人有好沤鸟者，每旦之海上，从沤鸟游，沤鸟之至者百住而不止。其父曰："吾闻沤鸟皆从汝游，汝取来，吾玩之。"明日之海上，沤鸟舞而不下也。故曰：至言去言，至为无为。齐智之所知，则浅矣。您现在能用通俗的语言亲自讲讲这个故事吗？

列子：好的，用你们现在的话来说，这个故事大致的情节是海边有个喜欢鸥鸟的人，每天早上去海上跟鸥鸟游玩，鸥鸟来玩的数以百计。他父亲说："我听说鸥鸟都跟你游玩，你抓一只来，我玩玩。"第二天他来到海上，鸥鸟都在空中飞舞而不下来。所以说：最好的语言是没有语言，最高的作为是没有作为。挖空心思用小聪明所了解到的，都是很浅陋的了。

我：夫子，在这个故事中，您讲的是说话的艺术，对此，您能用简洁的语言再给我们说说吗？

列子：好的，这个故事其实就是借助于鸥鸟这种动物的特性，阐述了一种说话艺术的观点，就是对语言美感的追求，说话时，也应该有这样的追求。

【说话艺术解读】 语言艺术要追求美感和人文的结合

鸥是水鸟的一种通称，现代动物分类很细，而古人则把很多水鸟都称作鸥，从诗文和记载来看，其中也有些并不像我们今天所说的海鸥或燕鸥。西方人的分类从生物学角度出发，严格按照物种的生理属性，锱铢必较，鸥形目中又细分出一百多种。这样的做法严格、精准，能够如实反映现实中存在的各种不同的鸟类。然而凡事侧重于一个方面，就不免在另一方面有所疏忽，对生物的严格归类区别，充分体现了科学性，

鸥

却丧失了大量的人文内涵。在中国文化中，物类相对比较模糊，人们常常以一两个比较突出的特点来命名某一种东西，以至于它们在生物学上可能根本就是风马牛不相及的物种。我们都记得鲁迅笔下的百草园里有一棵高大的皂荚树，近来人们才发现，百草园中并没有豆科植物皂荚，有的只是一种叫作无患子的树。究竟是不是鲁迅认错了树木并不重要，重要的是这样的事情在中国古代实在平常——一方面听说过皂荚树的果实可以用来洗衣服，另一个方面眼前又有一棵取其果实洗衣服的树，于是就这么称之为皂荚树了。人们命名事物就是这样，只关心自己认为最重要的特征，而不是所谓生物学意义上的本质特征，这么一来，许多事物便有了特定的人文内涵了。

鸥是一种很诗意的鸟，它的重要特征就是生活在水边，常常自由地翱翔。于是诗人写到鸥时，既可以看作实写景物，也可以看作是表达一种特殊的含义。杜甫就很喜欢用这个"鸥"，"自去自来堂上燕，相亲相近水中鸥""飘

零何所似，天地一沙鸥""远鸥浮水静，轻燕受风斜"等都是他诗中的妙句，读着这样的句子，眼前浮现的是水鸟，但绝对不会细致到喙的形状、羽毛的颜色，更无从知道它的食性、生活地域和其他的生物学信息，但是人们会很自然地联想到自由、轻松、淡泊或孤寂等原本很抽象的词语，这就是诗的主张、美的主张。

谁也说不清是对语言美感的追求造就了这样的命名事物的方式，还是这样的命名习惯成全了众多优美的文字。同样，我们不知道究竟是因为鸥早就有了自由的附加含义才被用作寓言的主角，还是因为人们真的曾经发现鸥是很有灵性的鸟类才这么说，反正，后来这个鸥鸟忘机的故事成了著名的典故。李商隐用"鸥鸟忘机翻浃洽，交亲得路昧平生"来描写一个纯真质朴的乡间老叟，柳宗元用"闻道偏为五禽戏，出门鸥鸟更相亲"来渲染远离喧嚣的郊外那清新自然的生活，陆龟蒙则用"自是海边鸥伴侣，不劳金偈更降心"来称赞与僧侣朋友之间没有任何功利色彩的友情。这本来就是道家的一个侧影，他们厌恶政治、厌恶功利，的确是现实让他们失望、让他们绝望，但这种选择倾向同样出自他们固有的价值追求。既然利益已经变得可有可无且危险重重，那么，何不向那率真的事物去寻觅真正的快乐？《列子》提到了这个鸥，但它的文字写作"沤"，沤就是水中的泡沫，随生随灭又比比皆是，它们不受任何羁绊，也不在意无常的生灭，尽管微不足道，却充满着快乐的生机。或许正是因此，那种出没风波里的水鸟才有了"沤"的名字，而因为是用来指鸟，又被换作了鸟字旁的鸥。这个汉字是不是如此发展而来不得而知，但可以肯定鸥鸟是这样一种形象。

道家的话题固然抽象，却绝不肯纯然流于枯燥，后来的玄学也秉承了这种特点。在古代，不管思想如何变化，时尚如何流转，作诗始终是读书人的习惯。到了玄学盛行的时候作什么诗？当然就是所谓的玄言诗。对于玄言诗，我们文学史上历来评价不高，刘勰在《文心雕龙》中就贬斥过玄言诗，他说玄言诗的毛病就在于满是道德，读起来跟《老子》的五千言一样毫无文采，所以玄言诗在中国诗歌史上流行的时间并不是很长，但是影响了整整一代人。当时一些非常著名的人物都写玄言诗，因为那时候他们急于表达玄理。到了他们的后辈，很快就把固有的文学素养和玄理结合了起来，于是便有了著名的山水诗，有了谢灵运、鲍照、陶渊明这样的大家。他们发现，对于自然，描述比论证更有魅力。自然之中处处是理，正所谓大道无处不在，但如果你只是在讲述那些原理和机制，实在是一件沉闷的事。

即便是那些精彩的寓言，也往往因为目的性太强而缺乏亲和力。是啊，列举一大串的奇怪的生物繁衍现象，固然能说明生化之理，但总显得还有些不完美。不完美在哪儿呢？不灵动、不亲切，不能让人在心灵上产生共鸣而念念不忘，很久以后的人们渐渐喜欢用这样一个词：神韵。神韵是什么？一句话说不清，很多话也未必说得清。生动，让人有想象、发挥和再创造的空间，这就是具备神韵的基本要素。鸥鸟的故事或许算不上杰作，但它有着一种明显的追求神韵的色彩。"至为无为"固然是这个故事的核心，但作者并没有在理论上反复纠缠，反而是花了些心思去编排这个故事。故事的情节一一落实，中间留下了很多的空隙，并没有仔细加以描写，比如父子二人的心理，尤其是儿子在这个事件过程中的心理变化。但正是这些空隙最终成了读者想象、回味的空间，这种空间产生的妙用，又使得鸥鸟成了人们念念不忘的一个形象。

修身智慧

◇至言去言，至为无为。齐智之所知，则浅矣。

◇鸥鸟忘机翻浃洽，交亲得路昧平生。

◇闻道偏为五禽戏，出门鸥鸟更相亲。

列子适卫，丰满繁复

我：夫子，在《天瑞》篇中，您记载了这样的一个故事，原文是子列子适卫，食于道，从者见百岁髑髅，攓蓬而指，顾谓弟子百丰曰："唯予与彼而未尝生未尝死也。此过养乎？此过欢乎？种有几：若蛙为鹑，得水为继。得水土之际，则为蛙蟆之衣。生于陵屯，则为陵舄。陵舄得郁栖，则为乌足。乌足之根为蛴螬，其叶为蝴蝶。蝴蝶胥也化而为虫，生灶下，其状若脱，其名曰鸲掇。鸲掇千日化而为鸟，其名曰干余骨。干余骨之沫为斯弥，斯弥为食醯颐辂。食醯颐辂生乎食醯黄轵，食醯黄轵兄生乎九猷，九猷生乎瞀芮，瞀芮生乎腐蠸。羊肝化为地皋，马血之为转邻也，人血之为野火也。鹞之为鹯，鹯之为布谷，布谷久复为鹞也。燕之为蛤也，田鼠之为鹑也，朽瓜之为鱼也，老韭之为苋也，老羭之为猨也，鱼卵之为虫。亶爰之兽自孕而生曰类，河泽之鸟视而生曰鹢。纯雌其名大腰，纯雄其名稚蜂。思士不妻而感，思女不夫而孕。后稷生乎巨迹，伊尹生乎空桑。厥昭生乎湿，醯鸡生乎酒。羊奚比乎不笋，久竹生青宁，青宁生程，程生马，马生人，人久入于机。万物皆出于机，皆入于机。现在，您能结合说话的艺术用通俗的语言给我们细细讲讲吗？

列子：好的，这个故事其实是我的一段经历，用你们现在的话来说，这个故事的大意就是我曾经到卫国去，在路边吃饭，随从看见路旁有一个百年骷髅。我拔起一根蓬草指着它，回头对我的学生百丰说："只有我和它了解既没有生也没有死的道理。它果真忧愁吗？它果真欢喜吗？物种都有生死的机理：就像青蛙变为鹌鹑，得到水又变作水草，到了水土交会之处，又成为青苔。生长在高陵上，便成为陵舄草。陵舄得到了粪土，又变为乌足草。乌足草的根变为蛴螬，它的叶子变为蝴蝶。蝴蝶很快就又变为虫子，生长在灶下，样子好像蜕了皮一样，它的名字叫鸲掇。鸲掇在一千天后变成鸟，它的名字叫干余骨。干余骨的唾沫变成虫子叫斯弥，斯弥又变成为酒醋的颐辂虫。酒醋的颐辂虫生出酒醋上的黄軦虫，酒醋上的黄軦生出了九猷虫，九猷生出瞀芮虫，瞀芮虫又生出萤火虫。羊肝化作地面上的白气，马血变成转动的磷火，人血变成磷火。鹞子变成晨风鸟，晨风鸟又变成布谷鸟，布谷鸟过了很久又变成鹞。燕子变成蛤蜊，田鼠变成鹌鹑，腐朽的瓜变成鱼，老韭菜变成苋菜，老母羊变成猿猴，鱼卵变成虫子。亹爰山上的兽自己怀孕生崽叫作类，河泽中的鸟互相看着就能生子叫作鹍。全是雌性的动物名字叫大腰，全是雄性的动物名字叫稚蜂。单相思的男士不娶妻子就能感应受胎，单相思的女子不嫁丈夫而怀孕。后稷生于巨人的脚印，伊尹生于空心的桑树。厥昭生在潮湿的地方，蠛蠓生在酒醋中。附近有羊奚草就不长笋，老竹生出青宁，青宁生出程，程生出马，马生出人，人活久了又重回造化运转之机。万物都从这个机关生出，又都重回这个机关。

我：夫子，根据您的讲解，我们对这个故事的理解更深刻一些，您能用更简洁的语言说说这个故事想告诉我们怎样的说话艺术吗？

列子：可以，通过这个故事，其实我们可以了解到玄言的特点，那就是采用丰满繁复来讲述一个道理或者说明一件事，这在很多的写作或者说理当中，是可以借鉴的。

【说话艺术解读】　　　　找到列子表达技巧的契机

世间有各种稀奇的事物，对它们多加了解是各家学派都不反对的。孔子就把"多识于鸟兽草木之名"列为读《诗》的一大理由，而墨子也算是先秦诸子中出色的博物学家。在传统中，这类杂识大体有两种治学侧重：一类偏重于考证，主要是通过各种记载证明什么东西叫什么名字、有何种特点，古人大多以此为经学服务；另一类偏重于论证，各种事物的古怪特点被用来阐述、证明一定的事理。《列子》这一段更接近后者，因此其中提到的那些具体事物不但我们今天无从知道究竟是什么，即便古人甚至当时的人也不见得都十分清楚。

古人把这类学问称为物理学，东汉时期有一本著作名叫《物理论》，明朝末年著名学者方以智又写过《物理小识》。后来西方的学术进入中国，物理一词就被赋予了新的内涵，直到今天我们仍然在用。反过来看中国土生土长的"物理学"时我们会觉得有些怪异，因为中国固有的理论构架和西方的自然科学完全不同，虽然都是研究万物的机理，但在具体的表述上还是很不一样的。单就所要证明的理论而言，眼前这一段实在是够简单的，无非就是说各种生物的产生繁衍，不尽是我们所熟知的有性生殖。所以，这段话要看我们如何去读，要是"不求甚解"，那是非常简单的一段话；要是对里面的具体名物一一旁征博引详加考证，那恐怕写个几万字的论文都不为过。

现在，我们把它当作道家的著作来读，或者是当作玄谈来读，"不求甚解"是非常必要的。作者如此夸张铺叙，其用意本也不在于要给读者去提供这些"常识"，这一类现象是人们所知的，这就足够了。无论对现代人还是古代人来说，自然界中不可思议的现象都有不少，在特定的时候被人提及得多的便成为最有说服力的例子，在古代，雀入大水化为蛤、腐草化为萤之类的说法屡见于各家著述，所以也就成了人们十分熟悉的事，尽管很少有人认真去考究其真伪和根本原理。我们知道在用事例去证明一种观点的时候并不像往筐里装鸡蛋那样简单，用两个相似的事例证明一个道理可能比只用一个事例的效果好很多，也就是说一加一大于二。所谓雄辩，所谓气势恢宏，说的便是这类情形。不过，其中的奥妙绝不仅仅在数量，语句的搭建、事例的选择和编排等都有其规律。

《列子》中所列举的这些奇怪事物可以相信，作者在这里并非杜撰，因为其中确有一些是别的书中也提到过的。但可以肯定的是，其例子大多比较生僻，不要说时至今日，即便是历代的读书人也有不少只能猜测的。然而这已经是玄言的通俗化、人性化的表现了，他毕竟是在说理，较之寻常的在概念之间换来套去，这种表达方式无疑更能亲近读者。或许，对作者来说，如果有人能依据其说去加以补充、完善，那才是更好的互动。那么，以我们的知识系统来看，道家所说的生化之理是否值得思考呢？答案是肯定的。根深蒂固的现代生物学知识使我们相信世间的高等生物都是通过雌雄交配而繁衍的，低等生物中会有无性繁殖的现象，但新个体的产生总是源自旧有的个体，不同的物种之间绝不会轻易转化。这样的观念的确能够解释很多历代相传的误解，例如鳞翅目的动物也就是各种蛾子、蝴蝶，在其生命周期中会有一个蛹的阶段，从蛹发育为成虫，其外形的变化巨大，完全是从爬虫变成了飞虫，很容易被误解为物种之间的变化。我们通常被有系统地灌输了现代生物学的认知方法，所以对其他的体系便会视而不见，佛家说的"四生"，即卵生、胎生、化生、湿生，我们能接受的是前两种，后两种则跟我们的知识系统不尽相合，于是我们便自以为那是佛家的误解。

古代的哲人真的那么荒诞不经吗？这个问题我们不急着去判断。不妨以现有的科学知识为依据，想想我们熟知的各种生物现象，看看是否能够令人信服地解释一切。生活中最常见的苍蝇、蚊子就很可疑，为什么有潮湿温暖的环境便自然会滋生蚊子，而一旦有些腥臭腐烂的东西便招来苍蝇？科学的解释是：它们有很强的繁殖能力，一旦环境适合，便会以很高的效率快速繁殖。蚊蝇产卵的事的确也是能够看到的，而冬天躲在某个角落过冬的蚊蝇被热气一腾就飞出来的事也是比较常见，所以，这个科学推论勉强算它通顺。

用丰满繁复的语言对问题进行分析证明，本来就是谈玄的形式之一。《世说新语》记载清谈高手殷浩给谢尚讲论各种义理，动不动就来一段长篇大论，文辞优美，内容丰富，谢尚听得"注神倾意，不觉汗流交面"，他们两位可以说是互有感应、惺惺相惜了。我们现在读《列子》，碰到这么一段内容厚实的，满头大汗想必是不至于的，但总要找到欣赏这种表达手法的心理契机，只有这样才能更深入地理解体悟列子的用意。

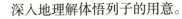

◇万物皆出于机，皆入于机。

◇注神倾意，不觉汗流交面。

◇所谓雄辩，所谓气势恢宏，说的便是这类情形，不过，其中的奥妙绝不仅仅在数量，语句的搭建、事例的选择和编排等都有其规律。

亢仓之知，得聃之道

【聊天实录】

　　我：夫子，在《仲尼》篇中，您记载了这样一个故事，陈大夫聘鲁，私见叔孙氏。叔孙氏曰："吾国有圣人。"曰："非孔丘邪？"曰："是也。""何以知其圣乎？"叔孙氏曰："吾常闻之颜回曰：'孔丘能废心而用形。'"陈大夫曰："吾国亦有圣人，子弗知乎？"曰："圣人孰谓？"曰："老聃之弟子有亢仓子者，得聃之道，能以耳视而目听。"鲁侯闻之大惊，使上卿厚礼而致之。亢仓子应聘而至，鲁侯卑辞请问之。亢仓子曰："传之者妄。我能视听不用耳目，不能易耳目之用。"鲁侯曰："此增异矣。其道奈何？寡人终愿闻之。"亢仓子曰："我体合于心，心合于气，气合于神，神合于无。其有介然之有，唯然之音，虽远在八荒之外，近在眉睫之内，来干我者，我必知之。乃不知是我七孔四支之所觉，心腹六藏之所知，其自知而已矣。"鲁侯大悦。他日以告仲尼，仲尼笑而不答。现在您能用通俗的语言亲自说说这个故事吗？

　　列子：好的，用你们现在的话来说，这个故事大致的情节是陈国的大夫去鲁国访问，以私人身份会见叔孙氏。叔孙氏："我国有一位圣人。"陈国大夫问："不就是孔丘吗？"叔孙氏说："是的。"陈国大夫问："怎么知道他是圣人呢？"叔孙氏说："我曾经听颜回说，'孔丘能放弃心灵而只用形体'。陈国大夫说："我国也有圣人，您不知道吗？"叔孙氏问："圣人指谁？"陈国大夫说："老聃的弟子中有个叫亢仓子的人，得到了老聃的道术，能用耳朵看东西，用眼睛听声音。"鲁侯听说这事后大为惊奇，派上卿用丰厚的礼物去邀请他。亢仓子应邀来到鲁国，鲁侯用谦虚的语气向他请教。亢仓子说："那是传话的人在瞎传。我能不用耳朵听，不用眼睛看，但并不能互相调换耳目的作用。"鲁侯说："这就更奇怪了。你的道术究竟是什么样的呢？我实在很想听听。"亢仓子说："我让自己的形体随着自己的心动，让自己的心随着自己的气动，让自己的气随着自己的神动，让自己的神随着无形无象的宇宙而动。因此不管是毫芒那么细小的东西，还是蚊鸣那么微弱的声音，哪怕远在天边，近在目内，只要它来干扰我，我就一定能够知道。也不晓得是我的七窍四肢知道的，还是我的五脏六腑知道的，反正是自然而然就知道了。"鲁侯听后大开心窍，日后把这个事情告诉了孔子。孔子只是笑了笑而不答。

我：夫子，听完您的讲解我们了解得更清楚些了，但通过这个故事，您是想告诉我们一个怎样的道理或者说是说话的艺术呢？

列子：通过这个故事，其实就是想说，真正的智慧不是耳聪目明、心灵手巧，而是顺应宇宙的自然变化。宇宙是无形的，难以用耳听其所动，难以用目观其所行，只能用整个身心去体验和领悟，以道家始祖老子的话来说，就是"涤除玄览"，用现代人的话来说，就是直观体验。

我：夫子，您是说，人与宇宙本是一体，相互之间自然感应，所以用不着用耳听声、用目视物。而且耳目都有各自的局限，只能在一定范围内发挥作用，超出了范围则无能为力了。只有把自己的全部身心融化在无形无象的宇宙之中，让自己的身心与无形无象的宇宙自然感应，才能无所不听，无所不视。所以亢仓子说"不管是毫芒那么细小的东西，还是蚊鸣那么微弱的声音，哪怕远在天边，近在目内，只要它来干扰我，我就一定能够知道。也不晓得是我的七窍四肢知道的，还是我的五脏六腑知道的，反正是自然而然就知道了"。这样理解，对吗？

列子：你说得很对，就是这个意思。

【说话艺术解读】

儒家和道家的语言

这是一段很有趣的故事，说的是老子和孔子"斗法"，而且所斗的项目设置也很滑稽，居然是特异功能的比赛，似乎有后来《西游记》中车迟国佛道斗法的影子。凭空想来，道家本是洒脱的，生死利害都置之度外，哪里还会那么关心胜负，以至于闲来无事还找人斗法？然而，身为先秦一派的道家也好，魏晋时代大谈玄理的名士也罢，既然千百年后还能被我辈抓到踪迹，那么，当初也就肯定不全是超然物外的。在人事中打滚的，哪有不计较胜负的道理？既然沾了胜负，那斗法云云至少也可以看作是一种形象化的描述吧。

这个故事的开始是外交场合中为了各自的荣誉而互相吹牛，废心用形被视作是一种低级的"法术"。如果依据道家的观念，这里有着双重的荒谬。首先，废心用形的境界并不低，但只是因为一般人很难理解这种表述，所以更加直观的耳目易用才占了上风，而且双方竟都能接受这样的高下判断。其次，耳目易用本身是一种误传，因为它对于将自身融入自然这样一个任务来说没有什么意义，依旧是在用感官去感知外界，不过是彼此置换一下而已，所以后来亢仓子予以纠正。

这么一纠正，对于颇为俗气的鲁侯来说应很是失望，或许是看在"厚礼致之"的份儿上，鲁侯居然说出了"此增异矣"的话，从上下文中鲁侯的表现来看，这四个字是纯粹的言不由衷。

另外，故事用孔子与老子的弟子做对比，有贬低儒家而崇尚道家的蕴意。儒家与道家在中国古代是观点相左的两个学派，在智慧问题上，儒家看重具体形象，讲究多闻多见，道家看重无形无象，讲究直观体验。

故事中的孔子超出了儒家所说的最高智慧，而且有向道家倾斜的倾向。儒家所说的最高智慧是孔子自己说的"从心所欲不逾矩"，也就是说，最有智慧的人，心中所思都符合人的行为规范，只要随心行去便不会出错。这种智慧是由耳闻目睹的感性知识积累、上升而来的，感性的知识积累多了，就会逐渐形成一种区别是非的能力，化为一种规范性的思维习惯，思不逾矩，因此从心而行也就不会逾矩。故事中的孔子比这更高一筹，到了随形所趋不逾矩的境界，连思都不用思，如此看来他已经脱离了儒家使用认知器官求取知识的轨道，达到了儒家难以攀上的高峰，所以叔孙子称其为圣人。可是，在道家看来他还差得很远，不要说与老子相比，就连老子的弟子都比不上，所以故事中的陈大夫特意推出老子的弟子亢仓子，以亢仓子为圣人。

无论《列子》究竟是晋代的产物还是先秦人的手笔，显然它有着和玄谈相关的内容，但又未必都是后来发展成熟的玄谈，有时只是内容的相似或观念上的吻合。就玄谈而言，它有一个很重要的前提就是听众必须对路，听不懂的人是无法与之玄谈的。这一点也是道家自身性格中的一个比较突出的特征，道家不喜欢那些死不开窍的榆木脑袋。孔子和亢仓子在这个故事中算是两个正面形象，亢仓子在前面做了一个普及道家学术的传教士，但他收效甚微。而孔子比较倒霉，一开始就被人挤到了后台，直到鲁侯拿着前前后后积攒起来的一连串误解向他炫耀时，孔子已经无法再做什么完整的分析了，事实上对这些完全外行的人本来也没有可能说明白，于是，只好不置可否，一笑了之。

修身智慧

◇真正的智慧不是耳聪目明、心灵手巧，而是顺应宇宙的自然变化。

◇在智慧问题上，儒家看重具体形象，讲究多闻多见；道家看重无形无象，讲究直观体验。

◇我能视听不用耳目，不能易耳目之用。

物职所宜，无能而能

【聊天实录】

我：夫子，在《天瑞》篇，您记载着这样一段话，子列子曰："天地无全功，圣人无全能，万物无全用。故天职生覆，地职形载，圣职教化，物职所宜。然则天有所短，地有所长，圣有所否，物有所通。何则？生覆者不能形载，形载者不能教化，教化者不能违所宜，宜定者不出所位。故天地之道，非阴则阳，圣人之教，非仁则义；万物之宜，非柔则刚：此皆随所宜而不能出所位者也。故有生者，有生生者；有形者，有形形者；有声者，有声声者；有色者，有色色者；有味者，有味味者。生之所生者死矣，而生生者未尝终；形之所形者实矣，而形形者未尝有；声之所声者闻矣，而声声者未尝发；色之所色者彰矣，而色色者未尝显；味之所味者尝矣，而味味者未尝呈：皆无为之职也。能阴能阳，能柔能刚，能短能长，能员能方，能生能死，能暑能凉，能浮能沉，能宫能商，能出能没，能玄能黄，能甘能苦，能膻能发香。无知也，无能也，而无不知也，而无不能也。"现在，您能用通俗的语言亲自讲讲这个故事吗？

列子：可以，用你们的话说，这个故事的大致情节就是我曾经说：
"天地没有完备的功效，圣人没有完备的能力，万物没有完备的功用。
所以天的职责在于生长覆盖，地的职责在于成形承载，圣人的职责在于
教育感化，万物的职责都在于它们各自所适合的方面。这样，天有所短
缺，地有所擅长，圣人有所滞塞，庶物有所通达。为什么呢？这是因为
生长覆盖的不能成形承载，成形承载的不能教育感化，教育感化的同样
不能违背它自己所适合的方面，事物所适合的方面是各自确定的，不能
再超出它已有的范围。所以天地之道，非阴即阳；圣人的教化，非仁则义；
万物所适合的方面，非柔即刚，这些都是按照它所适宜的方面而不能超
出它已有的范围。所以有生死的事物，有使之有生死的事物；有形状的
事物，有使之有形状的事物；有声音的事物，有使之有声音的事物；有
颜色的事物，有使之有颜色的事物；有滋味的事物，有使之有滋味的事物。
生出的有生死的事物已经死了，而使它有生死的事物却没有终止；成形
的有形状事物已经切实存在了，而使它有形状的事物却未曾有过；发出
的有声音的事物已经被听到了，而使它有声音的事物却没有生发；显示
出有颜色的事物已经明显了，而使它有颜色的事物却没有露出；品味出
有滋味的事物已经被尝到了，而使它有滋味的事物却没有展现：这些都
是'无'的职责。它使事物表现阴阳、刚柔、短长、圆方、生死、冷热、
沉浮、宫商、出没、玄黄、甘苦、膻、香等不同特性。它自身没有知觉，
没有能力，又无所不知，无所不能。"

我：夫子，通过您的讲述，我们对这个故事的情节有了更多的了解，
您能用简洁的语言说说这段话的主要观点吗？

列子：好的，这段话主要就是通过我的一些经历，说了关于玄言的
特点，玄言是在当时的社会背景下产生的一种语言风格。对于这种语言，
我们要学会欣赏，而不是去死板地翻译。

在中国历史上，春秋战国是一个大的混乱期，之后的汉朝维持了四百年的稳定期，之后的魏晋南北朝又是一个大混乱期。这种混乱在军事、政治方面很容易辨别，而社会的巨大变化在人们生活的方方面面所形成的投影则并不容易辨析，至少我们很难准确地说出其中的因果。为什么在魏晋时期会忽然刮起了清谈之风，为什么连诗人都写起了玄言诗，这是一个很麻烦的问题，或者说只能结合种种历史记载加以描述，却很难如科学原理一般有条不紊地因果递推。

用最简练的语言来概括的话，当时是一个杀戮、抢夺成风并已近乎失控的社会，几乎每个人都生活在朝不保夕的惴惴不安之中。然而，再疯狂的社会也必然有其基本结构，当官的总要当官，种地的依旧种地。千百年之后，种地的怎么说、怎么想我们基本都不知道了，只能看到那些掌握着文化的贵族所遗留的各类文字，其中充斥了玄谈。玄谈的内容远离现实，不是阴阳就是天地，即便说人也是没什么现实针对性的圣人、人性。在寻常的情况下，人们都会说这些内容没用，别忘了，那个时代就是"不寻常"的，人们的心灵和精神都是压抑的、扭曲的，所以，我们根本不能用"没用"二字去指责，因为这就是人家的追求。他们不是不想有用，想治国安邦，想造福黎民，想做点正经事，环境根本不允许啊！你就是做宰相、做皇帝，没准明天就被血洗全家，其他的就以此类推吧。既然正常的社会角色充满了疑惑和恐怖，完全无法得到必要的成就感，那就只好把闲得无聊的大把精力拿出来做些又有难度又有满足感的事情，于是在这样的社会背景下玄谈大受青睐。

这样的内容在道家的著作中有着现成的模板，所谓的"三玄"都是立足点很高的话题，而且颇有难度，更重要的是这些内容的思想性极强，游走在人类语言表述能力的边缘，能说，却又不是完全靠说来传达，语言只是沟通的媒介，沟通的双方必须要有相似的能力，能够唱对手戏。玄谈绝不是基础教育，断不会从字句开始一点点讲解。我说一句，既是表达我的内容，也是对你的考较，你不同的反馈、应答就可以体现出你的实力，差得太远的只能一头雾水地问一句：你什么意思？对不起，不跟你谈了，你不配！所以玄学始终保持这样一种玄妙、简练、灵动和潇洒，和文艺作品要求读者参与再创作的道理是很相似的，只有这样，才能从这种活动中找到价值、找到成就感。

当然这都是关于魏晋以来所谓的玄学、清谈，而我们真正要触及的是魏晋人玄谈的范本之一《列子》。很难说《列子》或整个道家思想的形成机理是否与魏晋的士大夫一样，但至少它们的文本内容有很大的相似之处，我们不妨借鉴魏晋人玄谈的种种情形来参酌道家著作中这种内容的读法。读"无知也，无能也，而无不知也，而无不能也"，你说不懂，因为无从把它移植到现实中来。不排除哲学家能找出什么深刻的办法把玄言用到现实中，但对一般读者来说，把意思看个模模糊糊、似懂非懂就行了，原作者要你互动也不是在文字训释上互动。

在这个故事中，比较明显的一个表现就是"能阴能阳，能柔能刚"之后的一大串四字句，大声读出来就能发现它们是押韵的。写在书本上的句子能代表一种意思，不错，但别忘了同时也能代表一系列的音节。多数情况下，句子的意义比它的音节重要，如何发音几乎可以忽略不计。但是，句子的音节被诵读出来之后会产生韵律和节奏，它们是否优美动听是一件很影响心情的事情，美妙的乐音能给人带来享受。所以，不少人在说话、写文章的时候会注意协调，而诸如诗歌、骈文之类的体裁则是对此特别注意的。玄谈在内容上已经定位成大而空了，那也就无须过分强调表达的准确，腾出空间来正好留给声律的整合。所以，好多玄谈式的文字你不妨满怀信心地大声诵读，读完了之后你会说：读着倒是挺上口的，就是意思不太明白，这就行了。

我们知道，诗的基本任务是要写出景物情状，哲理性的议论必须展示自己的理论，理论中的具体观点可以清晰可以模糊，但大方向一定不能含混。这一段读下来，一句句细看，恐怕到处都是疑惑，但把律诗大意归纳一下再理解却很简单，无非是说"无为"能够生化万物。只要这一点做到了，剩下的就可以放心地交给读者。于是，我们知道读这类文字的另外一个要点，就是抓大意。陶渊明在《五柳先生传》里说："不慕利好读书，不求甚解，每有会意，欣然忘食。"在今天，尤其是做学生的，如果不求甚解是要挨骂的。但是，要读道家的书，特别是其中比较玄的部分，那就必须要欣赏并学会"不求甚解"，只有这样才能"欣然"。

修身智慧

◇故天职生覆，地职形载，圣职教化，物职所宜。

◇圣人之教，非仁则义；万物之宜，非柔则刚，此皆随所宜而不能出所位者也。

◇不慕利好读书，不求甚解，每有会意，欣然忘食。

第七章

列子与我聊智愚之道

　　生活是一种修行，在这个修行的过程中，我们也要懂得修行的智慧。对于聪明和愚蠢，仁者见仁，智者见智。列子对智愚之道，也有自己的认识。《理无常是》《一毫利物》《大力不用》《公孙龙辩》《愚公移山》等，这些寓言故事都体现了列子对智愚的认识。我们要想让自己的思想更加丰富，不妨来细细阅读这些寓言故事。

理无常是，用智非智

我：夫子，在《说符》篇中，您曾记载着这样的一个故事，鲁施氏有二子，其一好学，其一好兵。好学者以术干齐侯，齐侯纳之，以为诸公子之傅。好兵者之楚，以法干楚王，王悦之，以为军正。禄富其家，爵荣其亲。施氏之邻人孟氏同有二子，所业亦同，而窘于贫。羡施氏之有，因从请进趋之方。二子以实告孟氏。孟氏之一子之秦，以术干秦王。秦王曰："当今诸侯力争，所务兵食而已。若用仁义治吾国，是灭亡之道。"遂宫而放之。其一子之卫，以法干卫侯。卫侯曰："吾弱国也，而摄乎大国之间。大国吾事之，小国吾抚之，是求安之道。若赖兵权，灭亡可待矣。若全而归之，适于他国，为吾之患不轻矣。"遂刖之，而还诸鲁。既反，孟氏之父子叩胸而让施氏。施氏曰："凡得时者昌，失时者亡。子道与吾同，而功与吾异，失时者也，非行之谬也。且天下理无常是，事无常非。先日所用，今或弃之；今之所弃，后或用之。此用与不用，无定是非也。投隙抵时，应事无方。属乎智。智苟不足，使若博如孔丘，术如吕尚，焉往而不穷哉？"孟氏父子舍然无愠容，曰："吾知之矣。子勿重言。"为了更好地理解这个故事的寓意，您能用通俗的语言亲自给我们讲讲吗？

我：好的，这个故事的情节是鲁国的施氏有两个儿子，一个喜好学问，一个喜好军事。喜好学问的用仁义之术去见齐侯，齐侯接纳了他，让他做各位公子的老师。喜好军事的到了楚国，用兵法去见楚王，楚王很高兴，让他做了军正，俸禄使全家富裕起来，爵位使亲人荣耀起来。施氏的邻居孟氏同样有两个儿子，所学也相同，却生活贫困窘迫。羡慕施氏的富有，便去请教有所作为的方法，施氏的两个儿子就如实告诉了孟氏。孟氏的一个儿子到了秦国，用仁义之术见秦王，秦王说："现在各国诸侯武力竞争，所做的不过是增强军力与粮食罢了。你要是用仁义之术治理我的国家，那是灭亡之道。"于是施以宫刑并流放了他。孟氏的另一个儿子到了卫国，用兵法去见卫侯。卫侯说："我们是弱国，却夹在大国之间。对大国我们加以侍奉，对小国我们加以安抚，这样才是求平安的做法。你要是依靠用兵的权谋，灭亡是指日可待的。要是让你全身而返，到了别的国家，那可是我国不轻的祸患。"于是砍断了他的脚，送回鲁国。回家以后，孟氏父子捶胸顿足地责骂施氏。施氏说："凡是适合时宜的人便昌盛，违背时宜的人便灭亡。你们的道术与我们相同，而事功却与我们不同，是违背时宜所致，不是行为的谬误，而且天下的事理没有总是对的，也没有总是错的。以前使用的，或许就是现在放弃的；现在放弃的，也可能是以后会使用的。这种使用与不用，并没有一定的是非对错。抓住机会，把握时宜，处理事情没有刻板教条的方式，这要靠智力。如果智力不够，即使博学像孔丘，计谋如吕尚，到哪里能不困窘呢？"孟氏父子一下子明白了，不再表现出怨恨，说："我们明白了，你不要再说了。"

我：夫子，您讲这个故事，是不是想说真正有智慧的人，运用恰当就会成功，违反客观规律就会招来灾难，这样理解对吗？

列子：你说得很对，理无常是，智慧也是这样。一个真正聪明的人，应该顺应自然而为，而不是逆向而为。

【智愚之道解读】　　　聪明的人懂得顺势而用智

在《周易》中，"时"不仅指物理意义的时间，如年、月、日、时之类，《系辞》中说："刚弱者，立本者也；变通者，趣时者也。""君子藏器于身，待时而动，何不利之有。"而乾卦作为《易经》的开篇，更是不断在强调一个"时"：

"见龙在田，时舍也。""终日乾乾，与时偕行。""亢龙有悔，与时偕极。"……这些"时"不再是简单的早晚长短，它是借用时间的名义来指称各种不同的势态、局面，包含了特定的时空中人们的观念、愿望、能力、情绪等多种复杂的要素，这些要素对于处在这个时空的个体的人来说，有着强大的制约作用，也有着极大的帮助、推动作用。社会的、整体人群的状况被总称为"时"，个人的状况则相应地被称作"位"，位与时相顺相合则成，位与时相忤相逆则败。

后世的各种论述性文字中阐发这个道理的可谓屡见不鲜，有不少也是结合实例进行分析的。拿军事来说，《孙子兵法》提出置之死地而后生，汉代名将韩信将理论付诸实践，有了经典的背水一战。但演绎一场背水之战需要许多前提和条件，也就是"时"。如果无视这一切，盲目地认为背水一战是绝对正确的方案，那很可能就"置之死地而不生"了。三国时候的马谡之所以失街亭，以至于最后逼得诸葛亮十分狼狈地唱空城计，其最初原因就是马谡不听劝阻，执意要在山上扎寨，无缘无故自陷死地，哪里还有什么生的转机？

如果《列子》也是用实例如此这般从正面阐述这个道理，那恐怕就不太像道家的口吻了。这一点并非所有读者都会立刻想到，很多人就是这么读了过去，好在这个道理也是很有用的，纵然是读书不得其原意，也不会产生什么害处。《列子》中说："投隙抵时，应事无方，属乎智，智苟不足，使若博如孔丘，术如吕尚，焉往而不穷哉？"很显然，这话是针对孟氏而言的，也就是说孟氏的"智"不太够用。这样，我们自然会觉得这里的关键是"智"，如果有智，那孟氏就不致如此。终于，孟氏父子心悦诚服地认为自己是"无智"，很高兴、很轻松——这合理吗？如果是这样，孟氏可以说是傻到底了，这段文字也是以孟氏作为嘲笑对象的。

在列子的观点中，他一贯否定与自然相对抗的"智"，此外还有一些和力并称的"智"作为中性词出现，也没有因多智而夸赞炫耀的意思。由此，也有人对这个故事产生了怀疑，明代的朱得之作《列子通义》就说"此非列子之言也，审矣"。当然，这只是一种思路，我们也不妨假设这话并不是一个错误，而是别有内涵。如果这样，这些就必须连起来读，"智"不够用，同时又"博如孔丘"或"术如吕尚"，那可真要倒大霉了。所谓的博学多术，同样是道家所不欣赏的，在他们看来，这都是无益于生命的把戏，但因为能带来权力、荣誉和利益，所以受到世人热切的追逐。这是一种充满危险和损害的游戏，一旦进入角色，就必须不断用自己的"智"来保护自己，如果不够用或有所闪失，那就意味着在战场上失去了盔甲，随时会受到致命的伤害，而过分用智本身，又是对生命的透支。

如此看来，进入这种博学多术的游戏本身就是找死，要么是耗尽精力死于用智，要么是疏于自卫死于不用智。施氏获得的，不过是一种世俗的荣耀，你满足于此，可以认为他成功了，但他必须终生沉溺于用智来进行自我保护，直至耗尽心力，再也不得享受天然安详的生命之乐。

修身智慧

◇使若博如孔丘，术如吕尚，焉往而不穷哉？

◇置之死地而不生。

◇博学多术的游戏本身就是找死，要么耗尽精力死于用智，要么疏于自卫死于不用智。

人有亡铁，疑邻之子

【聊天实录】

我：夫子，在《说符》篇中，您曾经记载有这样的一个故事，人有亡铁者，意其邻之子，视其行步，窃铁也；颜色，窃铁也；言语，窃铁也；动作态度，无为而不窃铁也。俄而抇其谷而得其铁，他日复见其邻人之子，动作态度无似窃铁者。这个故事说的也是有关智愚的，您能用通俗的语言给我们细细讲讲吗？

列子：好的，这个故事的大致情节是有个人丢失了一把斧子，就怀疑是他邻居家的孩子偷的，看那个孩子走路，像偷斧子的；脸色，像偷斧子的；说话，像偷斧子的；动作神态，没有什么不像偷斧子的。不久他在山谷里挖掘，找到了那把斧子。过了几天，又见到邻居家的孩子，动作神态没有什么像偷斧子的了。

我：夫子，通过这个寓言故事，您是想告诉我们怎样的一个道理呢？您能说得简洁明了一些吗？

列子：这个故事读起来很短，但是寓意深刻。这个故事主要告诉人们，在生活中不要采用暗示这种小聪明，真正聪明的人都懂得采用大智慧。

【智愚之道解读】　　✎～　不要小聪明，而要大智慧　✎～

在讲述这个故事的时候并没有依托什么名人，情节也没有刻意描写，这大概就是它没有沿用为常用成语的缘故。但它提到的这个现象，对人们来说并不陌生，用现代心理学术语来说，这就是心理自我暗示。古人没听说过西方的心理学，也不会像西方人那么科学客观地去归纳问题，在道家看来，暗示就是一种小聪明，能耗很大，但收效未必很好，甚至常常还会出现失控的情形。

当然，这种暗示，在当今社会往往发挥出了巨大的积极作用。只是在那个时候，人们是否如我们现在一样把这些运用和杞人忧天、疑人窃斧之类的寓言看成是同一本质的。如果我们去翻翻《史记》，会发现好多故事里都充满着暗示：鸿门宴上范增一个劲儿冲着项羽举玉珏就是一个标准的暗示，珏决同音，那是叫项羽赶紧决断。还有那个陈平，一个年轻俊俏的小生乘船过河，不想上了条贼船，让船老大惦记上了。陈平感觉不妙，索性脱了上衣帮老大撑船，套个近乎是次要的，关键是这一脱衣服就等于明白告诉对方——看见了吧，我身上并无金银珠宝，如此一来，就打消了船老大图财害命的念头，保全了自己的性命。这些一对一的暗示大约相当于不能、不便用语言表达的时候采用的变通方式，在现实生活中也十分常见，尚且谈不上是小聪明。

要是如陈胜所采用的手段，便有些小聪明的意味了。陈胜就是那个推翻秦王朝的人，率领一帮苦力在大泽乡起义造反。平白无故要一群互不熟悉的人相信你，以至于跟你去进行造反这样的大赌博、大冒险，那显然不能通过一个个谈心来解决，即便是暗示，举个玉珏、脱个上衣也是不管用的，因为这不仅是简单地传达信息，还必须有一些心理上的强迫和裹胁，是吓人也好，是骗人也罢，

陈胜起义

总要要些花样，到了这个程度就不能不说是小聪明了。陈胜起义的故事差不多也是家喻户晓的，他安排亲信半夜里到古庙中假装狐狸叫，又在大伙儿准备杀了吃的鱼肚子里放上伪造的"天书"，其内容都是说陈胜要称王了。以我们今天的文化人的眼光来看，这当然都是些小把戏。但在那个时代，在那样一群人中这把戏已经足够高明了，最终事实也证明陈胜真的是振臂一呼，众人响应。这个把戏所产生的效应就和丢斧子那个老兄很像了——先有了个概念，然后越琢磨越像那么回事。如果我们设身处地想一下，陈胜要称王的信息在同一个时间以诡谲莫测的方式传给了许多人，这些人必然会进行互相的印证、传播，只要你是其中一员，无论是否是第一时间接受了这个信息，总会一而再，再而三地听人说起，于是，一个本来无关紧要的说法经过不断重复，就会变得十分真实、强烈。

在故事中，丢斧子那个人不过是自己给自己强化，尚且功效卓著，如果很多人一齐来进行强化，那产生多大的效应也都不奇怪。这一点，对我们来说是常识了，三人成虎、曾参杀人都是这样的故事，各个故事中的不同只是在于究竟是当

事人不小心上了这样的当，还是利用人性中的某些弱点故意设了局使人上当。在道家看来，设这样的局让人上当的，诸如陈胜之类都只是耍小聪明而已，并不值得推许。因为这局终究是人造的，它可能一时骗过了人而达到目的，但绝不会是浑然天成的完美，这就是人造计谋与天然大道的本质区别。能利用人的这种特性而造出计谋的还只是小聪明，而那些平素不知不觉老是上这样的当的人恐怕只能称之为小笨蛋了。毫无表情地讲述这样一个关于小笨蛋的平淡故事，这本身就是一种对小聪明的讥讽和轻视——要说文字表达的手段，也算是暗示吧。然而，孤立地面对道家论述的一章一节，我们常常会想不通。不过，以此为方法、为手段终究能够达到一定的目的，至少说明这样的小聪明还是有利用价值的。古代的谣言会越传越像，现代的谣言也一样，很多东西都变了，人心人性中这些基本的特征并没有多大变化，老掉牙的把戏再过几个世纪照样有人上当。既然如此，能利用人的弱点而达到目的，又怎么能一概否定，贬斥为小聪明呢？

道家主张忘却利害，回归自然。我们如果想着"利用"那些小聪明，那就已经先回到了钩心斗角的现实中，心中充斥着利害之辩，欣赏这样的小聪明自然也就是顺理成章的事，只不过不能再以此来和道家的寓言计较争辩了。道家的著作，总要融在它自身的理念和思维方式之中才能通畅地读下去。道家要说的话相对复杂，是一套有系统的思想。但他们的传递方式很相似，陈胜是利用了这些人互相传播而达到反复强化的效果，而道家则是左一段故事、右一番理论，同样是反复强化。如此看来，这样的小聪明无论道家如何看不起，在自家著书立说的时候终究还是忍不住要暗中使用。

修身智慧

◇视其行步，窃铁也；颜色，窃铁也；言语，窃铁也；动作态度无为而不窃铁也。

◇能利用人的这种特性而造出计谋的尚属小聪明，而那些平素不知不觉老是上这样的当的人恐怕只能称之为小笨蛋了。

一毫利物，不可轻视

【聊天实录】

我：夫子，在《杨朱》篇中，您记载有这样的一个故事，杨朱曰："伯成子高不以一毫利物，舍国而隐耕。大禹不以一身自利，一体偏枯。古之人损一毫利天下不与也，悉天下奉一身不取也。人人不损一毫，人人不利天下，天下治矣。"禽子问杨朱曰："去子体之一毛以济一世，汝为之乎？"杨子曰："世固非一毛之所济。"禽子曰："假济，为之乎？"杨子弗应。禽子出语孟孙阳，孟孙阳曰："子不达夫子之心，吾请言之。有侵若肌肤获万金者，若为之乎？"曰："为之。"孟孙阳曰："有断若一节得一国，子为之乎？"禽子默然有间。孟孙阳曰："一毛微于肌肤，肌肤微于一节，省矣。然则积一毛以成肌肤，积肌肤以成一节。一毛固一体万分中之一物，奈何轻之乎？"禽子曰："吾不能所以答子。然则以子之言问老聃、关尹，则子言当矣；以吾言问大禹、墨翟，则吾言当矣。"孟孙阳因顾与其徒说他事。这个故事说的也是关于智愚的，您能结合这点用通俗的语言亲自给我们讲讲吗？

列子：好的，为了让大家更好地理解，我现在用通俗的话来讲讲这个故事。杨朱说："伯成子高不肯用一根毫毛去为他人谋利益，抛弃了国家，退隐耕田去了。大禹不愿意以自己的身体为自己谋利益，结果半身不遂。古代的人对损害一根毫毛去为天下谋利益是不肯干的，把天下的一切都用来供养一己之私也是不要的。人人都不损害自己的一根毫毛，人人都不为天下人谋利益，天下就太平了。"禽子问杨朱说："拿掉你身上一根汗毛来周济天下，你干吗？"杨子说："天下本来就不是一根汗毛所能周济的。"禽子说："假使能周济的话，干吗？"杨子不回答。禽子出来告诉了孟孙阳，孟孙阳说："你不明白先生的心思，让我来说吧。有人侵犯你的肌肤你就可以得到一万金，你干吗？"禽子说："干。"

孟孙阳说："有人砍断你的一段肢体你便可得到一个国家，你干吗？"禽子沉默了很久。孟孙阳说："一根汗毛比肌肤小，肌肤比一段肢体小，这是很明白的。然而一根根汗毛积累起来才成为肌肤，肌肤积累起来才成为一段肢体。一根汗毛固然是整个身体的万分之一，却又为什么要轻视它呢？"禽子说："我没有什么话来回应你。但是用你的话去问老聃、关尹，那你的话是对的；用我话去问大禹、墨翟，那我的话就是对的。"孟孙阳于是回头和他的学生说别的事去了。

我：夫子，通过这个故事，您想告诉我们什么道理呢？您能简洁明了地说说吗？

列子：这个故事中说了一根毫毛虽小，但也是人身体的一个组成部分，依然不能轻视。对于一个人来说，不要因为一点小利和欲望而失去自己，这样才是真正的聪明。

【智愚之道解读】 〜 **不要为了欲望失去自我** 〜

在典籍中，有关杨朱的相关资料不多，也没有完整的著作传世，所以不少人都把《列子》中的内容当作研究杨朱的参考。这种做法，很有些好事者的味道，正如有人做过《孔子集语》，把各种古书中提到的孔子说的话全搜集在一起，说起来很像孔子资料大全，其实里面水分很多，至少《庄子》《列子》里的"孔子"常常只是一个道具。我们对孔子有足够的了解，所以有了这样的判断，但不够了解杨朱，所以无法分辨这些具体的记载，只是从这样的行文惯例来推断，《列子》里描述的杨朱也应该是半真半假的。

此外，先秦其他一些书中也零星提到过杨朱，并且对他这人的大概轮廓描述还比较一致，这个故事也可以看作是对杨朱的核心思想的阐述，当然，对此我们无法进一步证实。有人认为墨家的核心是夏禹精神：大禹治水，三过家门而不入，腓无胈，胫无毛——腿上的汗毛全掉光了。而杨朱呢，他的论调很有点让人瞠目结舌，简单地说就是：拔一毛以利天下，不干！

春秋战国时期，玩理论是一种时尚，我们说那时候叫百家争鸣，其实不过是一种社会风气，跟我们现在这个热那个热差不多，今天还能知道名字的人物大多是当时"鸣"得足够响的。既然是争鸣，有争就有矛盾，而矛盾双方也必然会有一个相应的态度立场。道家和儒家有矛盾，于是道家时不时会挖苦一下孔子。我们今天还能看到许多诸子著作，一部著作实际上就是一支自家的队伍，道家的著作里总会压制儒家，儒家的著作中也常常打击墨家，谁也不会吃里扒外无端去讴歌别家别派。现在我们读《列子》，先不管这书的真假，即便是后人伪造，终归还是道家著作。在这些著作中不仅屡次提及杨朱，甚至八篇之中还有个《杨朱》篇——《列子》篇名和其他书不同，不是随便找两个字写上就完，至少这《杨朱》篇完全可以看作是一个杨朱的个人专题。

《列子》与道家如此亲近，恐怕还有些别的原因。《列子》里的杨朱出现得很多，尽管不是小说，但读者的印象仍然会不断叠加，等看完了一系列杨朱的故事，我们会发现这杨朱和其他那些"鸣人"不太一样。大家争鸣，各自都忙不迭摆出一副智者的模样，唯独这杨朱却常常搞怪，他的哲理经常是在不很严肃的甚至是有点调侃的方式中呈现出来的。比如丢了羊就显得无比痛苦的样子，以至于让人误解是个吝啬鬼；比如他兄弟跟自家的狗发生了点小矛盾，他用一句最简单的话把兄弟噎了个半死。然而，从杨朱出场的各个故事，我们又不能不隐隐感觉到这个人的实力，他确实能找出不少有深度的话题，只不过方式经常出人意料。如果这样看，是不是杨朱和道家就有几分神似了？尽管双方关注的常常不是相同的问题，但他们之间有着一种惺惺相惜的默契。

我们只需看他们那些相似之处：道家张扬，杨朱也张扬，杨朱的张扬可以说达到了极致，自称一毛不拔。静心看这种张扬，又何尝不是一种率真，又何尝不是道家欣赏的天然浑璞？人们都在忙碌着自己的羽毛，为了最佳的争鸣效果，不惜正话反说、假戏真做，处处都是狡黠，往往无非掩饰。墨子讲兼爱和非攻，孔子讲仁义礼制，其实说到底都是人的利益，但他们都不说"为我"而故意说"为你"，让你这个听者听得舒服，听得感动。只有杨朱，他的话语是那么刺耳，自私得近乎邪恶，但仔细想想却又那么令人回味——这人世原本就是那么无奈，或者说人世本来就不是人的世界，天道如此，无以更改。

人总是和自己过不去，不仅没有停下反省的意思，反而变本加利地消耗着自己那些可怜的小聪明，在不归路上越走越远。在这个问题上，直言不讳往往会刺痛愚蠢而自负的人，而收获的当然更多的是恶意的报复。那么，一个合理的假设就出现了：《列子》之所以大谈杨朱，更多的未必是推崇他的理论，而是赞许他的尖锐。他蔑视凡俗世人沾沾自喜的那点儿小聪明，这小聪明把人心底的欲望包装成美好的理想与追求，一代又一代的人前赴后继、乐此不疲。他揭穿了这种狡黠的掩饰，把欲望还原成最原始的状态，并声称自己心中只有欲望，再无其他。我们不了解杨朱其人，他的话是写实还是反讽，我们不得而知。

修身智慧

◇然则积一毛以成肌肤，积肌肤以成一节。一毛固一体万分中之一物，奈何轻之乎？

◇道家张扬，杨朱也张扬，杨朱的张扬可以说达到了极致，自称一毛不拔。

◇人总是和自己过不去，不仅没有停下反省的意思，反而变本加利地消耗着自己那点儿可怜的小聪明，在不归路上越走越远。

大力不用，借势成事

【聊天实录】

我：夫子，在《仲尼》篇中，您曾记载过一个这样的故事，公仪伯以力闻诸侯，堂谿公言之于周宣王，王备礼以聘之。公仪伯至，观形，懦夫也，宣王心惑而疑曰："女之力何如？"公仪伯曰："臣之力能折春螽之股，堪秋蝉之翼。"王作色曰："吾之力能裂犀兕之革，曳九牛之尾，犹憾其弱。女折春螽之股，堪秋蝉之翼，而力闻天下，何也？"公仪伯长息退席，曰："善哉王之问也！臣敢以实对。臣之师有商丘子者，力无敌于天下，而六亲不知，以未尝用其力故也。臣以死事之，乃告臣曰：'人欲见其所不见，视人所不窥，欲得其所不得，修人所不为。故学视者先见舆薪，学听者先闻撞钟。夫有易于内者无难于外，于外无难，故名不出其一家。'今臣之名闻于诸侯，是臣违师之教，显臣之能者也。然则臣之名不以负其力者也，以能用其力者也，不犹愈于负其力者乎？"现在，您能用通俗的语言亲自为我们解释一下吗？

列子：好的，你们现在的话来讲，大致情节是周代有一位贤士，名叫公敖伯，以力大无穷而闻名于诸侯。堂谿公把这个消息告诉了周宣王，宣王用厚礼招聘公仪伯。公仪伯到了，宣王一看，大出所料，原来他是一个身体瘦弱的人，大有弱不禁风之势，宣王心中疑惑，开口问道："先生有多大的力气？"

公仪伯回答说："臣的力气能折断春螽的大腿，戳穿秋蝉的羽翼。"宣王听后非常恼怒，厉声问道："寡人足以撕裂犀牛之革，拖住九牛之尾，还嫌自己的力气小。而你只能折断春螽的大腿，戳穿秋蝉的羽翼，却以力大闻名于天下，这是为什么？"

公仪伯离开了自己的座位说："大王问得好啊！这是问题的关键，臣不能不照实回答。臣的老师名叫商丘子，他力大无穷，天下无敌，可是连他的亲朋好友都不知道。之所以不知道，是因为他从来都没有使用过。臣要拜他为师他不肯，臣以死相求，他才将其中的秘诀讲出来，他说：'人想要看见他看不见的东西，那就要视他人不视的东西；他人之所以不视，那是因为所视之物就在眼前，用不着有意去视。人想要得到他人得不到的东西，那就得练他人不练的本领；他人之所以不练，那是因为这样的本领很简单，用不着有意去练。因此，要锻炼视力，先要从凝视柴车练起，因为柴车就在眼前，无遮无拦；要锻炼听力，先要从静听撞钟练起，因为撞钟声音宏大，无隔无碍。凡做任何事情，只要内心觉得容易，做起来也就没有什么困难。做起来没有困难，也就用不着费力去做。用不着费力去做，也就可以轻而易举地成功。轻而易举地成功，所以你的名声也就不会传扬出去。'现在看来臣已违背了老师的教导，因为臣的名声已经传扬了出去。之所以传扬了出去，那是因为臣在做事时使用了自己的力气。虽然如此，臣还有一点可以自慰，那就是外面流传的不是说臣的力气小，而是说臣的力气大。之所以有这样的传说，说明臣仅仅是使用了自己的力气，还没有自我炫耀的力气。如果有炫耀自己的力气，那可就像大王那样属于没有力气的人了。"宣王听后，半天都没有明白过来。

我：夫子，通过这个故事您想告诉我们一个怎样的道理呢？

列子：这个故事，主要就是想告诉人们最有力气的人是不费力气、顺势行事、不言不语、自然成功的人。有大力气的人是量力而行、做易做事、不自我炫耀、举事则成的人，没有力气的人是超力行事、为所不能、自我炫耀、功溃事败的人。其实，这也是区别聪明人和不聪明人的一种表现。

【智愚之道解读】　　**聪明的人做事懂得顺势而为**

在这个故事中，有三种人：第一种人，借自然之力，没看无力之时，没有不成之事，所以说最有力气。第二种人用自身之力，做能做之事，事无不成，路无不通，所以说有大力气。第三种人用有限之力，做超力之事，为所不能，无事能成，所以说没有力气。最有力气的人全借自然之力，虽然事事成功，但由于没用自己之力，一切都自然而然，所以人们不知道他有力气。有大力气的人使用自己的力气，事事成功，所以人们都认为他有力气。没有力气的人之所以没有力气，在于他的炫耀。因为所谓炫耀不是一般的客观介绍，而是自我夸张。本来只能提起百斤，硬说能举千斤。人们以千斤之力去衡量他，以举千斤之物去要求他，其结果自然无一能成，所以都说他没有力气。

故事中以力大闻名于诸侯的公仪伯说自己的力气能折断春螟的大腿，戳穿秋蝉的羽翼，因为作为一个人，虽然弱不禁风，折春螟之大腿、戳秋蝉的羽翼还是其力有余的。折一千次，戳一万次，也不会有一次失败，这就是用自己之力，做能做之事。而故事中的宣王虽然自称能撕裂犀牛之革，拖住九牛之尾，仍然没人说他有力气。因为他的力气可能比公仪伯的要大，但言过其实，不能兑现，按照他的自诩去要求他，则将一事无成。最后，故事中的公仪伯说他的老师商丘子力大无穷、天下无敌，因为他从来就不使用自己的力气，凡事都借自然之力，顺自然之势，合自然之情，循自然之理，所以没有不成之功，没有不就之事。

我们仔细思考一下就会知道：这个故事表面上是在讲力气，实际上是在讲智慧，是说有智慧的人总是顺着事物的情理、在自己力所能及的范围内行事，从容易做的事情做起，这样就没有不成之事、不就之功。虽然客观的情况在不断变化，一个人的能力也在不断变化，从事的事情可能有难易、繁简不同，但所遵循的基本原则永远不能变，这就是顺事物之自然，做力所能及的事。

修身智慧

◇人欲见其所不见，视人所不窥，欲得其所不得，修人所不为。

◇最有力气的人往往是不费力气、顺势行事、不言不语、自然成功的人。

◇有智慧的人总是顺着事物的情理、在自己力所能及的范围内行事，从容易做的事情做起。

伯丰不应，不持己能

【聊天实录】

我：夫子，在《仲尼》篇中，您曾经记载有这样的一个故事，郑之圃泽多贤，东里多才。圃泽之役有伯丰子者，行过东里，遇邓析。邓析顾其徒而笑曰："为若舞，彼来者奚若？"其徒曰："所愿知也。"邓析谓伯丰子曰："汝知养养之义乎？受人养而不能自养者，犬豕之类也；养物而物为我用者，人之力也。使汝之徒食而饱，衣而息，执政之功也。长幼群聚而为牢藉庖厨之物，奚异犬豕之类乎？"伯丰子不应。伯丰子之从者越次而进曰："大夫不闻齐鲁之多机乎？有善治土木者，有善治金革者，有善治声乐者，有善治书数者，有善治军旅者，有善治宗庙者，群才备也。而无相位者，无能相使者。而位之者无知，使之者无能，而知之与能为之使焉。执政者，乃吾之所使，子奚矜焉？"邓析无以应，目其徒而退。您能用通俗的语言亲自讲讲这个故事吗？

列子：好的，这个故事的情节是郑国有两个出人才的地方。一个是圃泽，多出贤士；一个是东里，多出才子。有一天，圃泽的谋士伯丰子和他的弟子路经东里，遇到了东里的辩士邓析和他的学生们。邓析为了显示自己的才华，向他的学生笑着说："你们看着，我来戏弄戏弄这帮所谓的贤士，看他们有什么应付招数。"学生们说："我们愿意见识见识。"

邓析走到伯丰子面前很有礼貌地说："听说先生是圃泽的贤士，有一个问题想请教一下。您知道养育和被养育的关系吗？被人养育而不能自养的，是猪狗一类的东西。养育他人并利用他人，是人的智能。像你们这帮人，之所以能吃得饱，穿得暖，休息得自在，都是你们地方长官的功劳，而你们长长幼幼聚集在一起，争吃厨师倒在食槽里的食物，与猪狗一类有什么区别呢？"伯丰子只是笑笑，好像没有听见邓析的问话，脚不停步地向前走去。伯丰子的弟子走上来回答说："大夫没有听说齐鲁之地有很多能工巧匠吗？有善于土木工程的，有善于制革冶金的，有善于声乐歌曲的，有善于著书算术的，有善于用兵打仗的，有善于祭祀鬼神的，那真是群才济济，无所不有，可就是缺少宰相，没有人能使用他们，所以他们的技能都没有发挥的地方，而做宰相的、使用他们的人却没有他们的种种技能。由此可见，从某种程度上说有技能的人都是被人使用的人，没有技能的人才是使用他人的人。地方长官正是被我们所使用的人，你也属于这一类，有什么值得骄傲的呢？"邓析被问得张口结舌，说不上话来，用眼神示意他的学生们快走，快走！

我：夫子，通过这个故事，您想告诉人们什么道理或者哲理呢？

列子：在这个故事中有两类人一类是没有专长的贤士，一类是身怀绝技的才子。伯丰子属于前者，邓析属于后者。才子虽有一技之长，但却算不得什么大智慧。如果在自己所能的范围内施展其才，也还可以尽其所能，成其小事。如果骄矜放纵，妄用其才，则会功毁名败。有大智者无有专长而无所不能，原因在于他不恃己能，借物之长，随机而动。

【智愚之道解读】 ～～ **善于借物之长是大智慧** ～～

在这个故事中，邓析就是妄用其才的才子，他把才能用在戏弄贤士上，结果不但未能如愿，反受羞辱，所以他有才而不如无才，这是最大的愚蠢。伯丰子的弟子讲的那些能工巧匠们是适用其才的才子，在各自的技能领域内展示其才，所以可以称为有才之士。伯丰子的弟子属无才而有用人之才的有智之士，通过反驳邓析的言辞表明了他们的智慧，也说明了他们是无有专长却使用人才的"宰相"。不过他们还没有达到智慧的顶峰，因为他们还在用自己的辩才与邓析辩论，而最有智慧的是伯丰子，他同弟子们的不同之处在于，根本不理睬邓析的挑衅，用人之才而形同无用，既不有意去用，也不言说使用，随其自然而用，求得自然成功。用力最少而所得最厚的是伯丰子，他代表了最大的智慧。

这也就告诉我们：在生活中，人的技能是有限的，再有能力也不过是一技之能，不值得骄傲，更不能恃能贬人；智慧的领域是无限的，最大的智慧是借人之能，顺其自然。做到了这些，才算是真正的聪明！

修身智慧

◇有大智者无有专长而无所不能，原因在于他不恃己能，借物之长，随机而动。

◇用人之才而形同无用，既不有意去用，也不言说使用，随其自然而用，求得自然成功。

◇智慧的领域是无限的，最大的智慧是借人之能，顺物自然。

公孙龙辩，兼容并蓄

我：夫子，在《仲尼》篇中，您曾经记载着一个这样的故事，中山公子牟者，魏之贤公子也。好与贤人游，不恤国事，而悦赵人公孙龙。乐正子舆之徒笑之。公子牟曰："子何笑牟之悦公孙龙也？"子舆曰："公孙龙之为人也，行无师，学无友，佞给而不中，漫衍而无家，好怪而妄言，欲惑人之心，屈人之口，与韩檀等肄之。"公子牟变容曰："何子状公孙龙之过欤？请闻其实。"子舆曰："吾笑龙之诒孔穿，言，'善射者能今后镞中前括，发发相及，矢矢相属。前矢造准而无绝落，后矢之括犹衔弦，视之若一焉'。孔穿骇之。龙曰，'此未其妙者。逢蒙之弟子曰鸿超，怒其妻而怖之，引乌号之弓，綦卫之箭，射其目。矢来注眸子而眶不睫，矢隧地而尘不扬'。是岂智者之言与？"公子牟曰："智者之言固非愚者之所晓。后镞中前括，钧后于前。矢注眸子而眶不睫，尽矢之势也。子何疑焉？"乐正子舆曰："子，龙之徒，焉得不饰其阙？吾又言其尤者。龙诳魏王曰，'有意不心，有指不至，有物不尽，有影不移，发引千钧，白马非马。孤犊未尝有母'。其负类反伦，不可胜言也。"公子牟曰："子不谕至言而以为尤也，尤其在子矣。夫无意则心同，无指则皆至，尽物者常有。影不移者，说在改也。发引千钧，势至等也。白马非马，形名离也。孤犊未尝有母，非孤犊也。"乐正子舆曰："子以公孙龙之鸣皆条也。设令发于余窍，子亦将承之。"公子牟默然良久，告退，曰："请待余日，更谒子论。"现在，您能用通俗的语言再给我们讲讲这个故事吗？

列子：好的，这个故事的大致内容是战国时期，魏文侯灭了中山国，将此地封给了公子牟。公子牟非常贤明，喜欢与贤士们交朋友，整日与他们一起游览名胜，不去过问国家之事。在诸多贤士中，他尤其喜欢赵国的公孙龙，乐正子舆及其朋友为此而讥笑公子牟。公子牟不明白其中的原委，便请来子舆问："我喜欢公孙龙先生，这有什么好笑的呢？"子舆说："公孙龙这种人，您还不知道吗？他的那一套东西不知道是从哪里学来的，天下没有一个人赞同。每天在那里胡说八道，没有一点准劲。天南海北，没有边际，只不过是为了迷惑人心，屈人之口，与那位争强好胜、无理搅三分的韩檀是一路货色。"

公子牟听了很不高兴，满面怒气地说："你怎么这样看待公孙先生呀！把人家说得一无是处，你有什么具体的证据？"子舆说："证据有的是，比如他欺骗自己的弟子孔穿，说善于射箭的人，能一支连着一支地射。前一支刚刚离弦，后一支马上就跟上了，紧紧咬着前一支的箭尾。前一支中了箭靶之后，后一支就钉在了前一支的尾部。如此这样，一支连着一支，一直连到还没离弦的箭头上，老长老长，形成了一根直线，就像是一支长箭一样。孔穿听了很吃惊，可公孙龙却说这还不是最高的高手呢，逢蒙才是真正的高手。孔穿问逢蒙的箭法高在何处，公孙龙说，不要说逢蒙了，只要看他的弟子鸿超就可以知道了。有一次鸿超与自己的妻子生了气，为了吓唬妻子，张开了最硬的弓搭上了最好的箭，向着妻子的眼睛射来。吓得他妻子赶紧闭上了眼睛，心想这一下可完了。可是等了半天也不见动静，睁开眼睛一看，那支箭掉在她的脚下了。原来射来的箭飞到她的眼眶时，只射断了一根睫毛，连眼皮都没有触及，就掉到了地上，地上的尘土动都没动。你说世上会有这样的事吗？这些纯粹是骗人！"

公子牟听后说："看来智者的话是愚者难以听懂的。一箭连着一箭，是说手快；后箭射在前箭的尾上，是说准确；数箭连成一线，是说平衡；箭至眼眶落在地上，是说势尽，这有什么可以怀疑的呢？"

子舆很有感触地说："啊！原来先生与公孙龙是一类人，怪不得与他这么要好。既然如此，当然要为他掩饰了！不过，我看你也不可能把他的谎言全部掩饰住。比如他还诳骗魏王说：意念已经产生了，可产生意念的心却没有活动；名称是表达意思的，却不能把意思表达完全；物体都是有限的，但又没有穷尽；影子不会移动，头发可以悬起千斤重物，白马不是马；孤犊从来就没有过母亲，如此等等，像这样反常悖理的话比比皆是。”

公子牟说：“我以为是什么奇谈怪论呢，原来都是至理名言。先生不懂至理名言，反以为是奇谈怪论，我看你说的这些话才是奇谈怪论。意念是由心产生的，但是产生意念不必都是要动心才可。非自然而然产生的意念要动心，自然而然产生的意念则无须动心。名称是用来表达意思的，但不一定能把意思表达完全。比如名称自身就不能表达自身，‘我’这个名称只能表达我这个人，而不能表达用来表达我的‘我’这个名称。物体都是有限的，但也可以说是无穷的。一尺长的木棒，就其长度而言是有限的，仅有一尺而已，但如果每天截其一半，就可以永远截取下去，没有尽头。影子自己是不会移动的，只有随着形体的移动而移动。即使如此，也不是影子在移动，而是随着形体的移动，前一个影子消失了而后一个影子产生了，因为这种消失和产生之间的接续很快，所以人们觉得是影子在移动。假如一个人从阴处走到阳处，就可以看出，走到阳处时的第一个影子，是由无而变为有的，而不是由上一个位置移到这个位置的。头发是可以悬起千斤重物的，只要集中足够多的头发，达到可以承受千斤的数量，为什么不能呢？一根头发悬起千斤重物也不是绝对不可能的。如果已经有悬起九百九十九斤九两九钱九分九的承重力，仅差一根头发的承重力，就能把千斤重物悬起来，在这个时候，有了这一根头发，千斤重物就悬起来了，没有这一根头发就悬不起来，那就可以说一根头发能够悬起千斤重物。

“说白马不是马有什么不对呢？白马只是白色马的名称，它指的是众多马中的一种，不能囊括全部的马；马是所有马的共同名称，它指一切马，也能囊括全部的马，所以白马与马的含义不一样，所指的对象不重合，说白马不是马完全没有错，不信的话你可试一试。当你叫马过来时，所有的马都可以过来，白的、黄的、黑的、红的，凡是马无一不可以过来。当你叫白马过来时，只有白色的马可以过来，其他的马都不能过来。由此可见，白马与马是有很大区别的。白马既然与马有很大区别，所以白马就不是马，这不是很清楚的事吗？正确的结论是：白马属于马而不是马。

"孤犊从来就没有过母亲，这也没有错，那是因为当它还有母亲的时候，它还不是孤犊，而从它成为孤犊的那一刻起，它便没有了母亲，所以孤犊从开始就没有母亲。只能说孤犊在它还没有成为孤犊的时候有过母亲，不能说孤犊有过母亲。"

子舆听了公子牟这一段议论，心中很不服气，挖苦说："这样看来，你是非要把公孙龙的歪理当正理说了，那么公孙龙从臀部的排气孔中排出的气，你是不是也要承接过去呢？"公子牟听子舆口出秽言，不想再与他辩论下去，于是说："好了，明天我们再来讨论吧！"

我：夫子，通过这个故事，您想告诉我们什么样的修身道理呢？您能用简洁明了的语言说说吗？

列子：这个故事告诉我们，世界是复杂的，多样的，在我们面前显现的只是世界的一小部分，透过眼见的世界，见到未见的世界，这才是真正的智慧。

【智愚之道解读】 ❧ 禁锢头脑是最大的愚蠢 ❧

这个故事涉及许多古代辩论的问题，谁是谁非，无须评判，就故事的结尾而言，是说子舆理竭词穷，无言以对，所以出口伤人。这里包含着两种意义：其一是己所是者未必是：己所非者未必非；其二是山外有山，天外有天。第一种意义是从主观上说的，第二种意义是从客观上说的。

在子舆看来，批评公孙龙是完全正当的，因为公孙龙的一些说法完全脱离了常理，陷入了谬误。世上哪里会有一箭射去只射断一根睫毛而不触及眼皮的事呢？世上哪里会有从来没有过母亲的孤犊呢？还有那个"白马非马"的谬论，简直不可思议，囿于子舆的眼界、学识和思维方法，这是绝对不可能有的事情。然而这些违背常理、不可思议的事情，公子牟居然表示赞同，而且讲出了其中的道理，使子舆无以批驳，说明子舆的眼界是狭隘的，学识是浅薄的，思维是僵化的。这告诉人们，一个人的知识是有限的，承认自己知识的有限性，虚心探索未知知识，这是真正的聪明；以自己有限的知识为渊博，以自己未知的知识为谬误，这就未免无知而可悲了。因此，不要以为自己认为对的就是对的，不要以为自己认为不对的就是不对的，要活一辈子，学一辈子。

公子牟就子舆提出的种种怪论做了说明，而且说得头头是道，有条有理，在人们的眼前展示出了一个全新的世界，这个世界是人们通常难以想象的，却又是无法否认的。虽如此说，但是很多人不能做到兼容并蓄，不能见到世所未见，他们固执己见，拒斥他说，将自己的头脑禁锢起来，只以己是为是，只以己非为非，就像子舆一样，死不开窍，死不回头。所以天下总是分成各种派别，相互攻讦，这恰恰是天下之人愚蠢的表现。

修身智慧

◇有意不心，有指不至，有物不尽，有影不移，发引千钧，白马非马。

◇智者之言固非愚者之所晓。后镞中前括，钧后于前。

◇一个人的知识是有限的，承认自己知识的有限性，虚心学习未知知识，这是真正的聪明。

愚公移山，愚者不愚

我：夫子，在《汤问》篇中，您曾经记载着"愚公移山"的故事，现在您能亲自给我们讲讲吗？

列子：对，是有这个故事，这个故事的原文是太行、王屋二山，方七百里，高万仞，本在冀州之南，河阳之北。北山愚公者，年且九十，面山而居。惩山北之塞，出入之迂也，聚室而谋，曰："吾与汝毕力平险，指通豫南，达于汉阴，可乎？"杂然相许。其妻献疑曰："以君之力，曾不能损魁父之丘，如太行、王屋何？且焉置土石？"杂曰："投诸渤海之尾，隐土之北。"遂率子孙荷担者三夫，叩石垦壤，箕畚运于渤海之尾。邻人京城氏之孀妻有遗男，始龀，跳往助之。寒暑易节，始一反焉。河曲智叟笑而止之，曰："甚矣汝之不惠！以残年余力，曾不能毁山之一毛，其如土石何？"北山愚公长息曰："汝心之固，固不可彻，曾不若孀妻弱子。虽我之死，有子存焉。子又生孙，孙又生子；子又有子，子又有孙：子子孙孙，无穷匮也，而山不加增，何苦而不平？"河曲智叟亡以应。操蛇之神闻之，惧其不已也，告之于帝。帝感其诚，命夸蛾氏二子负二山，一厝朔东，一厝雍南。自此冀之南、汉之阴，无陇断焉。

我：夫子，这个故事我们曾经都读过，不过理解起来还是有一些困难，您能用通俗的语言再给我们讲讲吗？

列子：好的。这个故事理解起来其实很简单，主要就是说：在冀州南面、河南北面有两座山，一座叫太行山，一座叫王屋山，这两座山很大很大，方圆七百里，山高近万丈。山北住着一位愚公，年将九十。因为家门口对着山壁；很不方便，出一次门，往往要绕好远好远的路，所以想把山搬走，他召来了儿孙计议说："太行、王屋二山挡住了我们的去路，给我们的生活造成了很大困难。咱们齐心协力把山铲平，达到河南，把路一直修到汉水北岸，你们看怎么样？"

儿孙们一致表示同意，只是老伴有些疑虑，说："你这把老骨头了，连一根草木都挪不动，要想挪走两座大山，岂不是异想天开。再说，那些山石也没有地方堆放。"儿孙们都赞成愚公的想法并说山石可以抛进渤海湾里，事情就这样定了下来。第二天愚公便带着几个儿孙、拿着锹筐上山了。邻居有一个小孩，刚刚七岁，母亲是一位遗孀，听说愚公要开山通路，没有告诉家里就跟着跑到了山上，想要为此尽一点绵薄之力。他们开山掘土，一筐筐往遥远的渤海湾背去，来回一次，要用一个季节。可是他们不怕劳累，一筐一筐地装着，背着。河曲有一位智叟听说愚公在移山，觉得很可笑，于是专程来找愚公，对他说："快不要干这种傻事了！你这么大年纪了，还能活几天？没等你移动大山的一根毫毛，便会撒手而去，且不要说移动整座大山了。"

愚公听后长叹一声说："你这个人目光也太短浅了。移山通路不是为了我这一辈，为的是造福子孙万代。我这一辈子打不通，还有我的儿子。儿子打不通，还有我的孙子。孙子打不通，还有孙子的孙子。一代传一代，永无止境，而山是不会再增高的，只会一天天地降低，我们一代一代打下去，怎么会打不通呢？"智叟听后无言以对。山神听了非常害怕，赶快禀告了上帝。上帝被愚公的决心和诚意感动了，于是派了夸娥氏的两个儿子将太行山和王屋山背走了。一座背到了朔州之东，一座背到了雍州之南。从此，自冀州之南到汉水之北，再也没有山脉阻隔了。

我：夫子，您讲这个故事是不是想告诉我们什么是真正的聪明和智慧，什么是真正的愚蠢呢？我也注意到，在这个故事中，愚公与智叟各自代表着一类人。前者表面愚笨，可内心坚韧而目光远大；后者表面聪明，可内心懦弱而目光短浅，因此前者称为愚公而后者称为智叟，这样理解对吗？

列子：对，在这个故事中，按照你刚才的这个说法，愚公是故事中的正面人物。之所以说他愚，是因为他做了常人以为愚蠢的事。在常人看来，用人力铲平两座大山是不可能的，因为山太大而人太小，若想达到目标，所花费的时间将趋向于无穷。可是愚公却突破了常人的视野，以积少成多、积小成大的思维方式看问题，认为山的大小是固定的，人的相续是无穷的，以无穷的人力去铲除有限的大山，时间虽长，也有尽时。按照绝对数量的计算，愚公是正确的，而且他代表着一种坚韧不拔的精神，这种精神是战胜困难、克敌制胜的前提，因此我们可以说：愚公不愚。

智叟是故事中的反面人物，之所以说他智，是因为他用常人的观点看待问题，发现了愚公所犯的"常识错误"。在他看来，愚公是愚蠢的。愚公铲平山本是为了生活方便，而这种行为对年将九十的愚公这代人是无效的。不仅如此，而且对愚公的子孙后代也是无效的，然而他没有意识到在做出这种判断时显露出了自己的两大不足：一个是不懂得以无穷的人力铲除有限的大山，人终将胜；另一个是不懂得没有坚韧不拔的精神则一事无成，因此可以说：智叟不智。愚公不愚而智叟不智，滞于常识而自以为是，必将禁锢人的思维，遮蔽人的眼光。与此同时，故事也在高扬艰苦奋斗、坚韧不拔的精神，鼓励人们着眼于长远，勤奋于足下。

【智愚之道解读】 全面看待问题才是真智慧

在这个故事中，愚公和智叟都有自己的观点，而且互不让步。尽管人们目前对这个故事的理解都是以愚公为正面观点，但是，我们在看待问题的时候应该全面一些。

我们全面一点看，就会发现，其实愚公同样也犯有固守一隅的思维错误，这表现在两个方面：其一是用可能性代替现实性，其二是固守一种行为模式。

第一，愚公认为把山铲平是可能的。因为山是不会再增高了，挖下一尺则低一尺，这样下去，早晚有一天会将山铲平。可是愚公却没有考虑到两个问题：一个是需要多长时间，另一个是能不能坚持下去。按照故事所述，太行和王屋方圆七百里，山高近万丈，而向渤海倒一筐土则需用一个季节。如此下去，铲平两山所用的时间是一个大大的天文数字。因此实现愿望实属渺茫，其成功率几乎等于零，所以故事不得不搬出世上不存在的天神来背山，以鼓励值得发扬的坚韧不拔精神。另一方面，愚公一家三代都去挖山，生活开支失去来源，维持已有的三代已属不能，说要子子孙孙延续下去，更成了天方夜谭，由此我们说，愚公的想法只有可能性，而无现实性。

第二，愚公认为挖山是为了生活方便。既然以生活方便为目的，也就不必拘泥于一种固定的方法。只要不损害他人及社会的利益，什么方法都可使用，例如迁移到方便的地方去居住。可是愚公恰恰选择了一种最为吃力而最难实现的方法，而且自以为是，固执不化。照他这种方法做下去，几万辈的子孙都要跟着他白白吃苦而不得实惠。由此可见，愚公的思维僵化死板，实不可取；所以称之为愚公，并不为过。

故事中，愚公与智叟各执一词，各守一隅，互不理解，互不融通，各自生活在自己的天地之中。这正说明，人各有志，天各一方，能超出自己天地者方为智，能借鉴他人天地者方为慧。我们在看待问题的时候，也要学会全面一些，学会变通，而不要拘泥于既成的观点，这样才能有更大的发挥空间。

修身智慧

◇虽我之死，有子存焉。子又生孙，孙又生子；子又有子，子又有孙：子子孙孙，无穷匮也，而山不加增，何苦而不平？

◇愚公不愚，智叟不智。

◇人各有志，天各一方，能超出自己天地者方为智，能借鉴他人天地者方为慧。

不死之术，全面看待

我：夫子，在《说符》篇中，您曾经记载着一个"不死之术"的故事，您能再给我们讲讲吗？

列子：好的，这个故事的原文是昔人言有知不死之道者，燕君使人受之，不捷，而言者死。燕君甚怒，其使者将加诛焉。幸臣谏曰："人所忧者莫急乎死，己所重者莫过乎生。彼自丧其生，安能令君不死也？"乃不诛。有齐子亦欲学其道，闻言者之死，乃抚膺而恨。富子闻而笑之曰："夫所欲学不死，其人已死而犹恨之，是不知所以为学。"胡子曰："富子之言非也。凡人有术不能行者有矣，能行而无其术者亦有矣。卫人有善数者，临死，以诀喻其子，其子志其言而不能行也。他人问之，以其父所言告之，问者用其言而行其术，与其父无差焉。若然，死者奚为不能言生术哉？"

我：夫子，现在是 21 世纪了，为了便于我们理解，您能用现在的话再讲讲这个故事吗？

列子：好的，用现在的话来说，故事的情节是过去有一个人，说懂得不死之术。燕国的君主听了很高兴，认为这下子可找到永享人间荣华富贵的途径了，于是特派一位使者前去学习。没想到使者还没有学会，教授不死之术的人却死了。燕君得知消息后大怒，下令将使者处死，因为他没有尽到职责。

燕君的宠臣进谏说："君主息怒，没有学会不死之术，责任不在使者，而在老师。教不死之术的老师死了，说明他根本就不会不死之术，否则的话，他怎么会死呢。既然老师都不会不死之术，怎么能让学生学会不死之术呢？"燕君听后觉得很有道理，于是就把使者释放了。

有个名叫齐子的人也想学不死之术，听说老师死了，非常悔恨，怪自己知道得太晚、没有福分学不死之术，捶胸顿足，无以发泄自己的悔恨之情。一位叫富子的人听说此事觉得很好笑，说："教不死之术的人都死了，学不死之术的人还懊悔，这不是大笑话吗？教不死之术的人自己都难保活命，可见不死之术是骗术。学不死之术的人免于受骗，应该庆幸才是。齐子不但不庆幸，反而懊悔，这不是把自己想要学习什么都忘记了吗？"

一位叫胡子的人对富子的话不以为然，他说："富子的眼光也太狭小了。一个人死了，并不等于他不知道不死之术，知道不死之术与运用不死之术是两回事情。知道了并不一定就会运用，会运用也不能保证次次都能运用得好。不会运用并不等于不知道，运用中出了偏差也不等于就是骗术。有其术而不能运用的人是有的，能运用而没有其术的人也是有的。卫国曾经有一位精于算术的人，临死的时候把算术的口诀传给了自己的儿子，他儿子把口诀背得滚瓜烂熟，就是不会算数。别人问他父亲是怎么向他传授的，他都说得很清楚。问话的人按照他转述的话去做，也精通了算术，与他父亲的技艺相差无几。依照这样的道理，一个不会运用不死之术的人并不一定不知道不死之术。"

我：夫子，通过您的讲解，我们基本上了解了这个故事的情节。那么，通过这个故事，您想告诉我们什么呢？您能有针对性地再给我们讲解一下吗？

列子：好的，这个故事分了三个层次。第一个层次是教授不死之术的人死了，这个事实说明不死之术是骗术，教授之人死了不值得惋惜，学习之人没有学会不应该责备。这个道理由燕君的宠臣揭示出来，燕君接受了。第二个层次是齐子不懂得这个道理，还为没能学习不死之术而惋惜，受到了富子的讥笑。第三个层次是胡子批评富子的观点，认为他的观点是狭隘的。这三个层次反映出了智愚不同的四种人。

第一种人最愚蠢，这便是齐子。齐子本想学习不死之术，却从不考

虑世上存在不存在不死之术。教授不死之术的人自己死了，这是多么具
有讽刺意味的现实，可齐子却毫无反应。他的头脑像木头，僵化、死板，
只会朝着一个方向想问题，根本没有考虑到教授不死之术之人的死与不
死之术之间存在着什么样的关系，甚至忘了自己想要学的东西究竟是什
么。

第二种人虽然愚蠢，但还可以教导，这便是燕君。燕君听说教授不
死之术的人死了而使者却没学会不死之术，他的第一个反应不是不死之
术是骗术，而是怪罪使者没有完成使命，说明燕君也钻进了牛角，好在
他能接受宠臣的开导，悟出了其中的道理。

第三种人比较聪明，这便是燕君的宠臣和富子。他们从教授不死之
术之人死了的现实，得出了不死之术为骗术的结论，打破死板和僵化，
使用了正常人常用的思维方式，即自身不能逃避死亡的人是不可能知道
不死之术的。

第四种人具有智慧，这便是胡子。胡子没有盲从富子的意见，而是
站在理性的高度去审视，提出了自身不能逃避死亡的人不一定不知道不
死之术，打破了常人的思维模式。

【智愚之道解读】 看待问题要避免片面化和绝对化

在这个故事当中，我们需要讨论两个问题：第一个问题是世上是否存在不死
之术？第二个是富子与胡子谁的思维方式更富有智慧？

对于第一个问题，到目前为止我们还没有发现不死之术。之所以这样说，基
于两点：第一点，按照事物发生发展的一般规律来说，有生就有死，有始就有终，
人都是由不存在而转化为存在的，最终还要回归于不存在。第二点，到目前为止，
科学的发展还没有突破如上的规律，尽管人们的寿命在不断地延长，但仍然没有

发现可以无限延长下去的机制。

这个答案与"根本不存在不死之术"的答案是有区别的，它避免了绝对与僵化，为未来的科学发展留有余地，因为任何规律都不是绝对的，都是一定条件下的规律，一旦条件发生了变化，以往的规律就要让位于新的规律，所以"根本不存在不死之术"的答案起码在思维方式上存在着"封闭"的弊病。另外，现在已有科学家发现了生命的基因，在生命体中培育这种基因可以延长生命，将来是否会培育出自身具有再生能力的生命基因来，也很难说，我们不能用当代人的眼光去估计未来科学的发展。无论如何，这一问题的答案与富子的结论是一致的，即教授不死之术的人并没有不死之术。

对于第二个问题，富子的思维方式合于常规，胡子的思维方式更富智慧。之所以说富子的思维合于常规，是因为在一般人看来，具有某种技艺的人就是会运用这种技艺的人，不会运用这种技艺，就说不上具有这种技艺。也就是说，会运用某种技艺是具有这种技艺的标志和验证标准。应该说，这种思维方式是合乎逻辑的，因为具有的能力与施展能力的结果应该是统一的。用这种思维方式来分析教授不死之术的人，可以说，富子的分析没有错。教授不死之术的人死了，从实践上证明他不具有不死之术。如果具有，怎么会死呢？

之所以说胡子的思维方式更富有智慧，是因为他的思维更细腻，对一个人有没有某种技艺采取了分析的方法，避免了绝对肯定与绝对否定的片面性。在他看来，一个人有没有某种技艺，具有多种情况。有些人可能仅仅懂得理论而不会运用，有些人可能只会运用而不懂理论，有些人可能理论与运用都有一手但不精通，有些人可能理论与运用都很精通。他举了一个卫国人的例子，说明以上的划分不是妄说，有鉴于此，就不能以一次成败下定论。可惜的是，有无不死之术只能成败一次，如果换一种技艺，比如发射火箭，就可以说明失败了并不等于不具有这样的技艺。

说胡子的思维方式更富有智慧，不局限在它对有无不死之术的具体分析上，而更在于它肯定了大千世界的多样性，启迪人们从多种视角、从多种层面看待事物，有助于人们避免思维的绝对化和片面性，有助于人们扩展自己的视野、开动自己的脑筋，见异常而不怪，逢异事而泰然。所以，列子把胡子超于常规的见解当作对这个故事的最高见解。

修身智慧

◇凡人有术不能行者有矣，能行而无其术者亦有矣。

◇有生就有死，有始就有终。

◇见异常而不怪，逢异事而泰然。

第八章

列子与我聊真伪之辨

　　古语说，假到真时真亦假。很多时候，世间之事本就是真假难辨，真实与梦境更是如此。在列子看来，真伪之间的分辨往往是混淆的，这是因为当人从不同的角度来看，或者进入梦境的时候，会产生一些假象，而身处其中的人则会觉得这是真实的。列子认为，没有必要事事辨清，这样才能活得轻松自然。

真人无梦，真假难辨

我：夫子，在《周穆王》篇中，您曾记载了一个有关梦的论断，觉有八征，梦有六候。奚谓八征？一曰故，二曰为，三曰得，四曰丧，五曰哀，六曰乐，七曰生，八曰死。此者八征，形所接也。奚谓六候？一曰正梦，二曰噩梦，三曰思梦，四曰寤梦，五曰喜梦，六曰惧梦，此六者，神所交也。不识感变之所起者，事至则惑其所由然；识感变之所起者，事至则知其所由然。知其所由然，则无所怛。一体之盈虚消息，皆通于天地，应于物类。故阴气壮，则梦涉大水而恐惧；阳气壮，则梦涉大火而燔焫；阴阳俱壮，则梦生杀。甚饱则梦与，甚饥则梦取。是以以浮虚为疾者，则梦扬；以沉实为疾者，则梦溺。藉带而寝则梦蛇，飞鸟衔发则梦飞。将阴梦火，将疾梦食。饮酒者忧，歌舞者哭。子列子曰："神遇为梦，形接为事。故昼想夜梦，神形所遇，故神凝者想梦自消。信觉不语，信梦不达，物化之往来者也。古之真人，其觉自忘，其寝不梦，几虚语哉？"这段文字主要是辨别真伪之说，为了让我们更好地理解这些，您能用通俗的语言亲自给我们解释解释吗？

列子：当然可以。用你们的话来说就是人在醒着的时候有八种表现，在做梦的时候有六种征候。八种表现是什么呢？其一是继续以前没有做完的事情，其二是开创以往没有做过的事情，其三是有所收获，其四是有所丧失，其五是有所哀怨，其六是有所喜悦，其七是有生，其八是有死。这八种表现，都与人的形体有关系，都是由于形体与外物的接触而产生的。六种征候是什么呢？其一是自然而然地做梦，其二是有所惊悸而做梦，其三是有所思念而做梦，其四是有所感悟而做梦，其五是有了乐事而做梦，其六是心中恐惧而做梦。这六种征候，都与人的精神有关系，都是由于人的精神与外界的接触而产生的，人们应该对自己感受变化的起因有所了解。对其不了解，当事情发生时，自己都不知道其所以然；对其有了了解，当事情发生时，自己就知道其所以然。知道其所以然，心中不会害怕，就能自如地应付事变。身体的起伏、虚实与天地万物的变化是相通的，天地万物有所变化，会影响到人的身体变化。阴气旺盛的时候会梦到大水，心里十分恐惧；阳气旺盛的时候会梦到大火，心里十分烦躁；阴阳二气都旺盛的时候会梦到交战；腹饱的时候会梦到施舍，腹饥的时候会梦到乞食。所以，患有浮虚病的人往往梦到升天，患有沉实病的人往往梦到溺水；枕着腰带睡觉往往梦到蛇，飞鸟衔走了头发往往梦到高飞；将要阴天的时候往往梦到火，将要得病的时候往往梦到食；饮酒之后睡觉往往梦到忧，歌舞之后睡觉往往梦到哭。所以说，精神想到事物称之为梦，形体接触事物称之为事。白天思虑多了，晚上就容易做梦，所以说梦是精神与形体接触事物的反映。一个人精神集中，思虑就会减少，睡梦就会消失。相信醒着时候的所作所为是真事，这没有什么好说的；相信梦境是真事，这是不了解做梦的道理。然而，不管是真事也好，还是梦中的事也好，都是事物发展变化的展现。古代的真人，白天醒着的时候连自己都会忘记，晚上睡着之后从不做梦，这个话难道是虚假的吗？

　　我：夫子，在这个论断中，您想告诉我们怎样的一种思想呢？您能用更简洁的语言说说吗？

　　列子：简单地说就是真假之辨。在我看来，真实的事情，其特征是人的形体与外界事物发生接触；梦中之事，其特征是人的精神与外界事物发生接触。

【真伪之辨解读】　　列子对梦境虚实的看法

　　这里，列子对真事与做梦进行了一番分析，这个分析平实的成分比较多，寓意的成分比较少。

在列子看来，人在现实世界中生活，用形体接触事物，用头脑思考事物，这种接触和思考在人的头脑中留下了刺激和印象，这种刺激和印象在晚上睡着的时候，外界事物的影响在人的头脑中再现了出来，这就是梦。不过这种再现不是原有刺激和印象的复制，而是原有刺激和印象的重组或改造，因此具有离奇性和戏剧性，甚至出现人飞上天、身溺大海的情景。之所以会发生重组或改造，原因在于外界事物的影响。

列子的这种分析，如果不考虑其中的一些具体环节，只考虑其中的基本因果关系，可以说十分接近现代科学的结论。当然列子的见解还存在不足之处，这种不足主要表现在它将具体的梦境与具体的外界影响对应起来，比如饮酒后往往梦到忧，歌舞后往往梦到哭，阴气旺盛的时候往往梦到水，阳气旺盛的时候往往梦到火，等等。这些对应关系在以往的经验中可能出现过，但却不具有必然性，列子将其作为常例表述出来，有以偏概全的缺陷。另外，它用阴阳盛衰说明影响人体和精神的外界环境，带有朴素和直观的特性，缺乏科学依据。环境与人体、环境与人的精神是相互联系的，在一定的环境中，人会产生一定的感受，如果这时人正在睡觉，很可能会影响到人的梦境。然而，人所处的环境是多样的，即使是同样的环境，不同的人又有不同的经历和感受，它所造成的梦境那就很难说了，如果将其固定化，就会引向荒谬。

故事最后还包含着一种意义，这就是真事也好，梦境也好，都是事物发展变化的一种过程。既然都是事物发展变化的过程，那么真事也就有它虚幻的一面，梦境也就有它与真实事物相关的一面。把这两方面看透了，才能成为真正的人，也就是所谓的"真人"。现实世界上的事物是真实存在的，同时它们又是不断发展变化的。因此任何事物都不可能永远是原先的那个样子，也不可能永远存在于现实的世界上。事物的真实性是受时间和空间限制的，一旦过了它那真实性的时间和空间界限，它也就不再真实了，这就是真实事物虚幻的一面。

梦中之境是人们精神感受的变相再现，不但精神自身是人体器官的一种功能，而且它的感受来源于外界事物的刺激。因此，它虽然是虚幻的，但却与真实事物有着直接的或间接的联系，是真实事物的产物，是真实事物发展变化的一种虚幻的形式，这就是它与真实事物相关的一面。列子认为，有修养的人，或者说修养达到了一定程度的真人，了解真事与梦境既有区别又有联系，懂得真实事物终究要归于虚幻，梦中之境毕竟与真实事物相关，因此将现实世界看得很淡很淡，甚至达到了忘记自己的程度。既然连自己都会忘记，其他的事情那就更无牵挂了，正因如此，所以他也就不会做梦。这就是列子所说的："古代的真人，白天醒着的时候连自己都会忘记，晚上睡着之后从不做梦，这个话难道是虚假的吗？"

现实事物是真实的，梦中之境是虚幻的，睡梦是形体与外物接触后在精神中所留印象与刺激的反映，列子对这点是非常清楚的。然而，这只是站在现世的角度看待事物，只是站在现世看待现世，如果站在宇宙长河的角度看世界，就是另外一种情景了。

这些都说明了一个道理，那就是：梦亦是真，真亦是梦。活在现世就要以梦为真，想到未来就要以真为梦。以梦为真，则行事一丝不苟；以真为梦，则遇事胸中坦荡。这种道理，有的人称之为荒诞，有的人称之为虚玄，有的人称之为彻悟，有的人称之为智慧。不管人们怎么评价，它的确洞察了事物的两个方面。这两个方面事事皆有，人人皆见，确确实实存在于万物之中、人世之间。

修身智慧

◇古之真人，其觉自忘，其寝不梦，几虚语哉？

◇梦中之境是人们精神感受的变相再现，不但精神自身是人体器官的一种功能，而且它的感受来源于外界事物的刺激。

◇梦亦是真，真亦是梦。活在现世就要以梦为真，想到未来就要以真为梦。以梦为真，则行事一丝不苟；以真为梦，则遇事胸中坦荡。

梦中得鹿，人世为假

　　我：夫子，在《周穆王》篇中，您曾经记载了这样的一个故事，郑人有薪于野者，遇骇鹿，御而击之，毙之。恐人见之也，遽而藏诸隍中，覆之以蕉，不胜其喜。俄而遗其所藏之处，遂以为梦焉，顺途而咏其事。旁人有闻者，用其言而取之。既归，告其室人曰："向薪者梦得鹿而不知其处，吾今得之，彼直真梦矣。"室人曰："若将是梦见薪者之得鹿邪？诖有薪者邪？今真得鹿，是若之梦真邪？"夫曰："吾据得鹿，何用知彼梦我梦邪？"薪者之归，不厌失鹿。其夜真梦藏之之处，又梦得之之主。爽旦，案所梦而寻得之。遂讼而争之，归之士师。士师曰："若初真得鹿，妄谓之梦；真梦得鹿，妄谓之实。彼真取若鹿，而与若争鹿。室人又谓梦仞人鹿，无人得鹿。今据有此鹿，请二分之。"以闻郑君。郑君曰："嘻！士师将复梦分人鹿乎？"访之国相。国相曰："梦与不梦，臣所不能辨也。欲辨觉梦，唯黄帝、孔丘。今亡黄帝、孔丘，孰辨之哉？且恂士师之言可也。"这篇文章是辨别梦与不梦的，为了更好理解，您能用通俗的语言给我们讲讲吗？

　　列子：好的，用你们现代的话来说，这个故事的大致内容是郑国有个人在野外砍柴，碰到一头受惊的鹿，便迎面把它打死了。他怕别人看见，便急急忙忙把鹿藏在干涸的池塘里．并用柴草覆盖好，心中十分高兴。不久，他忘了藏鹿的地方，便以为刚才是做了个梦，一路上还不断张扬这件事。路旁有人听到了，便按照他说的话取到了鹿。这个人回去以后，告诉妻子说："刚才有个砍柴人梦见得到了鹿却不知道放在什么地方了，现在我得到了，他这是成真的梦啊。"妻子说："你该不是梦见砍柴人得到了鹿吧？哪有那么个砍柴人啊？现在真的得到了鹿，是你的梦成真了吗？"丈夫说："我反正得到了鹿，哪里用得着搞清楚是他做梦还是我做梦呢？"砍柴人回去后，不甘心丢失了鹿，当夜真的梦到了藏鹿的地方，也梦到了那个得到鹿的人。天一亮，他就按照梦中的指示找到了那个人，于是两人争吵了起来，告到了法官那里。法官说："你最初真的得到了鹿，却瞎说是做梦；真在梦中得到了鹿，又瞎说是真实的。他真的取走了你的鹿，你们才要争这只鹿。他妻子又说是梦中错认了别人的鹿，没有什么人得到过鹿。现在就这么一头鹿，你们平分了吧。"这事被郑国的国君知道了，国君说："咳！这法官也是在梦中分鹿吗？"为此他询问宰相。宰相说："是梦不是梦，我是无法分辨的。要分辨是醒是梦，只有黄帝和孔丘才行。现在没有黄帝与孔丘，谁还能分辨呢？姑且就照法官说的办吧。"

　　我：夫子，在这篇文章中，您想说的是世间真事与梦境假事往往难分真假，这样理解对吗？

　　列子：很对，你理解得很深刻，有时候真实和梦幻是很难分辨的，之所以会这样，就是因为世间之事本身就是真亦假，假亦真，真与假、虚与实本来就没有固定的界限。站在世上看梦境，以梦境为假；站在梦境看人世，以人世为假。站在人世看人世，以人世为真；站在梦境看梦境，以梦境为真。

【真伪之辨解读】 　　　　　 ⤳ **站在不同角度看问题** ⤴

　　在这个故事中，由于人们从不同的处境看待梦境中的事情，所以故事中的一些人大都分不清真假。打柴人以在现世中打死鹿、藏起鹿为梦，又以梦中梦见得鹿人得了他的鹿为真；得鹿人以打柴人说的梦事为真，并且因此而真的得了鹿，他的妻子却以他路遇打柴人、得鹿为做梦。最后，国相对此事做了总结，说明真事、梦境难分难辨，只好以糊涂的办法处理糊涂的事情。

　　其实，梦境的真假有时真的很难去断定。相信很多现代人看完上面这个故事，多半都会想到《红楼梦》里的贾探春，大观园里兄弟姐妹结诗社，各自要取别号。探春笑着说："我就是'秋爽居士'罢。"贾宝玉说："居士主人到底不恰，且又瘰赘。这里梧桐芭蕉尽有，或指梧桐芭蕉起个倒好。"探春笑着说："有了，我最喜芭蕉，就称蕉下客罢。"众人都道别致有趣，林黛玉笑着说："你们快牵了他去，炖了脯子吃酒。"众人不解。"林黛玉笑着说："古人曾云蕉叶覆鹿，他自称蕉下客，可不是一只鹿了？快做了鹿脯来。"众人听了都笑起来。历来对《列子》中"覆之以蕉"的注释都说这个蕉是"樵"的通假字，也就是柴草。不过，用柴草盖住一头鹿和用芭蕉叶子盖住一头鹿，其诗情画意的差别可就大了，所以历来有不少人不管它原来的本意，执意将芭蕉和鹿联系在一起。至于曹雪芹，更是巧妙地利用秋、"蕉"这两个元素的多元属性，在这一段看似闲聊的描写中生动地展现了贾探春的性格特点，尤其是林黛玉一句别致精妙的幽默，无形之中把本来在诗文中含有凄凉孤独之意的芭蕉又添加了一层恍惚迷离的色彩，而这一切又都暗示着贾探春这个人物日后的命运，和"才自精明志自高，生于末世运偏消"的判词遥相呼应。在大观园中，贾探春是十分清醒的一个，然而这种清醒又何尝不是最深的梦境，是醒是梦只能托付给黄帝与孔丘去加以判别，现实中没有人能给以分析，只好如士师那样按照宿命的安排任意东西。梦与醒之间的区别是那样的微妙，我们几乎每天都在重复着士师一般的胡说八道。很遗憾，现在已经无法看到曹雪芹究竟是如何描述贾探春的最后结局的了，对"蕉鹿"事件的演绎并不完整。但是，现代人却有一个完整的版本，说它完整，并不指戏内的情节而言，而是说二十年前这样一个庞大的剧组参加这项摄制工作，整整三年，所有的人完全置身于一个陌生的虚拟世界中，这本身就似梦非梦、是梦非梦。这个剧组当初选用的都是名不见经传的年轻人，主要演员平均年龄只有二十岁。

　　他们生命中最灿烂的一段时光就是在拍摄《红楼梦》中度过的，在那个时候，他们究竟是在清醒地拍戏，还是在大观园里做梦？二十年后，央视做了一个节目，叫作"红楼剧组再聚首"。一群曾经朝夕相处、共同谱写辉煌的朋友坐到了一起，除了几个身在海外和不幸作古的没能报到，在剧中扮演贾探春的东方闻樱此时已经成了制片人，她曾经在剧组中找到了自己的婚姻，不过后来又离婚了。扮演贾宝玉的欧阳奋强已经成了导演，他的夫人并不是剧组中的成员。我们这里并不是要说别人的八卦，只是从中可以看到，当人投入一件事中的时候，现实与虚幻便有了交接与混淆，所有的人，包括演员本人或许都把三年的一部大戏看作了现实生命中的一环。就在聚首之后四年，曾经扮演精灵古怪地把探春编派成一头鹿的林黛玉的演员陈晓旭走了，以四十二岁这样一个不合适的年龄走了。在戏里，林黛玉是一个红颜薄命的情种，在现实中，陈晓旭也呈现了同样的宿命，这难道不是梦中人的梦吗？东方闻樱当年曾经和陈晓旭朝夕相处，无话不谈，失去了这个朋友之后，她回忆道：红楼一别20年，我们两个人再次聚首还是2003年一起录《艺术人生》红楼梦特辑。当时，我在门外的休息厅看着她远远地走过来，谁都没说话，就那么互相对了一下眼，就明白了——彼此都过得不错。那天陈晓旭非常精神，状态非常好。后来，看她从台上下来，我下意识地向旁边挪了一下，空出了点地，她就非常自然地坐在了我边上。这个小细节让我们都心领神会，这么多年过去了，默契还在啊。

如果没有这件事，对东方闻樱而言在忙碌的人生中，回忆拍摄《红楼梦》的三四年是非常幸福、惬意的放松方式，但陈晓旭走了，那段记忆因为她变得异常沉重。谁敢说自己能够分辨其中的现实与梦境？谁又有资格去判定究竟林黛玉是陈晓旭的梦抑或陈晓旭是林黛玉的梦？要是有人生出更奇怪的见解，说她们都是飘忽于我们梦中的幻影，那又当如何说呢？

修身智慧

◇似梦非梦、是梦非梦。

◇站在世上看梦境，以梦境为假；站在梦境看人世，以人世为假。站在人世看人世，以人世为真；站在梦境看梦境，以梦境为真。

◇梦与不梦，臣所不能辨也。欲辨觉梦，唯黄帝、孔丘。今亡黄帝、孔丘，孰辨之哉？且恂士师之言可也。

万物化生，《列子》真伪

我：夫子，在您的著作《天瑞》篇中，我曾经读到这样的一段对话，子列子曰："昔者，圣人因阴阳以统天地。夫有形者生于无形，则天地安从生？故曰：有太易，有太初，有太始，有太素。太易者，未见气也；太初者，气之始也；太始者，形之始也；太素者，质之始也。气形质具而未相离，故曰浑沦。浑沦者，言万物相浑沦而未相离也。视之不见，听之不闻，循之不得，故曰易也。易无形埒，易变而为一，一变而为七，七变而为九。九变者，究也，乃复变而为一。一者，形变之始也，清轻者上为天，浊重者下为地，冲和气者为人；故天地含精，万物化生。"为了更好地理解这段话，您能用通俗的语言亲自为我们讲讲吗？

列子：我是说过这段话，用你们现在的话来说，大意就是过去圣人凭借阴阳来统御天地万物。有形的事物是从无形的事物中生出来的，那么天地又是从哪里生出的呢？所以说：有太易，有太初，有太始，有太素。所谓太易，就是指没有出现气的状态；所谓太初，是指气刚开始出现时的状态；所谓太始，是指形刚开始出现时的状态；所谓太素，是指质刚开始出现时的状态。气、形、质已经具备却没有分离开，所以叫作浑沦。所谓浑沦，说的是万物浑然一片而并未分离的状态。看它看不见，听它听不到，找它找不着，所以称之为易。易没有形状，易变化而成为一，一变化而成为七，七变化而成为九。九变即是终极，于是反过来又变成一，一是形变的开始，清轻之气上浮成为天，浊重之气下沉成为地，中和之气成为人，所以天地蕴含着精华，万物由此化生。

我：夫子，经过您的解释，我们对您的思想有了更多的了解，您能用简洁明了语言总结一下这段话中的主旨吗？

　　列子：好的，其实这段话主要就是想说，当一个人处在不同的环境或者按照不同的标准看待事物的时候，同一种事物很可能就会有真有假，混淆难辨。

【真伪之辨解读】　　　　　《列子》一书引发的真伪争辩

　　这段话是列子论述宇宙有无相生的大道理，也可以把它看作玄谈的内容，本来和人事层面上的真假难辨没多大关联，然而，这段话看起来理论性挺强，还有一系列的术语，张湛的注也很老实，明白地说"全是《周易乾凿度》"。这一来，这话的来源就关系到了《列子》其书的真伪问题了。

　　近代学者马叙伦作《列子伪书考》，列举了二十条证据证明列子是伪书，其中第四条是《周易乾凿度》出于战国之际，列子如何得知？表面上看，这的确言之有据，但仔细追究，其中问题多多。并不是马先生的论据有什么问题，毛病出在探究的问题本身。《周易乾凿度》的名字奇奇怪怪，对经学有点了解的人都知道，它是纬书中的一种。所谓纬书，是汉代人根据儒家经义附会出来的专讲符箓瑞应的书，内容大抵不外乎将各种自

周易乾凿度

然现象看作是人事吉凶的征兆，从而得出很多稀奇古怪的预言。因为是和经书有关的，所以这名字也借着"经书"来的，经、纬是一组对应词汇。纬书的书名通常也由两个部分组成，前一半是某经书的名字，后一半是三个或两个有所取义的字，比如《尚书考灵曜》《诗含神雾》《春秋合诚图》等。由于历代帝王加以禁止，纬书大多已经失传，现在能看到的多半是后人的辑本。这只是纬书的大致情形，其中某一种写成于什么年代、出自谁手已经很难确认，但不管它出自战国还是西汉，其中的内容未必都是原创，很可能有许多秦汉之前的流行学说，《列子》中有与之相同的话并没有什么奇怪，这就好比《中庸》可以引用许多《诗经》里的句子，汉魏人的著作也可以引用，不能以此证明《中庸》的创作年代晚于汉魏。

我们对照一下就会发现，先秦著作与后世不同，往往并非由本人亲自执笔，而后成为著作辗转传抄，多半有后人的编辑补充。当时的著作并不十分注重个人的文字保存，也完全没有类似著作权私有的概念，根本无以分辨那些内容出自谁手，所以，《庄子》未必全是庄周之笔，《墨子》并非全经墨翟之手，至于《论语》并非孔子所写，则是尽人皆知的事情。清代学者严可均在他的《书（管子）后》中说道：近人编书目者，谓此书多言管子后事，盖后人附益者多。余不谓然，先秦诸子，皆门弟子或宾客或子孙撰定，不必手著。

这也说出了先秦著作的一个通例。假如《列子》真是春秋战国时代的列御寇所传，那也不妨间杂一些比他本人年代稍晚的内容，如果以此便判定其为伪书，那先秦诸子恐怕全都值得怀疑，所以，《列子》中这一部分内容与《周易乾凿度》雷同并不能说明什么问题，还是需要认真看一下其理论是否与全书甚至与整个道家思想体系相吻合。阴阳化生，天地由来，这些是被后世归为玄谈的，儒家学术很少关注，孔子对此就取存而不论的态度，以致子贡叹息说："夫子之论性与天道，不可得而闻也！"只有在研究《周易》的时候才有一些相应的言谈，他在《系辞》所谈的"生生之谓易"和这里"无形"的"易"并不十分吻合，倒是老子说的"天下万物生于有，有生于无"与之比较接近。但奇怪之处在于《列子》这一节运用了一个并不常见的数理模式："易变而为一，一变而为七，七变而为九。"

既不同于老子"道生一，一生二，二生三，三生万物"，也不同于《系辞》的"易有太极，是生两仪，两仪生四象，四象生八卦"。或许这种理论有它自己的由来和传承，只是流传不广，不为后人所熟知。

总的来看，《列子》中这一部分既有鲜明的道家倾向，又不是简单地反刍已有的道家理论，想仅仅由此来推论《列子》一书的真伪，恐怕是不能服人的。

从这些观点和考证，我们能够知道，《列子》一书本身就是真伪官司缠身的书，有趣的是它的内容中又有不少正好是谈论世间事的真假莫辨的，这就仿佛是你在桥上看风景，看风景的人在楼上看你。风景会因为视角不同而内容各异，直至包含了也是在看风景的人；真假会因为标准不同而彼此混淆，直至那笑谈真假的名著也被执迷的人们辨析着它的真假。要想豁达通脱，何其难也！斤斤计较于名利的，当然是放不开的，斤斤计较于是真是假，又何尝不是一种没必要的挂碍？如果几百年后庄子再游人世，看到《列子》辨伪的热闹，不知他会不会有兴趣拿这个现象做一则寓言，去讪笑那些极力纠缠真假的人。

修身智慧

◇太易者，未见气也；太初者，气之始也；太始者，形之始也；太素者，质之始也。气形质具而未相离，故曰浑沦。浑沦者，言万物相浑沦而未相离也。

◇一者，形变之始也，清轻者上为天，浊重者下为地，冲和气者为人；故天地含精，万物化生。

◇真假会因为标准不同而彼此混淆，直至那笑谈真假的名著也被执迷的人们辨析着它的真假。

奴仆君王，苦逸之复

我：夫子，在《周穆王》一书中，您曾经记载着这样的一个故事，周之尹氏大治产，其下趣役者侵晨昏而弗息。有老役夫筋力竭矣，而使之弥勤，昼则呻呼而即事，夜则昏惫而熟寐。精神荒散，昔昔梦为国君，居人民之上，总一国之事，游燕宫观，恣意所欲，其乐无比，觉则复役。人有慰喻其勤者，役夫曰："人生百年，昼夜各分。吾昼为仆虏，苦则苦矣，夜为人君，其乐无比，何所怨哉？"尹氏心营世事，虑钟家业，心形俱疲，夜亦昏惫而寐，昔昔梦为人仆，趋走作役，无不为也，数骂杖挞，无不至也。眠中啽呓呻呼，彻旦息焉。尹氏病之，以访其友。友曰："若位足荣身，资财有余，胜人远矣。夜梦为仆，苦逸之复，数之常也。若欲觉梦兼之，岂可得邪？"尹氏闻其友言，宽其役夫之程，减己思虑之事，疾并少间。我们读过这个故事之后，对内容有了大致的了解，但是仍然有不明白的地方，您能用通俗的语言再给我们讲讲吗？

列子：好的，这个故事用你们的话来说，大致的意思是周朝有个姓尹的人大举经营产业，在他手下干活儿的人从早到晚都不得休息。有个老奴仆的精力已经衰竭了，却更多地差遣他，白天呻吟呼喊着干活，晚上昏沉疲惫地熟睡。由于精神恍惚散漫，每天夜里都梦见自己当了国君，位居百姓之上，总揽一国大事，在宫殿花园中游玩宴饮，为所欲为，快乐无比，醒来后便继续服役。有人安慰他的劳苦，老奴仆说："人生百年，白天与黑夜各占一半。我白天做奴仆，苦是苦了，但黑夜做国君，快乐无比，有什么可怨恨的呢？"姓尹的一心经营世间琐事，心思全集中在家业上，心灵与形体都很疲惫，晚上也是昏沉疲惫地熟睡，每天夜里梦见给别人当奴仆，奔走服役，什么活都干，挨骂挨打，什么罪都受。

睡梦中大呼小叫，一直到天亮才停止。姓尹的对此倍感辛苦，便去询问他的朋友，朋友说："你的地位足以使你身份显贵，你的财产也用不完，胜过一般人太多了。晚上梦见做奴仆，那是辛苦和安逸的循环往复，是自然的常理。你要是想醒时与梦中都很快乐，那怎么可能呢？"姓尹的听了朋友的话，便放松了奴仆工作的节奏，减少了自己思虑的心事，身心的疾苦也就得以减轻了。

我：夫子，您是不是想通过这个故事告诉我们，梦境和现实其实都是一种感受，没有什么不同。不仅如此，当一个人的真实生活很痛苦时，他的梦境很可能是快乐的；而当一个人的真实生活是快乐的时候，梦境中却可能会出现痛苦，而这样的一些感受往往难以分辨真假。

列子：很对，正是这个意思。

【真伪之辨解读】 ∽ **真假虚实的转变** ∾

我们仔细思考就会发现，这个故事其实包含两层意思：第一层意思是真实的生活与梦中的生活没有什么两样，都只不过是个人的一种感受而已。白天富有，觉得很实在，很滋润；梦中做君王，也觉得很自得，很美妙。白天做苦工，觉得很劳累，很疲倦；梦中做奴仆，也觉得很痛苦，很艰辛。就实而论，无论是富有也好，还是贫穷也好，最后不会有什么差别。百年之后，再富有也不能将世间的财物拿到另一个世界中去，再贫穷也不会比离开人世的富人缺少一根毫毛。真实也是梦境，梦境也是真实，所以那位老奴虽然生活很艰辛，但却很自足。

第二层意思是，人来到世上就处在幸福与痛苦的交替之中，每一个人都一样，没有哪一个人只有幸福而没有痛苦，也没有哪一个人只有痛苦而没有幸福，所不同的仅是有人幸福多一些而痛苦少一些，有人痛苦多一些而幸福少一些。正因为如此，所以老奴白天劳累而晚上享福，尹氏白天富有而晚上忧愁。尹氏白天得钱少了些，晚上噩梦也就少了些；老奴白天劳累少了些，晚上美梦也就少了些。

总起来也就是说，人世处在不停的变化之中，一会儿休息，一会儿劳作，一会儿出生，一会儿死亡，快乐会转化成痛苦，忧愁会转化成幸福，富足会转化成贫穷，贫穷会转化成富足，永远也不会有停留和止息之时，也就永远不会有稳定之物。没有稳定之物，也就没有真假虚实的区别。因为在你说这个东西真实存在的时候，它已经不再存在了；当你认为一个东西不存在的时候，也可能它却出现了。

当然，生活经验告诉我们，做梦的内容对人来说是完全随机的，虽说日有所思，夜有所梦，白天的现实和晚上的梦境截然相反的事也的确是有的，但从不曾听说哪个人会天天如此。这里说的是梦，但其细节却有悖于真正的梦，那么，其真正所指应该是一个和梦十分相似的境界。

在生活中，人们的心中还有轮回转世、天堂地狱之类的种种理论，究其根本，无非是将生命延展开，以期找到所需的乐趣和目标。同时，人对未知的一切又都充满了怀疑和恐惧，接受和期待那难以证实的另一个世界并不容易，于是尽人皆知的梦就成了解释和灌输这些理论的桥梁。当一种超出经验之外的理念出现的时候，人们会本能地质疑、追问或者没有理由地拒绝。然而，一旦诱惑的力量达到一定的程度，人们又会同样盲目地去接受。所以，从这个角度来说，要让人相信来生、相信天堂，那就一定要去诱惑。

曾经有很多人宣扬过关于另一个世界的理论，这么做一是为了让你听话，二是为了让你快乐。我们不必急着去判断这两种目的哪个高尚哪个卑鄙，这样的做法之所以有市场，就是有太多的人都痛苦着。大多数人是不认识自己的，所看到的那个熟悉的自己是拴在一条很大的社会链上的，父母、家庭、亲戚、职业、成就、金钱、名誉等，再加上一堆特定的皮毛骨肉就成了那个自己，不幸的是，这一切肯定会在不久的将来烟消云散。从这个意义上说，我们敢声称明确地知道泰山、月亮，却反而不敢说明确地声称知道"我"。就凭这一点便足以大做文章了：如果能够成功地把这个理论作为基础，完全能够控制很多人，俨然成为领导人们为来世奋斗的领袖，这本身就是一种莫大的成就感，这也就是为什么那些为了让你听话的人，多半是政治家或者比较入世的宗教家。不过，道家不是这种人，他们只关心自己生命的自由与通达，对旁人缺乏兴趣，站在众人的肩膀之上成为领袖、英雄对道家来说并不是荣耀，反而是自由生命的包袱。至于第二种人，道家与之也不尽相似，尽管不能说道家是冷漠的，但至少他们没有苦口婆心地去劝解那么多死不开窍的人。因此，如果有人对你说：为了来世而生活吧！那么不管他是要骗取你热情还是想要你真的得到希望和快乐，他肯定不是名副其实的道家。

我们看到，道家把生命看作一个完整的艺术品，经历的每一件事、每一个时刻都是一个枝节，不要去分辨它们的真与假，不要去关注它们的是与非，只要它们互补、平衡，那么生命就能展现出艺术的美妙。列子在这个故事中，正是向我们展示了这个思想。

修身智慧

◇人生百年，昼夜各分。吾昼为仆房，苦则苦矣，夜为人君，其乐无比，何所怨哉？

◇永远也不会有停留和止息之时，也就永远不会有稳定之物。没有稳定之物，也就没有真假虚实的区别。

◇道家把生命看作一个完整的艺术品，经历的每一件事、每一个时刻都是一个枝节，不要去分辨它们的真与假，不要去关注它们的是与非，只要它们互补、平衡，那么生命就能展现出艺术的美妙。

为我主义，深辨实伪

我：夫子，在《杨朱》篇中，您记载着一个寓言故事，是有关于名声虚实之辨，对此，您能给我们讲讲吗？

列子：你说的是《杨朱》中的一个故事，杨朱游于鲁，舍于孟氏。孟氏问曰："人而已矣，奚以名为？"曰："以名者为富。""既富矣，奚不已焉？"曰："为贵。""既贵矣，奚不已焉？"曰："为死。""既死矣，奚为焉？"曰："为子孙。""名奚益于子孙？"曰："名乃苦其身，燋其心。乘其名者，泽及宗族，利兼乡党，况子孙乎？""凡为名者必廉，廉斯贫；为名者必让，让斯贱。"曰："管仲之相齐也，君淫亦淫，君奢亦奢，志合言从，道行国霸。死之后，管氏而已。田氏之相齐也，君盈则己降，君敛则己施，民皆归之，因有齐国，子孙享之，至今不绝。若实名贫，伪名富。"曰："实无名，名无实。名者，伪而已矣。昔者尧舜伪以天下让许由、善卷，而不失天下，享祚百年。伯夷、叔齐实以孤竹君让而终亡其国，饿死于首阳之山。实、伪之辨，如此其省也。"

我：夫子，就是您说的这个故事。现在您能用通俗的语言再给我们解释一下吗？

列子：杨朱到鲁国游历，住在孟氏家中。孟氏问他："做人就是了，为什么要名声呢？"杨朱回答："用名声去发财。"孟氏又问："已经富了，为什么还不停止呢？"杨朱说："为显贵。"孟氏又问："已经显贵了，为什么还不停止呢？"杨朱说："为死后。"孟氏又问："已经死了，还为什么呢？"杨朱说："为子孙。"孟氏又问："名声对子孙有什么好处？"杨朱说："名声是身体辛苦、心志焦虑才能得到的。伴随着名声而来的好处，恩泽可以惠及宗族，利益可以兼顾乡里，何况

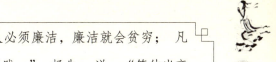

子孙呢？"孟氏说："凡是追求名声的人必须廉洁，廉洁就会贫穷；凡是追求名声的人必须谦让，谦让就会低贱。" 杨朱 说："管仲当齐国宰相的时候，国君荒淫，他也荒淫；国君奢侈，他也奢侈，志向与国君相合，国君对他的言论完全听从，治国之道顺利实行，齐国成为诸侯霸主。他死了以后，管氏家运就从此败落。田成子当齐国的宰相，国君骄奢，他就贬抑；国君聚敛，他就施舍。老百姓都归向于他，于是夺取了齐国，子子孙孙祭祀他，至今没有断绝。这说明，真实的名声会贫穷，虚假的名声会富贵。"杨朱又说："有实的没有名，有名的没有实。名声，不过是虚伪的东西罢了。过去尧舜假意把天下让给许由、善卷，而终于没有失去天下，享受帝位达百年之久。伯夷、叔齐真正把孤竹国君的位子让了出来而最后失去了国家，饿死在首阳山上。真实与虚假的区别，就是这么明白啊。"

我：夫子，在这个故事中，您主要说了对名声的虚实之辨，对吗？

列子：你说得很对，在人生当中，应该对名声和富贵有正确的认识，也要有正确的辨别，这样内心才能更清晰、明彻。

【真伪之辨解读】　　　　**"为我主义"的阐释**

在《列子》一书中，对杨朱的记载比较多。杨朱此人说话比较极端，充斥着不顾一切的自私。这里体现出的是杨朱的"为我主义"，它的生成并不那么简单，更不是没头脑的私欲膨胀。

在现实中，每个人都会有"自我"意识，然而，当时，很多哲人都极力反对它，认为这会使人陷入迷茫。但是，事实告诉我们，一般人要想真的做到"无人相，无我相，无寿者相，无众生相"几乎是不可能的，尽管这话说起来很有气势。

在"为我主义"意识的影响下，人们往往能够寻找到一种精神动力。这里的动力，其表现是奇奇怪怪的，经历相似的人可能会有着完全不同的生活方式，而这种不同源于他们有着不同的动力。正是这种思想意识，让人们对生活中的名声富贵有了不同的认识。

∽ 宋庠和宋祁 ∽

宋庠和宋祁是北宋时很有名的兄弟俩，虽然出身贫苦，但勤学苦读，二三十岁的年纪一起高中进士。哥哥宋庠最后成为一代名相，而弟弟宋祁做到龙图阁学士，是二十四史之一的《新唐书》的主要撰写人之一。不过，这兄弟二人的禀性却是大相径庭，哥哥生活清淡质朴，平时以闭门读书为乐；弟弟正好相反，喜欢交游饮宴，奢华而通脱。有一年的元宵节，宋庠躲在家里读了一晚上的《周易》，一大早就听说弟弟又点花灯又招歌伎，狂欢醉饮闹了一个通宵，宋庠颇为不满，便托人捎话："昨天晚上玩得够热闹，也够奢侈，不知是否还记得那一年的元宵夜一起在州学宿舍里煮饭啃酱菜的光景？"宋祁听了这话，笑出声来，对传话的说："回去问问相公，我们那一年一起在州学宿舍里煮饭啃酱菜，为的却是什么？"

宋氏兄弟在经历上大同小异，尽管所表现出的生活常态如此不同，但两人都是在为自我做选择，哥哥选择了顺从道德规范，弟弟选择了依附时尚潮流。在歌舞升平的北宋初年，宋庠的这种作风能够得到别人的尊重，却绝对缺乏亲和力，兄弟二人的生平建树似乎也很能说明这一点：宋庠的爵位更高，但在当时人的品评中，文笔更好、办事为官更干练的则是宋祁。这两人是关系融洽的亲兄弟，观念上有了分歧，不吵不骂，间接婉转地讨论一下，心平气和，但观念没有统一，照旧各执一端。哥哥埋怨弟弟，既不是指责他道德沦丧，也不是规劝他遵纪守法，只是他有一种"忘记过去意味着背叛"的情结，这种情结和他内敛好静的天性相结合，便形成了闹中取静、闭门读书的生活习性，这时候读书早已不是为了跻身仕途，也并非要图个好声名，只是一种自然的水到渠成。再看宋祁被哥哥用话堵了一下之后的反诘，看似强词夺理，其实则又不然。在《宋史》中，兄弟二人的传记是紧接在一起的，字数内容是《宋祁传》更多，记录他们个人著述的文字总量也是宋祁更多，只不过宋庠著述的品种要比宋祁多，宋祁只有一百卷自己的文集和一百五十卷《新唐书》的列传而已，但这已经足以证明宋祁并非一个沉溺于物欲享受而无所事事的酒囊饭袋，他的个人品性、行为准则也完全没有扭曲、异化，只不过他在生活琐事上顺从了社会的价值标准。他回应哥哥的话，除了以子之矛攻子之盾的逻辑巧妙之外，更重要的是指向了他们兄弟之间分歧的关键：人在面对社会的价值观时，究竟应该对抗还是顺从。宋祁选择了后者，这种选择本身不见得有什么深意，但面对哥哥的批判，他就不得不提出自己的理由——我们不可能也没必要总是和这个社会对着干，当年一起勤奋苦读，固然也是一种博取功名的行径，也是一种"从俗"，你要说那是为了学问、为了爱好、为了个人修养，那就成了笑话了。既然那时可以"从俗"，现在为什么不可？可与不可，都是自己的借口罢了。

很难说宋祁是否深受道家思想的影响，是否很青睐杨朱的做派，但从这件事却能看出这样的影子。说到底，兄弟俩都是"为我"的，都是从自身的情况出发去选择的。或许宋庠本来就对吃喝玩乐提不起兴趣，或许宋庠是读书读得深信不疑，认为人生就"应该"清心寡欲，不管是生理性格的原因还是为了信仰，他闭门读书有他的道理，肯定是为了让自己舒心、安心。但是，他看到兄弟和自己的反差便不安，而且要出言讽喻，这就显得有些局促了。何必呢？人家一不触犯法律，二不违背当下的道德指标，略显不合适的不过是有违儒家书上所提倡的那种修身养性的境界罢了。

宋祁只是宋祁，面对哥哥也自然要给足面子，倘若是换了杨朱，抓了这个把柄还不一定如何刻薄呢。后人笔记小说中多有说到宋氏兄弟的故事的，做结论时多半都有点茫然，总是流露出一些崇兄抑弟的情绪，这些人做出这样的品评，又何尝没有一种"为我"的意思？既然下笔著述，总得体现自己有修养吧，要体现自己有修养，总得说宋祁的气量格局在乃兄之下吧。

修身智慧

◇实无名，名无实。名者，伪而已矣。

◇君盈则己降，君敛则己施，民皆归之，因有齐国，子孙享之，至今不绝。若实名贫，伪名富。

◇无人相，无我相，无寿者相，无众生相。

后 记

　　"国学今用"系列丛书是我们组织十多位国学知识功底深厚、文学造诣极深且对社会学、心理学等学科综合研究方面有较高水平的专家、学者，经过近两年通宵达旦的辛苦创作、数易其稿而苦心编撰出来的作品。本套丛书共十本，语言通俗流畅，内容精彩有趣，知识性和可读性极强，在此，我们对在本书创作中付出辛勤劳动的作者们表示衷心的感谢！

　　在本书创作过程中，我们除了采用古代圣贤和近现代国学名家的大量典籍资料以外，还参考了现当代相关的大量资料，有些作者我们已经进行了联系和沟通，但由于出版时间所限以及有些作者的信息资料不太详细，截至出版之日，我们仍未能联系上所有作者，还请这些作者多多海涵，并在见到本书后及时与我们联系。

　　联系方式：457735190@qq.com

本书编委会